U0597381

八文社会科学研究项目专项资助

浙地区艺术介入乡村振兴径选择与对策研究

赵 斌 俞梅芳 著

中国纺织出版社有限公司

内 容 提 要

本书主要围绕近代乡村建设发展历程、乡村振兴相关理论研究、国内外艺术介入乡村建设经验与启示、江浙地区艺术介入乡村振兴秉承逻辑与困境、江浙地区艺术介入乡村振兴做法与成效、江浙地区艺术介入乡村振兴的路径与对策等方面开展研究。通过对江浙地区嘉兴、莫干山、松阳、宜兴、苏州、昆山等艺术乡建实践调研与访谈，明确提出增强乡村振兴战略意识、深化乡村艺术全面建设，完善基础设施、创建宜居宜游宜业的艺术乡村，培育艺术文化产业、激发艺术乡建内在动力，优化生态环境、彰显艺术乡建宜居保障，加强村落规划、推进艺术乡建顶层设计，强化制度保障、推进艺术乡建制度建设，完善乡村治理、提高艺术乡建治理水平等路径与对策建议。

图书在版编目（CIP）数据

江浙地区艺术介入乡村振兴路径选择与对策研究 / 赵斌，俞梅芳著. --北京：中国纺织出版社有限公司，2021.12

ISBN 978-7-5180-9087-7

Ⅰ.①江… Ⅱ.①赵… ②俞… Ⅲ.①艺术—影响—农村—社会主义建设—研究—江苏②艺术—影响—农村—社会主义建设—研究—浙江 Ⅳ.①F327.5

中国版本图书馆CIP数据核字（2021）第219880号

责任编辑：谢婉津　　魏　萌
责任校对：王蕙莹　　责任印制：王艳丽

中国纺织出版社有限公司出版发行
地址：北京市朝阳区百子湾东里 A407 号楼　邮政编码：100124
销售电话：010 — 67004422　传真：010 — 87155801
http://www.c-textilep.com
中国纺织出版社天猫旗舰店
官方微博 http://weibo.com/2119887771
天津千鹤文化传播有限公司印刷　各地新华书店经销
2021 年 12 月第 1 版第 1 次印刷
开本：880 × 1230　1/32　印张：7.75
字数：214 千字　定价：88.00 元

自 序

　　2015年和2018年，我们利用在美国纽约州立大学布法罗分校访学期间，对纽约大都会艺术博物馆、美国当代美术馆、纽约现代艺术博物馆、古根汉姆博物馆、芝加哥艺术博物馆、芝加哥当代艺术博物馆等进行参观与学习，让我们更近距离地了解当代艺术、艺术思潮和艺术介入社会，尤其是艺术介入社区，艺术能激活一个城市和社区，艺术不再是艺术家自我陶醉、孤芳自赏的艺术，当代艺术不再是画室里的架上绘画，而是走进社会和社区（乡村），引导主流、参与建设。它作为一件武器能够激活社会和社区（乡村），促进社会和社区（乡村）的经济发展、文化繁荣、居民团结。这激起了我的研究兴趣，以致每到一个新地方我都会关注和留意当代艺术介入社区（乡村）事件，并记录在案。2016年暑假，我们参观了日本第三届濑户内海国际艺术祭，从丰岛、直岛、小豆岛、女木岛、男木岛、犬岛等一路追随大师艺术作品，更近距离地观察和考量了日本艺术介入乡村建设的实践经验，一个个岛屿的艺术实践就像一个个医学切片珍藏在我们脑海里，大到岛屿规划，小到乡村景观小品，甚至连村民的笑脸和姿态都印刻在我们的大脑里。兴奋和激动不断地交织在一起，"艺术介入"已然成为我们脑海的关键词。随后我们对韩国、马来西亚、泰国、柬埔寨等国家及我国香港地区艺术乡建实践进行了实地调研，对山西许村、安徽碧山、贵州羊磴、甘肃石节子等艺术乡建进行调研和访谈，对艺术介入乡村建设有了

更多的了解和理解，开始深入思考何为艺术乡建？艺术乡建能走多远？它真的能促进乡村振兴吗？答案其实不重要，重要的是我们要去做、去实践、去探索。世界上本没有路，走的人多了，也便成了路。

时间如梭，岁月如水，转眼六个春秋已逝。六年的调研、访谈、个案研究、写作仿佛就是眼前的事情，其间的辛酸、烦恼、痛苦、无奈，只有自己知道，比较幸运的是，"江浙地区艺术介入乡村振兴路径选择与对策研究"课题获得2018年教育部人文社会科学研究项目经费资助（编号：18YJC760140），同时也获得了嘉兴学院设计学院科研团队项目"艺术设计介入乡村建设"经费支持。在此一一表示感谢！艺术介入乡村建设是一个大课题，它涉及艺术、设计、建筑、经济、旅游、人类学等相关学科，不可能仅从艺术单一方面就能解决乡村存在的诸多问题，它必定要融合相关学科，从宏观与微观、经济与产业、文化与旅游、生态与环境、自治与他治等方面，进行深度、广度、高度的多元、协同发展。

赵斌　俞梅芳

2021年7月

前　言

　　党的十九大把乡村振兴提升到国家战略高度，并写入党章，为新时代农业农村改革发展指明了方向，明确了重点。乡村振兴总要求用20字概括为：产业兴旺、生态宜居、乡风文明、治理有效、生活富裕。"三农"问题关系到我国国家、民族的稳定和发展，自古以来我国就是一个农业大国，根据2020年第七次全国人口普查结果，我国乡村人口还有大约5.1亿人，占我国人口总数的36.11%。当代艺术不再是象牙塔的艺术，不再是艺术家自我迷恋和欣赏的艺术，它更大的使命是要介入社会、介入乡村、促进社会、社区和乡村的发展。艺术介入社会、介入乡村的研究在国外正逐渐趋向成熟，形成一定的气候。而纵览我国乡村振兴，正面临着"政府在动，村民一动不动"的尴尬局面，乡村建设注重自上而下的"政府工程"和经济建设，随着政府和资本的外撤，乡村内生建设又遇到瓶颈。艺术介入乡村建设是乡村自治，内生发展的一剂良药，它循序渐进、柔和缓慢的过程，使乡村发展之路变得更加振奋有力。它以艺术家、建筑师、设计师等新乡贤群体扎根在乡村，促进乡村文化复兴，激活农民积极性、主动性和参与性，从而推动乡村内外融合和谐可持续发展。因此，艺术介入乡村建设是大有可为的，它将是当今中国乡村建设中一股强有力的乡建力量。

一、江浙地区艺术介入乡村振兴的客观条件

1.江浙地区经济建设处于整体较高水平

江浙两省人均GDP始终居于国内主要发达省份的前列，经济运行总体平稳。江苏省经济体量多年稳居全国第二，保持持续增长态势。浙江是全国发展最均衡的省份之一，浙江的城乡富裕程度差距最小，GDP总量多年位居全国第四位，人均收入位列全国第一，其中嘉兴农村居民人居可支配收入在全排名国第一。2021年百强县排名中江苏省占据了24席，浙江省占据了17席，其中昆山、江阴、张家港排名前三，江浙两省共占据了40%的百强县，整体经济发展水平遥遥领先全国其他省份。并且涌现出"新苏南模式""新温州模式"等经济建设样板，在此经济基础上，逐渐产生了"松阳模式""乌镇模式"等艺术乡建典范。

2.江浙地区政治建设处于高质量水平

我国的根本政治制度是人民代表大会制度，民主集中制是国家机构的组织活动原则。中国的政治发展坚持党的领导、人民当家做主和依法治国的有机统一，走中国特色社会主义政治发展道路。江浙两省省委、省政府始终与党中央保持一致，始终高举人民民主的旗帜，为人民办实事、谋幸福。在乡村建设治理过程中，坚持市场与政府良性互动，一方面建立和完善市场机制，积极发挥市场机制在资源配置中的决定性作用；另一方面，政府科学作为，高效高质量履行政府职责，江浙地区各级党政部门正确引导、科学管理，在江浙地区经济、社会发展中起到了关键作用。同时以协商民主推动了人民民主的发展，践行红船精神，加强政治建设，坚守人民情怀。

3.江浙地区文化建设百花齐发

文化是一个国家和民族的"根"和"魂"，中国文化的根脉在乡村。乡村文化振兴是实施乡村振兴战略的智慧源泉和内生动力，也是对我国优秀传统文化的挖掘、传承与复兴。江浙两省是经济大省，也是文化大省，文化源远流长、百花齐放，拥有江南水乡文化、吴越文化、太湖文化、浙商文化、永嘉学派文化、江南园林文化等。2003年，时任中共浙江省委书记的习近平同

志首次系统提出"八八战略",其中一个重要内容就是要"建设文化大省"。文化引领经济、产业、旅游等建设,农村以"文化礼堂"为抓手积极推进乡村文化建设,经过多年文化建设,浙江文化产业发展迅速,在全国名列前茅。2014年,习近平总书记就"推动江苏文化建设迈向新台阶"做出了重要指示,江苏省委、省政府积极推动江苏文化强省建设部署,围绕建设"强富美高""江苏品牌"新江苏绘就文化发展高质量新画卷,实现区域现代化和文化国际化的空间重塑。江浙两省文化建设已然是全国文化建设的高地和标杆。

4.江浙地区社会建设走在全国前列

社会建设,关乎民生,关乎国家长治久安。我国社会建设坚持以人民为中心,服务为先,保障和改善民生工程,不断提高社会治理社会化、法治化、智能化和专业化。浙江始终坚持以"八八战略"为总纲,坚持党政主导和社会协同并行、制度供给和项目投入并举、盘活存量和用好增量并重,坚持社会建设和经济建设协调发展、互促共进,坚持共享发展,社会建设总体水平走在全国前列。江苏以"强富美高"新江苏建设目标对标当代社会建设,从提升经济综合实力,改善人民群众生活,推进文明生态建设,替身社会文明程度等方面进一步让江苏社会建设迈向新台阶。江浙地区社会建设坚持公平公正、注重民主协商和科技兴省,逐渐形成了"枫桥经验""昆山样板""三治融合""桐乡经验""1+4+1"江苏路径等示范建设。

5.江浙地区生态文明建设处于领先水平

乡村振兴战略是政治、经济、社会、文化和生态"五位一体"全面发展的系统工程。生态文明建设是乡村生态遭到严重破坏并引起系统性危机之后的必然要求,也是我国步入中等收入发展阶段的必然选择。浙江乡村发展尤其是生态文明建设所取得的历史性成绩及在"两山"理论指引下逐渐形成的浙江经验已成为全国生态文明建设的典范。习近平总书记创造性地提出"绿水青山就是金山银山"的论断,指出生态经济是实现绿水青山与金山银山有机统一的现实路径。2013年以来,江苏按照"扎实推进生态文明建设"要求,从环境质量改善、环境污染治理、环境监管执法、制度改革、社会共治等方面积极推进生态文明建设，实现"两个唯一、六个率先"的好成绩，建成全国生态文明建设示范市县22个，"绿水青山就是金山银山"实践创新基地4个，数量均位居全国前列。

二、江浙地区艺术介入乡村振兴的目的与意义

实施乡村振兴战略的根本目的就是加快推进农业农村现代化，促进农民增收。艺术介入乡村振兴的目的是促进乡村经济、社会、文化、生态、政治的全面、可持续发展，从艺术视角下重新发现乡村价值，建立多元亲密关系的"情感共同体"，激活乡村文化和内在价值，激发村民参与性和互动性，实现乡村文化复兴和乡村振兴。艺术融合乡村的意义价值在于：第一是"去遗产化"；第二是在地文化主体性的尊重和确认；第三是多主体联动的实践方式。❶艺术介入乡村的实践，焦点不是艺术本身，而是通过恢复乡村当代礼俗秩序和伦理精神，激发农民的主体性和参与性，延续中国人内心深处的敬畏和温暖。艺术介入乡村振兴的意义则有以下三个方面：一是艺术介入乡村振兴的核心是振兴乡村文化，促进乡村传统文化的保护与传承。工业化与城市化所带来的传统文化逐步消亡给我们敲响了警钟。没有乡村文化的繁荣，中国的发展无以为继，现代化的乡村建设也就无法实现。因此，在当今乡村建设中，我们要用一种新时代的理性精神重建乡村文化，既要对传统基本价值与文化观念在现代化的要求之下进行调整与转化，又要使传统文化与社会发展的趋势相适应、与时俱进。二是艺术介入乡村振兴的方式是温和的、渐进的、良性互动的。短期飞跃式的乡村建设是暴力的、不切实际的，相对而言，艺术介入乡村建设是一种柔软的、弹性的方式，需要在地的住民以及大量的外来艺术社群的持续对话，由此集结产生巨大的力量，以此提升艺术的创造力和可见度，透过内外的合作，激发民众更自发更大胆的创意，才有可能真正完

---

❶ 邓小南，渠敬东，渠岩，等. 当代乡村建设中的艺术实践[J]. 学术研究，2016(10): 51-78.

成乡村振兴的目标。三是艺术介入乡村振兴不仅培养了村民生活美学素养而且推动了乡村文化创意产业建设，促进地方经济、文化和生态等多元协同发展。艺术家与村落居民的日常沟通和交流，形成了交互式的教育机制，培养了社区居民的美学素养，让其重新意识到农村美学的形式、意涵、内容及价值。同时帮助村民结合文化创意产业进行创业，促进了地方经济、文化和生态的可持续发展。

三、江浙地区艺术介入乡村振兴的秉持逻辑

乡村振兴战略是我们党针对"四化"建设过程中出现的城乡差距扩大、乡村相对衰落问题而提出的，具有鲜明的问题导向性和现实针对性，同时也蕴藏着丰富的内涵和深刻的逻辑成因。艺术介入乡村振兴是从艺术视角下围绕乡村衰落、空心化、原子化等情况，让艺术家以新乡贤、社会精英的外部力量扎根到乡村中，以艺术、设计、建筑等形式推动乡村建设和发展。

首先，乡村是一个动态发展过程，具有历史演变过程的层积机制。乡村聚居景观的历史层积，是在特定地域环境和漫长演化进程中逐渐形成的。苏格兰社会学家帕特里克·格迪斯（Partrick Geddes）认为："乡村特色景观风貌的形成是文化与地景交互的结果，它以文化为基础，通过在不同地区与区划和单元类型间的扩散、渗透，最终形成了一种'聚居特质综合体'（Trait Complex of Human Settlement）"。艺术介入乡村建设，必须秉持乡村的在地性、文化性和乡土性的时空逻辑，使乡村肌理图底和空间功能等关系实现乡村现代化的转变。

其次，乡村景观风貌的适应性循环机制。乡村聚落的形成和演变过程蕴含着劳动人民的营造智慧、居住理念和天人合一理念，在逐渐发展过程中建立出一种"适应性"的乡村聚落更新机制。适应性循环是广泛存在于乡村聚落发展历程中的基本演替表征，是特定乡村景观时空格局与过程交互适应规律的直接投射。❶传统村落在文化动因的影响下，表现出"原型——文化——肌理"的经

---

❶ 孙应魁，翟斌庆. 社会生态韧性视角下的乡村聚居景观演化及影响机制——以新疆村落的适应性循环为例[J]. 中国园林，2020(12): 83-88.

费风貌，而当代艺术乡建在艺术、设计、建筑、数字化、信息化等驱动下，从人、文、地、景、产等方面深入乡村景观设计和地景构建，呈现出"原型——艺术——表征"的层级递进关系，构建艺术与景观、人文与乡村的一脉相承的"适应性"发展模式。

最后，乡村构建习惯的本土机制。崇尚自然、追求人与自然的和谐共生，不仅是中国人追求的远大目标，也是中国传统乡村社会的一种"直觉思维"的生活价值观，即人们常说的"天人合一"，含有人与自然相统一的意思，其蕴含的古典生态智慧具有极为重要的生态价值。同时，"天人合一"的思想也融入中国的绘画与建筑艺术中。从传统"天人合一"思想到当代生态文明建设，中国人民一直传承与发扬我国优秀的本土乡村建设理念，艺术介入乡村振兴的本土逻辑正是立足于我国国情和乡村实际，建立中国特色的乡村发展本土制度框架和发展路径，实现农村美、农业强、农民富的目标。

四、江浙地区艺术介入乡村振兴的研究内容

1.艺术介入是"自下而上"的渐进、柔和与互动，乡村振兴将呈多元发展

欧美国家艺术教育是全民行为，国外对艺术的普及率极高。美国作为当今世界经济强国，早已充分意识到艺术教育对创新的重要性，并且不遗余力地把艺术教育作为每一个公民终身教育的内容普及和推广。德国卡塞尔文献展是国际当代艺术的一个重要坐标，是西方文艺界关注的焦点。使卡塞尔市成为当代艺术的一个圣地，而卡塞尔的乡镇村民把文化和艺术当成他们生活的必然部分。从日本越后妻有大地艺术祭、濑户内海国际艺术祭等乡村建设实践来看，艺术介入乡村建设是渐进的、柔和的互动发展。同时乡村建设从政府主导，再到人类学、经济学、社会学、旅游学等不同学科及跨学科的多元发展，尤其我国政府十九大报告提出的乡村振兴战略，这都将意味着我国乡村振兴会超多元、综合及交叉发展。

2.艺术介入乡村振兴营造模式分析

通过对艺术介入乡村建设营造模式进行梳理，当下艺术介入乡村建设存在

着诸多模式。国外大致有以下五种：社区营造模式、暂居型模式、居留型模式、共振型模式、多元伙伴模式。国内一般有艺术设计与创作模式、景观与艺术综合表达模式、"传帮带"模式、学院派援助模式、公益与旅游观光等模式。在这些营造模式中，我们可以看到，尽管艺术介入的姿势并无一致，但目的都是提升乡村建设。与之前的政策性参与相比，艺术的表达方式既没有宏大主题的宣泄，也没有社会情绪的反叛，以春风化雨般的柔性姿态，始终提示着改变乡村建设的一种新的可能。

3.国外艺术介入乡村建设的实证比较

通过对日本艺术祭型、韩国艺术文化村型、美国城乡融合型、英国乡村遗产保护型、德国乡村更新型、荷兰乡村景观设计型、我国台湾社区营造等乡村振兴艺术实践的实证比较研究。尤其是日本濑户内海国际艺术祭和越后妻有大地艺术祭已是全世界艺术乡建的典范，他们邀请全世界优秀艺术家、建筑师、设计师等在濑户内海和越后妻有两个地区的乡村与当地村民进行艺术创作、建筑设计，从而激活乡村文化和价值，促进乡村旅游和产业发展。由于我国地缘辽阔，各地区乡村发展不平衡，人们对艺术的认识水平参差不齐，因此，我国艺术介入乡村振兴就会呈现出多元、综合及交叉的情况，不能以某一个国外案例经验为准，而应因地制宜、结合乡村实际情况进行发展。

4.我国艺术介入乡村振兴的实地调研及艺术实践分析

通过对山西许村、安徽碧山村、广东青田村、甘肃石节子村、隆里国际艺术节、广东东莞道滘艺术节等地艺术介入乡村建设的实地调研，从文化振兴、尊重地方性知识、发挥村民主体性、挖掘当地民俗艺术和文化遗产等方面进行梳理和实践分析。对江浙地区的嘉兴乌镇国际戏剧节、松阳建筑针灸、桐庐国际艺术祭、莫干山计划、宜兴紫砂艺术节、昆山建筑设计"微介入"、苏州民间艺术节等地进行实地调研和访谈，梳理与概括江浙地区艺术介入乡村建设的主要做法、成效及不足之处，为今后江浙地区艺术介入乡村建设提供建议与对策。

5.综合国内外艺术乡建实证分析，提出我国艺术乡建的路径优化与发展对策

学习国外乡村建设经验，并结合我国实际，提出我国艺术介入乡村振兴的路径选择。主要有制定振兴农业的法规政策、增加乡村基础设施建设的财政投入、重视农村文化建设、增加农民收入、加大发展农村艺术组织、统筹城乡发展、促进公共事业发展等。同时对艺术介入乡村振兴提出相关对策，一是机制创新，实现乡村振兴。以地方自治、学习机构支持及根植地方力量多方合作推动乡村发展。二是理念创新，通过艺术传达农村价值。以艺术介入作为启动民众内在艺术动能的触媒，使人们通过艺术引导关怀生活，关注农村的美，促使当地居民重新认识家乡，重塑认同感与凝聚力，把"农"的价值凸显出来。

赵斌　俞梅芳

2021年7月

目 录

第一章 绪论

第一节 研究缘起 ································ 002
一、课题来源 ································ 002
二、研究依据与背景 ···················· 004
三、研究目的与意义 ···················· 008

第二节 相关研究与实践 ·············· 011
一、乡村建设相关理论研究 ·········· 012
二、艺术介入乡村建设相关实践研究 ··· 015
三、研究方法 ······························ 017

第二章 乡村建设发展历程

第一节 民国时期乡村建设发展历程 ···· 020

第二节 新农村建设发展历程 ··········· 021

第三节 美丽乡村建设发展历程 ········· 024
一、美丽乡村建设 ························ 024
二、乡村振兴 ······························ 027

第四节 发达国家乡村建设发展历程 ····· 029
一、欧美国家乡村建设发展历程 ······ 029
二、日韩国家乡村建设发展历程 ······ 031

第三章　乡村振兴相关理论研究

第一节　城乡发展相关理论 037

一、国外城乡发展相关理论 037

二、国内城乡发展相关理论 041

第二节　生态环境相关理论 043

一、可持续发展理论 043

二、生态经济学理论 044

第三节　艺术介入相关理论 046

一、艺术人类学理论视角 046

二、艺术社会学理论视角 048

三、介入性艺术理论视角 050

四、艺术介入乡村建设的理论构建 055

第四章　国内外艺术介入乡村建设经验与启示

第一节　国内艺术介入乡村建设模式分析 060

第二节　艺术家为主体的艺术乡建模式 063

一、山西许村国际艺术公社 064

二、安徽碧山计划 068

三、甘肃石节子村艺术乡建 072

第三节　地方政府与艺术家合作的大型艺术节模式 076

一、贵州隆里国际艺术节 077

二、广东东莞道滘艺术节 079

三、陕西关中忙罢艺术节 081

第四节　艺术院校项目实践模式 084

一、四川美术学院贵州羊磴艺术合作社 085

二、中央美术学院贵州雨补鲁村艺术乡建 087

三、中国人民大学湖北孝昌县磨山村艺术乡建 089

第五节　台湾艺术介入乡村建设经验与启示 090

一、台南土沟村艺术乡建 092

二、宝藏岩国际艺术村艺术乡建 095

第六节　日韩艺术介入乡村建设经验与启示 ························ 097
　　一、越后妻有大地艺术祭 ····································· 100
　　二、濑户内海国际艺术祭 ····································· 105
　　三、京畿道坡州市 Heyri 艺术村 ····························· 108

第七节　欧洲艺术介入乡村建设经验与启示 ···················· 111
　　一、巴伐利亚韦亚恩村艺术乡建 ······························ 113
　　二、荷兰桑斯安斯风车村艺术乡建 ···························· 116
　　三、英国波特梅里恩村艺术乡建 ······························ 117

第五章　江浙地区艺术介入乡村振兴秉承逻辑与困境

第一节　江浙地区艺术介入乡村振兴秉承逻辑 ··············· 120
　　一、江浙乡村发展秉承历史演变的层积机制 ················· 122
　　二、江浙乡村景观风貌秉承适应性循环机制 ················· 124
　　三、江浙乡村文化秉承文化习俗的本土机制 ················· 126
　　四、江浙地区艺术乡建秉承协同联动机制 ··················· 129

第二节　江浙地区艺术介入乡村振兴困境 ···················· 131
　　一、村落规划缺乏科学性和前瞻性 ························· 131
　　二、基础设施建设有待加强 ······························· 133
　　三、乡村文化遭遇危机 ··································· 134
　　四、艺术乡建缺乏复合型人才 ····························· 136
　　五、乡村产业发展面临困境 ······························· 138

第六章　江浙地区艺术介入乡村振兴做法与成效

第一节　江浙地区艺术介入乡村振兴现状 ···················· 142

第二节　浙江嘉兴艺术介入乡村振兴做法与成效 ··············· 143

第三节　浙江莫干山艺术介入乡村振兴做法与成效 ············· 148

第四节　浙江松阳艺术介入乡村振兴做法与成效 ··············· 151

第五节　江苏宜兴艺术介入乡村振兴做法与成效 ··············· 158

第六节　江苏苏州艺术介入乡村振兴做法与成效 ··············· 162

第七节　江苏昆山艺术介入乡村振兴做法与成效 ························ 168

第七章　江浙地区艺术介入乡村振兴的路径

第一节　增强乡村振兴战略意识，深化乡村艺术全面建设 ···· 173

第二节　完善基础设施，创建宜居宜游宜业的艺术乡村 ········ 176

第三节　培育艺术文化产业，激发艺术乡建内在动力 ············ 180

第四节　优化生态环境，彰显艺术乡建宜居保障 ···················· 184

第五节　拓展数字艺术建设，创建艺术乡建品质 ···················· 188

第六节　传承乡土文化，提升乡村文化内涵 ·························· 191

第八章　江浙地区艺术介入乡村振兴的对策

第一节　加强村落规划，推进艺术乡建顶层设计 ···················· 196

第二节　强化制度保障，推进艺术乡建制度建设 ···················· 199

第三节　完善乡村治理，提高艺术乡建治理水平 ···················· 202

第四节　加强文艺教育，提升村民文艺修养 ·························· 205

第五节　完善协调机制，促进城乡统筹和谐发展 ···················· 208

参考文献 ·· 211

后　记 ·· 228

致　谢 ·· 230

第一章

绪论

第一节 研究缘起

一、课题来源

乡村建设实验并不是从今天开始的，其在我国近代社会发展过程中就有很长的历史，民国时期一批知识分子和有志之士就以救济乡村、改造乡村为目标，先后进行了多次的乡村建设实验，这是当时社会知识界、教育界、政界对中国社会的深度思考。如梁漱溟领导的"邹平实验"，从儒家文化、农村教育、人才建设等方面实践重新塑造乡村的社会结构与强化农民的自组织能力达到改良社会之目的。晏阳初倡导的"定县实验"，推行平民教育、启发民智，解决旧中国农民的愚、穷、弱、私四大痼疾，努力践行"民族再造"之使命。卢作孚领导的"北碚实验"，提倡以经济建设为中心，推进文化发展、民众教育和生态环境建设，努力创建一个"现代集团生活"，实现社会秩序向现代化转型。陶行知的"晓庄实验"，倡导大众教育，培养乡村改造家，进而改造中国的乡村社会，最终建立一个民主自治的现代化中国乡村。黄炎培领导的"中华职教社的乡村改进实验"，以教育、经济、社会治理为一体探索中国社会现代化改造。当时还有孙中山领导的农民运动、雷沛鸿主导的"广西国民基础教育"、俞庆棠主导的"无锡民众教育"等乡村建设实验，这些乡村建设实验随着抗日战争的爆发被迫终止，但这个时期乡村建设深入人心，他们积极探索乡村建设的宝贵经验并进行乡村实践，为今后我国乡村建设提供了宝贵理论积累和经验参考。

新中国成立后，百业待兴，党和国家领导人非常注重农村、农业、农民的发展，尤其在城乡经济二元对立的情况下，农业、农村的稳定是新中国成立初期我国政府的稳定器。中国作为一个农业大国，农村人口占总人口的绝大多数，历代领导人都十分重视农民问题，习近平总书记谈"三农"问题时强调"中国要强，农业必须强；中国要美，农村必须美；中国要富，农民必须富"。❶1956年，全国人大一届三次会议通过《高级农业生产合作社示范章程》第一次明确提出社会主义新农村建设。1960年，全国人大二届二次会议通过《全国农业发展纲要》提出"农业发展纲要40条"。2005年10月，党的十六届五中全会提出要按照"生产发展、生活宽裕、乡风文明、村容整洁、管理民主"的要求，扎实推进社会主义新农村建设。注重改善人居环境、提高农民素质。2013年中央一号文件提出：加强农村生态建设、环境保护和综合整治，努力建设美丽乡村。2014年中央发布《国家新型城镇化规划（2014—2020）》，明确提出：要建设各具特色的美丽乡村。美丽乡村的美包含自然美和社会美，自然美是美丽乡村的基础设施等建设工作，社会美则是把乡村优秀文化、艺术、人文等精神性的外在转化，这与艺术学学科有着密切的关系，尤其在党的十九大提出"产业兴旺、生态宜居、乡风文明、治理有效、生活富裕"的乡村振兴总要求后，社会各界从经济、产业、生态、旅游、文化、教育、人才等方面介入乡村，积极推进乡村发展。2019年，浙江省十三届人大常委会通过《湖州市美丽乡村建设条例》，这是国内首部地方性美丽乡村建设法规，这意味着我国美丽乡村建设将正式步入有"法"可依可循的轨道，表明今后美丽乡村建设将会更加得到重视。

　　综上所述，一方面国家历来重视乡村建设，中央一号文件、国务院、国家各部委均颁布了较多美丽乡村利好政策；另一方面艺术家、文艺工作者介入乡村建设实践与成功案例越来越多，并且得到各地政府的支持和重视，这需要艺术家、设计师、文艺工作者们重新审视农村建设。江浙地区农村具有经济发达、产业兴旺、生活总体富裕、政府治理有效、乡风文明、文艺爱好者与艺术院校较多等优势，同时江浙地区的嘉兴乌镇国际艺术节、松阳建筑乡村建设、宜兴

---

❶ 中共中央宣传部. 习近平总书记系列重要讲话读本(2016年版) [M]. 北京: 学习出版社, 人民出版社, 2016: 157.

丁蜀镇紫砂艺术乡村建设、昆山千灯镇国际艺术乡村等艺术介入乡村建设项目各具特色，这些均激发了本课题选择江浙地区作为艺术介入乡村建设切入点的思考。本课题所研究的主要问题是通过国内外艺术介入乡村建设实践经验和理论梳理，结合江浙地区农村艺术介入乡村建设实际现状，提出江浙地区艺术介入乡村建设的路径与对策，从艺术的角度良性、柔和地参与乡村建设，促进乡村振兴。

二、研究依据与背景

自 2005 年十六届五中全会提出"社会主义新农村建设"，2013 年中央一号文件提出"美丽乡村建设"，到 2017 年党的十九大提出"实施乡村振兴战略"，乡村建设取得了较为显著的成绩，但也存在一些不足，如以政府推动为主，农民参与度不高；短期建设见效快，长期维护难；村落文化和地方特色消失；乡村人才队伍缺乏，整体素质较低；村庄缺乏整体规划理念；艺术介入周期长，土地问题解决难等诸多问题。据 2017 年 11 月第三届中国古村镇大会报道，近 15 年来，中国传统村落锐减近 92 万个，并以每天 1.6 个的速度持续递减。回顾历史，乡村建设从来也并非只有政府的"一元介入"，从梁漱溟、晏阳初的民国乡村建设实践，到新农村建设，再到乡村振兴，乡村面临着传统文化逐渐消失和不稳定因素持续增加的困境。随着美丽乡村建设不断推进和相关政策的提出，全国各地的各种团队、非政府组织和知识分子投入乡村建设实验中，从不同的学科、专业和领域寻求乡村振兴的方法，目前中国乡村建设已呈现百花齐放、百家争鸣之态势（表 1-1），如温铁军的"翟村实验"、陈卫的"太阳公社"、贺雪峰的"湖北实验"等，从艺术设计角度介入乡村建设且有一定影响力的实践模式有渠岩的"许村国际公社""青田计划"，左靖、欧宁的"碧山计划"，焦兴涛"贵州羊磴艺术合作社"，靳勒"甘肃石节子艺术乡建"等。

然而，不管从哪个角度介入乡村，我们都要从内外两个因素正视当前乡村建设所面临的困境和瓶颈，内在因素是农村劳动力缺失，农村普遍都是老人、妇女和儿童，农民参与度低，农村观念落后等导致乡村建设比较缓慢。而作为外部因素介入乡村建设中，外来者往往都是过客，对农村缺乏整体认识，很少有人真正与农民吃喝拉撒睡在一起。有的从乡村教育、文化保护、景观设计、公共艺术、建筑营建、乡村遗产复兴等方面进行乡村建设，盲目追求自己的艺术情怀和个人价值等。如何重新认识艺术介入乡村振兴等问题，艺术家设计师如何融入乡村里，其中艺术设计的价值和作用等问题值得进一步思考研究。

表1-1　21世纪我国艺术（设计）介入乡村建设汇总

序号	发起人	地点	艺术介入乡村建设简介
1	廖嘉展	台湾南投县埔里镇	曾任《天下杂志》记者的廖嘉展，1999年2月创办"新故乡文教基金会"，2011年起，与埔里的其他社团、政府部门共同推动"再现埔里蝴蝶王国"的生态镇愿景计划，这是其未来十年的重要工作之一
2	台南艺术大学建筑艺术研究生师生	台湾台南市后壁区土沟村	2003年，台南艺术大学建筑艺术研究所师生来到土沟村，用艺术与建筑的方式与农村对话，将猪圈改成具有社交功能的文化学堂，在村里进行了30多处艺术创作与改造。2012年，土沟村美术馆终于落成，成为中国台湾第一所农村美术馆
3	琼麻园城文教发展协会	台湾屏东县恒春镇琼麻园城乡	琼麻园城文教发展协会是有一批关心恒春半岛发展的文教人士，面对半岛的城乡文化差距、教育资源缺乏、社区发展式微等问题，于1988年共同发起的非营利社团。以"绿色山海，在地发展"的概念，提升居民自尊，传承与守护地方文化，提升社区文化产业
4	螺阳文教基金会	台湾云林县西螺镇	螺阳文教基金会于1995年成立，致力于西螺镇环境建设，老街区旧建筑活化，注重文史资料收集与出版、文艺活动推广、文化遗产保存活化等
5	香港嘉道理基金会	香港	以社区为单位展开工作，反思社区与大自然的关系，重寻传统文化的根，尤其关注贫困与弱势的农村社区，帮助社区支持农业（CSA）理念和技术传播，社区自组织能力的培育

续表

序号	发起人	地点	艺术介入乡村建设简介
6	渠岩	山西和顺县许村	2007年，艺术家渠岩在许村与村民一起进行"艺术介入古村"和"艺术修复乡村"的乡村建设。经过多年努力，村民重拾了对自己家园的信心，并使许村逐渐复活。渠岩采取的方式是：在不破坏乡村原有形态的基础上，建设一个新农村
7	欧宁、左靖	安徽黟县碧山村	2007年，艺术策展人欧宁与左靖在碧山村建立"碧山共同体"。2011年成功举办首届碧山丰年祭，他们一方面开展共同生活的实验，尝试互助和自治的社会实践，同时也致力于历史遗迹、乡土建筑、聚落文化、民间戏曲和手工艺等普查和采访，进行激活和再生设计。除了传承传统，重建乡村公共文化生活，他们更希望把工作成果转化为当地的生产力，为农村带来新的复兴机会
8	孙君	河南信阳市郝堂村	2011年，绿十字创始人画家孙君来到郝堂村，以乡村规划为切入点，改造传统建筑，污水净化，"把农村建得更像农村"
9	胡项城	上海青浦区金泽镇	2000年，旅日艺术家胡项城在金泽镇开展"乡土文化研究与保护"计划，进行节庆礼仪、传统工艺、村镇社区建设、教育与传媒六方面的保护研究工作。2009年，注重有机农业，重建生产者与消费者之间关系，保护生活多样性、水资源及乡土文明
10	靳勒	甘肃秦安县叶堡乡石节子村	2009年，石节子成立了自己的美术馆，艺术家靳勒试图让这个美术馆成为艺术和村庄相互拯救的一剂良药，村民通过对艺术的点点认知来修复农耕生活的自信，同时让艺术在村庄母体的蕴藏里回归真实自我
11	焦兴涛	贵州桐梓县羊磴	2011年，由焦兴涛等艺术家在羊磴发起的艺术乡建，从古建筑保护、生活习俗、文化遗产等方面进行乡村重塑，提升乡村文化知名度，促进经济发展

序号	发起人	地点	艺术介入乡村建设简介
12	同济大学等高校与企业	上海崇明区仙桥村	以仙桥村为基地，探索设计主动介入解决社会大问题的路径，"设计丰收"主张通过设计创意推进创新和创业，激活城乡互动，支持"三农"发展
13	方力钧等	北京宋庄	以方力钧等艺术家的宋庄"画家村"闻名，尊重艺术家、传统文化、艺术遗产，提供人性化服务，通过艺术产生的价值，积极推进宋庄艺术、文化、产业等发展，后又因小产权房发生多起纠纷，影响了发展
14	鬼叔中、孔德林、杨韬等	福建三明市宁化县	2012年至今，鬼叔中、孔德林、杨韬等宁化籍艺术家发起关注民间传统文化的艺术项目——清明计划。主要以纪录片、艺术创作，乃至直接介入恢复传统文化和手工艺的方式，来活化传统文化在今天的生命力
15	王澍等	浙江杭州富阳文村	王澍带领中国美术学院团队对富阳文村就乡土建筑、传统文化、邻里关系、公共空间等方面进行建设，积极推进富阳"三美"乡村建设
16	陈向宏等	浙江嘉兴乌镇	以乌镇国际戏剧节、艺术节为依托，恢复江南水乡文化特色，重塑传统建筑及民间艺术，促进乡村建设
17	徐甜甜等	浙江丽水市松阳县	徐甜甜团队以建筑设计的"针灸疗法"在松阳进行建筑设计乡村实践，走出一条别具一格的乡建之路
18	北京瀚和文化机构	浙江杭州市桐庐县	桐庐县政府与北京瀚和文化团队与日本北川富朗的"越后妻有大地艺术祭"联合积极打造桐庐大地艺术节，积极推进桐庐艺术乡村建设
19	李方悦、奥雅艺术工作室	浙江嘉兴横岗村	横岗村以国际艺术节、少儿教育、花艺、景观建筑设计为主，积极推进横岗村美丽乡村建设

续表

序号	发起人	地点	艺术介入乡村建设简介
20	紫砂艺术家们	江苏宜兴丁蜀镇	以文化、艺术"紫砂"为特色，由陶瓷艺术家们与政府共同发起关注紫砂文化、陶瓷文化活动，进而实现紫砂产业振兴，实现经济发展、环境生态保护和百姓宜居的远景
21	昆山政府、艺术家们	昆山歇马桥、祝家甸村	用艺术活化村落、通过新业态植入、村落保护、农文旅产业结合，让人们接受更多的艺术熏陶，使村落焕发新活力
22	政府、艺术家、艺术机构与院校等	贵州隆里	通过艺术作品、艺术展览等形式展示隆里古民居、古宗祠、生活空间等，以艺促旅、以文促游

注　本表格根据《碧山》系列书籍和网上资料由作者汇编而成。

三、研究目的与意义

　　"三农"问题一直是我国党和政府重点关注的事情，尤其随着2020年新冠肺炎疫情暴发后，粮食和农村的稳定更是我国社会和经济稳定的基石。疫情时期城市的管理和治理成本较大，伴随环境、公共卫生、基础设施、产业、经济等其他的一系列问题不断增长，而农村的疫情治理相对来讲比较容易且成本较低。同时随着我国城镇化和工业化快速发展也带来了一系列问题，如城市的房价猛涨、生态破坏、环境恶化、交通拥挤、生活成本过高等，这些均让人们感到疲惫和难受，产生了对乡村的向往。2013年中央城镇化会议指出，要"让居民望得见山、看得见水、记得住乡愁"。乡村是文化的根基，它和文化价值的关系需要正面评价，认可城市发展的同时也要保留和推进乡村社会和文化的发展。江浙地区的城乡收入差距不是很大，有的城乡普通百姓经济收入达到持平状态，江浙地区大部分农村当前已完成美丽乡村建设，具备生态良好、环境优美、交通便捷、空气质量较好、周边产业兴旺、百姓比较富裕、政策条件优惠等优势，能够吸引更多的人才到乡村创业和就业。

　　如今艺术家介入乡村建设已成为人们关注的焦点，尤其日本濑户内海国际艺术祭、越后妻有大地艺术祭、德国巴伐利亚建筑更新、我国台湾地区埔里蝴蝶计划等艺术介入乡村形式，不但恢复了当地传统文化、民间艺术、生活习俗、建筑遗产等，同时促进了当地经济发展提高了国际知名度，让越来越多的人参与艺术介入乡村建设活动中，体验当地的美食、习俗、文化及艺术。我国渠岩的"许村国际公社"、欧宁与左靖的"碧山计划"、焦兴涛的"羊磴计划"、方力钧等的"宋庄画家村"、靳勒的"石节子美术馆"、徐甜甜的"松阳乡建"等艺术介入乡村建设实践让人们在某种程度上看到了希望和可能。目前，我国艺术介入乡村建设还处于探索阶段，艺术实践大多停留在乡村美化、基础设施建设、景观设计等方面，没有一个固定模式。同时艺术介入乡村建设理论研究不多，高水平理论较少，尤其乡村建设介入路径相关研究比较缺乏。本课题研究的目的是艺术介入江浙地区乡村建设的路径选择，在借鉴和分析国内外艺术介入乡村建设实践案例和理论指导基础上，根据江浙地区艺术介入乡村建设实际状况总结与提炼出更为适合的路径和模式。注重从艺术家（艺术团队）、艺术乡建形式、产业结构、地方文化、农民参与等方面考虑，尤其是促进乡村振兴的关键要素，使乡村在保留本身特色和文化基础上得到较好的发展。

　　当代中国乡村建设与80多年前的民国乡建完全不同，尤其进入21世纪后江浙地区城市发展迅猛、经济增长较快，具备了城市反哺农村、工业反哺农业的能力，这也符合邓小平总设计师提出的"先富带动后富，最后实现共同富裕"的理念。江浙地区属于经济发达的长三角东部地区，城市经济、社会和产业高度发达，民间资本雄厚，江浙地区城市的第一、第二产业具备反哺农村的能力和信心。江浙地区乡镇企业发达，农民生活水平基本达到小康，大部分农村具备一定的产业和集体经济，这也就是乡村振兴内涵中产业兴旺的直接体现，一个农村只有首先具备了良好的产业和经济，才会得到更快更好的发展，如江苏华西村、长江村，浙江萧山区瓜沥镇航民村、龙井村等。生态绿色理念已成为我国城乡建设的主导理念，2016年3月习近平总书记在十二届全国人大四次会议青海代表团参加审议时指出：一定要生态保护优先，扎扎实实推进生态环境保护，像保护眼睛一样保护生态环境，像对待生命一样对待生态环境，推动形成绿色发展方式和生活方式。因此，乡村振兴就是积极推进乡村的生态环境建设，这也是乡村振兴生态宜居的具体体现。江浙地区农村建设对待生态建设就像对待自己的双眼一样，仔细呵护，尤其在美丽乡村建设阶段对乡镇污染企业，养猪、鸡、鸭等产业直接叫停或者搬迁，实行五水共治等。本课题研究的意义首先通过艺术介入的形式，促进乡村经济、文化、产业的发展，更为重要的是促进乡村传统优秀文化、古建筑、"非遗"文化等保护与传承，乡村振兴的最终目标就是"要从旧文化建设出一个新文化"，也就是要"以乡村、以老道理为根，另开创出一个新文化来"。❶工业化与城市化所带来的传统文化逐步消亡给我们敲响了警钟。没有乡村文化的繁荣，中国的发展无以为继，现代化的乡村建设也就无法实现。其次，随着高科技以及后现代思潮的发展将会引导出一个新的社会形态，这个新的社会形态就是生态社会，今后生态、绿化、健康、共生及可持续发展是人类共同目标，这种社会形态和生活方式的根基在农村，而中华民族的文化根基也在农村。当年梁漱溟线上的"求中国国家之生命必与其农村求之，必农村有新生命之后中国国家乃有新生命焉"，❷而艺术介入乡村建设是以一种柔软的、温和的、弹性的方式进行，艺术家天然贴近自然，追求自由，总能用柔和的方式解决政府、历史学家、社会学家解决不了的问题。因为艺术家可以把看不见的文化变成可视、可听、可感觉的气氛及象征性的文化符号，并让其渗透到我们的生活中，从而成为一种新的生活式样。❸最后，艺术介入乡村振兴不仅培养了村民生活审美而且推动了乡村文化创意产业的发展，同时促进了地方经济、文化和生态等多元协同发展，更是十九大乡村振兴战略的具体体现。尤其从国内外艺术介入乡村建设案例来看，艺术激活了农村传统文化、生活方式、民间习俗，增强了村民之间内在互动和凝聚力，同时促进了乡村社会、经济和文化的共同发展。

---

❶ 梁漱溟. 梁漱溟全集：2卷[M]. 济南：山东人民出版社，1990：614.

❷ 梁漱溟. 梁漱溟全集：2卷[M]. 济南：山东人民出版社，1990：434.

❸ 方李莉，等. 艺术介入美丽乡村建设人类学家与艺术家对话录[M]. 北京：文化艺术出版社，2017：29.

第二节 相关研究与实践

当前我国学者对乡村建设的主流认识还是以城市建设为依据，从城市规划、GDP增长、文化教育、交通旅游、管理治理等方面对乡村建设进行理论延伸，从经济、产业、文化、教育、旅游、治理等方面对乡村进行研究，殊不知，随着高科技和后现代思潮发展，人们对社会形态、经济形态和世界认识也会发生改变，生态、共生、绿色及健康理念被更多的人所接受。由这样的观念所引导出的后现代思想是彻底的生态主义，它为生态学运动所倡导的持久的见识提供了哲学和意识形态方面的根据。❶中国农业自古以来就注重与自然环境和谐共生，不管在农业生产、消费和耕作等方面，还是在农村居住、生活方式和文化习俗等方面，农村一直拥有多样性、包容性和文化性等可持续发展的场所，它理应成为人类对未来思考和创作的可用之地。艺术介入乡村建设是以一种温和、柔性的方式进行，是对乡村建设的一种辅助，艺术家与村民打成一片，相互信任，不知不觉就推进了乡村的文化、艺术、建筑等建设，提高了村庄知名度和影响力，进而带动乡村旅游、产业、人才、经济发展，以点带面，逐渐形成农村包围乡镇的效果。目前，艺术介入乡村建设相关研究相对分散，理论指导高度不够，大部分研究还是以对相关艺术介入乡村实践案例进行介绍和解说为主，对艺术家介入乡村建设的方法也缺乏系统研究和梳理，尤其在艺术介入乡村建设的路径和对策方面研究很少，有的只是提出一些口号性问题，没有实质性研究进展。因此，本课题以

❶ 大卫·雷·格里芬. 后现代精神[M]. 王成兵，译. 北京: 中央编译出版社，2011: 27.

江浙发达地区农村建设为样本，提出艺术介入乡村振兴的路径和对策。一方面，我们对国内外艺术介入乡村建设理论与实践案例进行梳理与总结，了解和掌握国内外艺术介入乡村建设所遇到的问题、困难以及他们的解决方式，哪些案例具有什么样的启示等。另一方面，对国内外艺术介入乡村建设的路径、模式以及对策进行分析，尤其结合我国现有政策和乡村实际情况分析哪些路径和对策对江浙地区农村建设是具有借鉴和参考价值的。

一、乡村建设相关理论研究

我国是一个农业大国，在城镇化快速发展的今天，我国仍有 5.1 亿农民，其中约 2.9 亿人为农民工，剩下的 2 亿多农村人口中大多数以"老人妇女儿童"为主，而具备劳动力的青壮年基本外出务工，尤其我国还有一千多万的贫困人口急需脱贫，这是我国目前农村的真实状况和现实困境。推进乡村建设，促进乡村振兴就显得格外重要和具有社会意义。目前，国外学者分别从以下几个视角对乡村建设进行了研究。①从城乡统筹的视角。这是国外学者在研究工业地理学时经常使用的概念。在学术界，有关城乡统筹一体化发展的各种理论层出不穷，逐步形成相对成熟的城乡发展理论。马克思从生产关系中深入剖析了城乡对立的形成和解决城乡对立的根本途径。刘易斯提出"二元经济"模型，主张建立以城市为中心，重建城乡之间的平衡，使全体居民享受城市的益处。哈里斯·托达罗倡导提高农业生产，发展农村经济，缩小城乡差别。麦基的城乡一体化发展模式、岸根卓郎的"城乡融合设计"模式都是从城乡统筹视角研究乡村发展。②从人类学的视角。应用人类学注重决定、选择以及评估文化变迁过程中可利用的知识，并将其转化为行动，由此形成了价值中立的行动策略和价值介入的实践策略（ Alan Holmberg，1949；Sol Tax，1952）。人类学的历史、感受能力和方法仍然是独特的。❶因为记录一个地方性的历史和文化是人类学家

---

❶ 克利福德，马库斯. 写文化：民族志的诗学与政治学 [M]. 高丙中，等，译. 北京：商务印书馆，2006: 20.

的任务，他们带着自己的思想和感受参与乡村建设。从人类学的角度观察农村的变化，可帮助乡村重建文化记忆以及重新发现农村价值。③从社会艺术学的视角。艺术社会学产生于19世纪初，由斯达尔夫人最先从社会学的角度来考察艺术活动与艺术现象。1847年，米盖尔思首次提出"艺术社会学"的概念。从整体上看，其核心是研究艺术与社会之间的关系，一般将艺术社会学发展划分三个阶段：萌发阶段（Hippolyte Taine，1867；Ernst Grosse，1894）、互动阶段（Plekhanov，1900；Fritsch，1926）、融合阶段（Hauser Arnold，1951）。因此，艺术社会学是把艺术当作一种社会现象加以研究，重点探讨艺术与社会之间的关系及其特殊表现形式。④从艺术介入乡村建设的视角。艺术介入或称为介入性艺术是强调观众参与、混合媒介、事件性的艺术。它可追溯至20世纪初的历史前卫主义艺术运动，艺术家将行为表演搬上城市的街头巷尾，让艺术作品成为大众参与的公共事件。20世纪60年代，居依·德波提出了"景观社会"理论（Guy Ernest Dobord，1967），主要以景观社会的文化批判和社会批判为主题，提出基于"日常生活革命"和构建艺术"情境"的"漂移"和"异轨"两个社会改造方案。1981年博伊斯倡导"社会雕塑"理念（Joseph Beuys，1981），他提出"人人都是艺术家"的口号，通过一系列的公共艺术活动介入社会、介入生活，让每个人都可以像艺术家一样地创作，以自身为标杆鼓励人们投入社会政治的行动中。20世纪90年代西方对介入性艺术研究初具规模，已有学者从"关系美学""对话美学""歧感美学"等艺术现象进行研究（Nicolas brio，1990；Grant H.Kester，1996；Nicolas Bourriaud，1998）。如今的介入性艺术家已经成为"社群调节者"，开始探讨艺术介入生活、介入社会、介入乡村（Yves michaud，1997；Claire，2004；Kster，Grant H，2011）。法国学者卡特琳·格鲁在《艺术介入空间：都会里的艺术创作》一文提到，艺术与生活的界限越来越暧昧，艺术成为与生命、生存最特殊的一种联系，也就是说与自由心智、感觉及欲望的最特殊联系。❶艺术介入社会兼具社会学、经济性、公众性及互动性的隐喻，可

---

❶ 卡特琳·格鲁. 艺术介入空间：都会里的艺术创作[M]. 姚孟吟，译. 台北：远流出版事业股份有限公司，2017：25-26.

能提供了当今世界少有的可以与世界相互的可能性。日本学者北川富朗、福武总一郎等从濑户内海、越后妻有国际大地艺术祭方面积极推动乡村建设，经过几十年的努力，如今这两个地区的艺术介入乡村建设闻名于世，已成为世界网红之地，成为世界各国艺术介入乡村建设绕不开的经验借鉴和启示。

国内学者则从以下几个方面对乡村建设基础理论进行梳理。①大部分学者站在过去、现在和未来角度指出农业农村的一些基础性、理论性研究问题，对乡村建设一些脉络进行了梳理（温铁军，2003；项继权，2009；王先明，2016；潘家恩，2016，贺雪峰，2017）。温铁军教授认为，重视村社理性的积极作用，构建以村社为基本单元的多方合作框架，可以在恢复农村的广义生态环境和宏观社会资本水平，改善农村的经济基础，重建农村良治体系等多个方面发挥重要作用。❶贺雪峰教授指出我国当前乡村建设的重点应该以向农村提供基本生产生活秩序为保底，从而让中国农村成为中国现代化的稳定器与蓄水池。政府、专家学者从乡村振兴的内涵、发展路径和道路模式等方面进行研究（韩长赋，2017；陈锡文，2018；张沁岚等，2017；刘合光，2018）。韩长赋先生从深入贯彻"三农"思想，以贵州农村建设实践为例论述大力实施乡村振兴战略。陈锡文教授在《实施乡村振兴战略，推进农业农村现代化》一文中，提出要实现农村现代化：一是明确"五位一体"中体布局在农村工作的体现，二是乡村的有效治理。❷刘合光从全面深化农村改革、加快振兴农村产业、发挥科技引领、打造乡村人才队伍等方面基础乡村振兴的路径选择。②从艺术社会学角度分析。国内艺术社会学研究中有学者从美学角度阐释相关问题（李泽厚，1979），也有学者从国外艺术社会学理论借鉴进行研究（方维规，2014；卢文超，2016），还有当代学者结合中国语境和现实情况进行综合研究（张士闪，2004；陈德洪等，2013；陶小军，2016）。陈德洪、巫大军认为当代艺术生态问题引起文艺界、商业界甚至政府的高度重视，应多从宏观角度进行艺术社会理论的构建和艺术规律的探索。总体来看，艺术社会

---

❶ 温铁军，董筱丹. 村社理性：破解"三农"与"三治"困境的一个新视角[J]. 中共中央党校学报，2010(8)：20-23.

❷ 陈锡文. 实施乡村振兴战略，推进农业农村现代化[J]. 中国农业大学学报(社会科学版)，2018(2)：5-12.

学研究不外乎两个维度：一是从艺术家的角度来审视社会公共问题，二是从社会公众角度对艺术创作、消费、贮藏、流动等做出判断。❶③从艺术介入乡村振兴角度分析。主要集中在艺术学、设计学、景观园林等领域，关注点在当代艺术的发展和启示上，或停留在对现象的描述和借鉴上（文凤仪等，2007；周静敏等，2010；渠岩，2014；陈炯，甘露，2020）。文凤仪，莫一新在《城市雕塑以外：日本越后妻有"大地之艺术祭"公共营建行动引起的反思》一文中介绍了越后妻有大地艺术祭的各项艺术活动，以及其对当地乡村建设和再生活力的激活作用。渠岩的"许村计划"开启了我国艺术介入乡村建设的先河，是以艺术家名义发起的一项乡村实践。陈炯，甘露借鉴生态场域理论作为社会学中场域理论的延伸，从秩序、互动、本位与超越等方面论述，为我国艺术介入乡村建设提供一个新的思考角度。也有一小部分学者从人类学角度思考艺术介入视角下对乡村振兴进行分析（赵容慧，2015；刘姝曼，2017；方李莉，2018）。刘姝曼从人类学与艺术乡建的相互关系以"青田模式"为案例进行了探讨，以恢复乡村有形价值和复兴无形价值为抓手，重建乡村精神家园。方李莉指出，艺术介入美丽乡村建设的意义在于：通过艺术复兴传统的中国"生活式样"，修复乡村价值，将"旧文化转变出一个新文化来"，推动建设"乡土中国"走向"生态中国"的发展之路。❷

二、艺术介入乡村建设相关实践研究

欧美国家经过现代主义先锋艺术运动之后，尤其随着摄影、影视和数字化技术的快速发展，架上绘画已接近死亡，欧美艺术家们开始通过公共艺术、当代艺术、行为艺术或者艺术行为参与社会及社区以此激发公众的力量。历史前卫主义艺术运动的构成主义、未来主义和达达主义等流派艺术家们以公共事件作为艺术介入社会的方式，激发人们对现代性的思考和批判。杜尚作品《泉》，用一个签上自己名字的小便斗放到博物馆进行展览，取得了较大的成功，这个

---

❶ 陶小军. 艺术社会学发展态势探析[J]. 东南大学学报(哲学社会科学版), 2016(6): 128–132.

❷ 方李莉. 论艺术介入美丽乡村建设——艺术人类学视角[J]. 民族艺术, 2018(1): 17–28.

行为或事件就一直被视为打破艺术与生活边界的尝试，本质上，这是艺术介入生活。新前卫主义以艺术介入日常生活为主，主要从"漂移""诡异"和"情景构建"三大方面进行构建，博伊斯提出"社会雕塑"理念，开启了艺术探讨社区发展的视角，艺术创作与教育、民主、生活相关。在1982年的卡塞尔文献展上，博伊斯推出了《7000棵橡树》作品，这是艺术介入社会、环境的代表事件。1991年克里斯多夫沃迪斯寇的《凯旋门》采用隐喻手法的影像，向大众传递他的想法，其最终的目的不是图像，而是一种"看"的可能，提出一种公众式思考以及自我省视的可能性。随后艺术介入生活、介入社区、介入乡村的实践越来越多，并起到一定的效果和影响。美国以涂鸦艺术、后现代艺术介入社区，推动社区人与人之间的关系发展。德国从景观、艺术、建筑等角度对乡村进行有机更新，促进乡村经济、旅游发展。英国则以田园乡村为依托，从艺术、文化、自然风景等方面介入乡村，从而实现乡村发展。澳大利亚中西部地区，艺术介入乡村主要以社区建设为主，增强村民的公共参与和社会互动。我国台湾地区通过对传统文化、建筑遗产等保护，以艺术介入乡村的形式，激活传统乡村价值，从而实现乡村建设。

在艺术介入乡村建设实践较有影响力的还是以日本的越后妻有和濑户内海两个地区的国际艺术活动最具代表性。在策展人北川富朗等从2000年的大地艺术祭开始，历经20年的乡村建设和发展，越后妻有目前已成为全球最为关注的艺术介入乡村建设实践地。北川富朗的初衷是希望通过举办艺术节，为生活在当地的乡村老人们创造开心的回忆，从而唤起他们的自豪感。❶他以国际大地艺术祭为契机，邀请世界各国艺术家来越后妻有里山地区进行艺术实践，使当地村民参与艺术创作，重塑当地人的身份认同，激活当地文化和乡村价值。主要通过扎根艺术、公共艺术、乡村在地性、村民身份认同、村民参与等方式介入乡村，从而提升乡村内在活力和外部影响力，尤其关注越后妻有艺术节的当地性设计，从浅山区域的在地性方面，通过详细周密的调查、策划和实施，推动

---

❶ 北川富朗. 乡土再造之力：大地艺术节的10种创想[M]. 欧小林，译. 北京：清华大学出版社，2015: 2.

本地经济和文化发展。从环境在地性上，艺术家根据浅山环境进行艺术创作，让居民和游客在现场中能感受到越后妻有的文化、信仰和审美。从居民的在地性方面，重塑地域自信心和认同感，鼓励艺术家与村民合作互助，让村民参与艺术创作和艺术活动，同时为居民带来经济收入，留住人才。因此，该艺术节虽然每届的主题不同，但都以浅山区域的农业生产为背景，鼓励创作者走入乡村，通过深层次的交流与当地居民建立合作，并共同创作。❶濑户内海和越后妻有虽一个属于海洋地区，一个属于浅山地区，但它们都有一个共同点，即两个地区的乡村随着高龄化、人口外流、交通不便、人口稀少而逐渐失去乡村活力。2010年，北川富朗和福武总一郎团队根据越后妻有大地艺术祭的实践经验，在濑户内海举办了第一届濑户内海国际艺术祭，他们邀请世界各地艺术家、建筑师、设计师，根据濑户内海在地环境进行艺术创作、建筑设计，同时结合当地传统技术、文化习俗、祭祀仪式，组织当地艺术祭，重塑当地文化和乡村建筑，从而产生具有国际影响力的艺术活动，吸引世界各地游客，促进经济发展和乡村建设。艺术介入乡村潜移默化地影响了当地居民和他们的生活和行为。正如福武总一郎所指出的那样："艺术要引导大众，艺术自身不是主要的。艺术要激活和焕发出自然和历史的优长，以此和大众产生互动，即引发感知某种情感，这不是单纯的观赏，应该具有提升观者生活方式的可能性，这才是艺术的魅力所在。"❷

三、研究方法

（1）文献资料法。通过书籍、期刊和网络收集艺术介入乡村建设相关文献、数据、图表等信息，同时通过中国知网、中国期刊网、谷歌、外文资料库等网络数据对"艺术介入""介入性艺术""乡村建设""乡村振兴"等关键词进行搜索和筛选，对国内外艺术介入乡村建设相关文献资料进行梳理、分析、归纳和

❶ 北川富郎. アートデでレクターから見た都市計画 [J]. 都市計画, 2003(246): 43–46.

❷ 潘力. 重塑"希望之海"——记日本"2013濑户内海国际艺术节"[J]. 上海艺术家, 2014(1): 50–55.

总结，明确国内外艺术介入乡村建设的现状、发展脉络及不足之处，借鉴先辈们研究成果，为本课题研究提供有力证据和理论依据。

（2）调研访谈法。通过对江浙地区的桐庐、嘉兴、龙泉、苏州、昆山、宜兴等农村进行实地调研和访谈，尤其对这些抽样地区的艺术介入乡村建设进行多次的调研和观察，了解艺术介入乡村建设的效应，整理观察结果，建立档案。同时对这些地区农村的村民、村干部、周围村落的村民进行访谈，根据课题主题进行调查访谈和深度访谈，对其内容和资料分析后撰写访谈报告。厘清这些地区乡村建设现状，探讨艺术介入江浙地区乡村振兴所具备的条件及相关不足之处。

（3）比较归纳法。在明确江浙地区艺术介入乡村振兴实践基础上，对国内外艺术介入乡村建设案例进行比较分析。借鉴类型学的方法对日本、德国、英国等国家或地区，与中国山西许村、安徽碧山村、广州青田村等艺术介入乡村振兴案例进行横向与纵向的比较研究，同时对国外艺术介入乡建模式进行梳理、分类、归纳总结，理顺艺术与乡村建设的发展关系，为江浙地区艺术介入乡村振兴起到指导和借鉴作用。

（4）概括总结法。对本课题相关收集案例进行梳理、解读、筛选和分析，依据相关分类理论，对案例归纳总结。从艺术介入乡村建设的模式和实践进行国内外比较后概括总结，分析艺术介入乡村振兴的路径和对策，指出江浙地区艺术介入乡村振兴将呈多元、综合和交叉发展。

第二章

乡村建设发展历程

第一节 民国时期乡村建设发展历程

中国乡村建设历来已久，诸多学者和专家均对我国乡村建设做了较多研究，大部分专家都认为我国乡村建设可追溯到民国初期的乡村乡治运动，究其原因大致有以下几个方面。

（1）政治因素。孙中山先生建立中华民国，宣示着我国封建帝制灭亡，从此，我国开始进入探寻建设现代化社会国家阶段，也就是如何走上国家共和的现代化道路。一方面随着封建王朝的灭亡，传统中国以"乡绅制度"和"农耕文化"为依托的一种内生性、自组织性的相对有序和稳定的农村治理模式已被打破，新的文化、制度和秩序还没构建起来，整个社会处于一个新旧交替的时期，急需一个稳定、健全的国家政权。另一方面进入近代以后，国民政府要向现代化国家转型，势必通过国家权力的扩张，使政权合法化，提高财政压榨能力，这与当时我国小农经济占主导的传统农村经济承受力势必发生强大的落差，导致国家政权的"内卷化"，乡绅精英被新型国家掮客所替代，乡村政治开始恶化。这样，现代化方向的社会政治变革，其改换功能的任务没有完成，反破坏了原有的防卫机制。因此，中国农村和农民陷入了更贫困、更悲惨的境地。

（2）经济因素。民国时期，由于各地军阀的掠夺以及天灾人祸的打击，我国农村经济急剧衰败。一方面各地军阀、官吏和地主们大肆掠夺、侵占和兼并大量土地，导致土地高度集中，地权分配不均。梁漱溟认为在土地上存在的三个问题，其中之一便是分配不均，"且有的地方相当严重，或很严重"。❶这就是当时中国农村突出的问题之一。另一方面农

---

❶ 梁漱溟. 梁漱溟全集: 2卷[M]. 济南: 山东人民出版社, 1990: 530.

产萎缩，农民生产力下降，农民贫困加剧。由于农村经济遭受严重的破坏，农民在地租、赋税、债务等方面负担过重，加上自然灾害等因素，农民入不敷出，被迫借债、离村、逃荒直至破产，正如温铁军教授所言，中国农村经济的凋敝从本质上言，仍是一个现代化过程中的问题。

（3）文化因素。当时的乡村建设团队、组织和知识分子都认识到了乡村经济衰败导致农村文化严重缺乏，他们认为可以从内外两个因素推行乡村文化建设。首先从国内的文化因素看，农业历来被认为是国之命脉，大部分知识分子认为应从本国文化出发，从传统文化的根中寻找民族复兴的新契机。如梁漱溟先生通过以儒家文化为核心的传统文化改造进而引发政治经济的改造，他认为中国问题的实质不是政治问题，也不是经济问题，而是文化问题。因此，他要在旧中国农村"创造新文化、救活旧农村"。其次是国外的文化因素，五四运动之后，中西教育文化交流增多，美国的平民教育、生活教育和杜威的实用哲学对晏阳初、陶行知等先哲们具有非常明显的影响。晏阳初认为中国乡村的基本问题是"愚""穷""弱""私"四大问题，因此他提出"四大教育"和"三大方式"，通过文艺、生计、卫生、公民四大教育和学校、社会、家庭三大方式对农村、农民进行民族再造。

第二节　新农村建设发展历程

民国时期的乡村建设，大部分知识分子和团队均以社会改良为出发点对乡村进行建设，希望改变乡村、改变中国社会。只有中国共产党以广大人民利益为出发点，重视农村、农民、农业的发展，大规模进行新农村建设，这与民国时期梁漱溟、晏阳初等其他知识分子领导的乡村建设有着根本区别。

1978年，以邓小平为核心的党中央审时度势，以农村为起点，提出了改革开放的理念，在农村推广家庭联产承包责任制，随着一系列改革措施的陆续推进，我国实现了从计划经济向社会主义市场经济体制的转变，中国共产党和政府工作重心向经济建设转移，思想上打破了"两个凡是"的思想束缚，恢复了实事求是的思想路线。家庭联产承包责任制度明确了农民对土地的承包，从开始的承包期15年到"长久不变"，这个制度稳定了民心，摆脱了旧农村经济体制的束缚，调动了农民生产积极性，使农民收入稳定持续增加，它是我国农业历史上的伟大进步。党和国家领导人开始努力推进以经济建设为中心，不断促进农村、农业、农民的发展，中共中央、国务院陆续发布了一号文件，加大"三农"建设和发展，激活农村经济和第二、第三产业的发展，促进农业增收，提高农民收入。总体来讲，从改革开放至"美丽乡村"提出之前新农村建设阶段，在我国农村经济建设、农业发展和农民收入方面，东部沿海地区呈上升趋势，中西部地区呈现不平衡发展，城乡收入差距进一步加大。其中江浙地区农村乡镇经济发展较为迅速，第二、第三产业发展较快，农民生活水平整体较好。

这个时期我国新农村建设与发展主要分为四个阶段。

（1）第一阶段（1978~1987年），改革开放后第一个"黄金发展"阶段。改革开放后，农村实行了家庭联产承包责任制，激活了农村、农业、农民的活力，形成了新的农村生产力与生产关系，极大地促进了农村经济发展。1982年中央一号文件强调"三农"是中国社会主义现代化建设的重中之重，同时修订后的《中华人民共和国宪法》确立了"乡镇村治"二元治理体制新模式。1983年中央一号文件将"政社合一"改为"政社分设"，宣告了农村人民公社体制的终结，完善和发展了家庭联产承包责任制。1985~1987年，党中央对农村改革的重点是鼓励农民面向市场，调整农村产业结构，推进农产品流通体制，改革和发展乡镇企业，促进农村商品经济发展。温铁军教授认为，"20世纪80年代农村发展的实质是把农业三要素——土地、劳动力、资金都留在农村内部转化了，当时叫'农村工业化'和'农村城镇化'。这样就形成了农民收入的增加，拉动国内

消费需求的增长，促使整个国家出现了'内需拉动型'的增长。这就是中国经济增长的第一个黄金时期"。❶

（2）第二阶段（1988~1997年）具体表现为"三农综合征"。由于我国经济发展以城市建设为主，农村的改革明显放慢了步骤。直到1992年邓小平南巡讲话，农村的改革才又得到进一步推进，虽然这个时期国家出台了一些有利于"三农"发展的政策和文件，但受到宏观体制影响和制约，农民负担却越来越重，农村资金大量外流。随着城市扩张和城镇化建设，农业生产三要素已不是留在农村内部使用了，农村经济发展缓慢、农民积极性遭到一定程度的打击。

（3）第三阶段（1998~2006年）出现第二个"黄金发展期"。1998年，党中央和国家领导首次提出"农业、农村和农民问题是关系我国改革开放和现代化建设全局的重大问题"，这标志着我国新农村建设进入一个新的发展阶段。2002年党的十六大提出"全面建设小康社会"的奋斗目标，2003年中央一号文件提出根据"多予、少取、放活"的方针，促进农民增收。2005年中央一号文件提出加大支农政策的力度，保障"多予、少取"方针的实施，加强农业综合生产能力建设。尤其是2006年，中央一号文件《关于推进社会主义新农村建设的若干意见》进一步提出统筹城乡经济社会发展，实行工业反哺农业，按照"生产发展、生活宽裕、乡风文明、村容整洁、管理民主"的要求，协调推进农村经济、政治、文化、社会和党的全面建设。

（4）第四阶段（2007~2012年）新农村建设不断完善与提高。2006年提出的"二十字"是新农村建设的总体目标，也是具体要求。2007~2012年，党中央每年都出台了中央一号文件，其目的就是不断促进农民增收，推进现代农业发展，加快农村经济发展。尤其是2012年党的十八大提出城乡发展一体化是解决"三农"问题的根本途径；并提出了增强农村发展活力，逐步缩小城乡差距，促进城乡共同繁荣；坚持工业反哺农业、城市支持农村和多予少取放活方针，加大强农惠农富农政策力度；深入推进新农村建设和扶贫开发，全面改善农村生

---

❶ 温铁军. 新农村建设实践中的反思[C]// 中国(海南)改革发展研究院. 中国新农村建设: 乡村治理与乡镇政府改革. 北京: 中国经济出版社, 2006.

产生活条件等政策和措施。党的十八大以来，农村农业发展再上新台阶，农村基础活力明显增强，农业稳定增长，农民持续增收，农村环境和生态建设明显得到改善，为农村全面建设小康社会奠定了坚实基础，这均表明党和国家领导人对"三农"发展和新农村建设的重视。

第三节 美丽乡村建设发展历程

美丽乡村建设是新农村建设宗旨和思路的提升与延续，或者可以说是新农村建设的升级版，它是一个全面的、综合的、动态的概念。"美丽乡村"不仅要实现乡村的外在美，更重要的是实现乡村精神和文化等层面建设的内在美，它是集农村生态、政治、物质、精神和文化等一体的系统工程，也是一项关乎农民利益的重大民生工程。早在2008年浙江安吉县就以生态、绿色为立足点，在全国率先提出了"美丽乡村"建设，计划用10年时间把安吉县建设成"村村优美、家家创业、处处和谐、人人幸福"的现代化新农村样板。2010年浙江省提出了美丽乡村建设标准化并应用于美丽乡村建设和指导，安吉县作为全国美丽乡村建设试点成果案例为全国乡村建设提供了参考和借鉴。党的十八大提出了"美丽中国"的全新概念，2013年，中央一号文件第一次提出了建设"美丽乡村"的奋斗目标，随后中央财政选择江苏、广西、贵州、安徽、福建、重庆、海南7省作为首批重点省份推进美丽乡村建设。

一、美丽乡村建设

2013年中央一号文件依据"美丽中国"理念第一次提出了

建设"美丽乡村"的奋斗目标，这是我国新农村建设上升到"美丽乡村"建设的国家文件和政策依据，也是首次在国家层面明确提出"美丽乡村"建设理念。我国美丽乡村建设经历了自下而上、自上而下的两个发展阶段。

（1）第一阶段（2008~2012年）美丽乡村探索与起步。美丽乡村建设始于2008年，浙江省安吉县以"美丽乡村"建设为载体对新农村建设"安吉模式"进行积极探讨，为确保"建有规范、评有标准、管有办法"，构筑和制定了"美丽乡村"建设标准体系。浙江省委省政府高度注重"三农"发展，按照一张蓝图绘到底、生态环境、村美民富、城乡融合等理念积极推进美丽乡村建设。2010年6月，浙江省全面推广安吉经验，把美丽乡村建设升级为省级战略决策，浙江省委出台《浙江省美丽乡村建设行动计划（2011—2015年）》文件，建立美丽乡村建设评价体系和奖惩激励机制，把美丽乡村建设列入各级党政干部政绩综合考核、生态省考核和社会主义新农村考核中，以引导各地切实抓好美丽乡村建设工作。2010年经国家标准化委员会批准，安吉县正式开展"国家级美丽乡村标准化示范县"的创建工作。2012年党的十八大正式提出"美丽中国"概念，强调生态文明建设融入政治、经济、文化等各方面。"中国美丽乡村"建设是安吉从最初的资源特色定位为"中国竹乡"品牌到以生态型为定位的"全国第一个生态县"品牌的第三次提升，是集资源、生态、环境、产业、文化等复合化的综合型城市新目标。❶

（2）第二阶段（2013~2016年）全面推进美丽乡村建设。2013年中央一号文件明确提出了"努力建设美丽乡村""推进农村生态文明建设"的目标，2013年农业农村部发布了《关于开展"美丽乡村"创建活动的意见》，11月确定了全国1000个"美丽乡村"，创建试点乡村。美丽乡村建设内涵主要从自然和社会层面，生产、生活和生态之间关系，消除城乡差别三个方面进行界定，其核心是乡村产业可持续发展、人居生态环境功能化提升、乡村价值和优秀文化传承与发展、农村各项事业整体进步。2014年中央一号文件提出全面深化农村改

---

❶ 邹志平.安吉中国美丽乡村模式研究[D].上海：复旦大学，2010：43.

革，改善乡村治理机制，加快推进农业现代化。2015年，国家层面的《GB/T 32000—2015美丽乡村建设指南》发布，为全国各地美丽乡村建设提供了方向性的指导。随后全国各地根据这个指南，结合本省地域特色制定了《美丽乡村建设规范》等地方标准和指导文件。"两山"理论经过十多年的探索和发展，给美丽乡村生态文明建设提供了重要指导思想和理论依据。2016年中央一号文件提出用发展的理念破解"三农"问题，实现小康社会，推进农业供给侧结构性改革。总而言之，美丽乡村建设转变以往以GDP经济为主的发展模式，而是以生态文明建设为引领，融入"五位一体"的总体乡村建设模式。因此，本文对这个时期乡村建设发展历程进行梳理（表2-1），美丽乡村建设是新农村建设和生态文明建设的综合体，二者统一于美丽乡村建设进程中。

表2-1　美丽乡村建设至乡村振兴的发展历程

新农村建设阶段	时间（年）	事件	社会主义新农村建设内容
第一阶段	2008	浙江安吉《安吉县建设"中国美丽乡村"行动纲要》	明确了安吉县美丽乡村建设的指导思想、目标、措施及验收等具体事宜
	2010	浙江省委《浙江省美丽乡村建设行动计划（2011—2015年）》	建立美丽乡村建设评价体系和奖惩激励机制，把美丽乡村建设列入各级党政干部政绩综合考核、生态省考核和社会主义新农村考核，以引导各地切实抓好美丽乡村建设工作
	2012	党的十八大	提出"美丽中国"概念，强调生态文明建设融入政治、经济、文化等各方面建设
第二阶段	2013	第十五个中央一号文件《中共中央 国务院关于加快发展现代农业进一步增强农村发展活力的若干意见》	积极推进城乡公共资源均衡配置；完善乡村治理机制，切实加强党组织为核心的农村基层组织建设；加快发展现代农业，进一步增强农村活力

续表

新农村建设阶段	时间（年）	事件	社会主义新农村建设内容
第二阶段	2014	第十六个中央一号文件《关于全面深化农村改革加快推进农业现代化的若干意见》	全面深化农村改革，改善乡村治理机制，加快推进农业现代化
	2015	第十七个中央一号文件《关于加大改革创新力度加快农业现代化建设的若干意见》	加大改革创新力度，加快农业现代化建设
	2015	中共中央、国务院《关于加快推进生态文明建设的意见》	正式把"坚持绿水青山就是金山银山"理论写进中央文件
	2016	第十八个中央一号文件《关于落实发展新理念加快农业现代化实现全面小康目标的若干意见》	用发展的理念破解"三农"问题，实现小康社会，推进农业供给侧结构性改革

注　根据陈秋红，于法稳. 美丽乡村建设研究与实践进展综述 [J]. 学习与实践，2014(6):107–116. 王卫星. 美丽乡村建设：现状与对策 [J]. 华中师范大学学报 (人文社会科学版)，2014(1):1–6. 全国栋，应珊婷，姚晗珺，等. 中国美丽乡村标准化发展路径与经验 [J]. 江苏农业科学，2019(17):36–40. 等资料综合整理。

二、乡村振兴

2017年的党的十九大提出乡村振兴战略，按照"产业兴旺、生态宜居、乡风文明、治理有效、生活富裕"总要求和目标进行农业农村现代化的共同发展，尤其在城乡差距越来越大，发展不平衡不充分问题在乡村最为突出等情况下，未来的农村稳定、农业发展和农民增收更是关系到我国社会和谐和国家稳定。因此，乡村振兴战略的提出，是对"三农"中长期发展的总体谋篇，也是"三农"改革思想的重要转型嬗变。2018年中央一号文件提出到2035年，乡村振兴取得决定性进展，农业农村现代化基本实现。农业结构得到根本性改善，农民就业质量显著提高；城乡基本公共服务均等化基本实现，城乡融合发展体制机制更加完善；乡风文明达到新高度，乡村治理体系更加完善；农村生态环境根本好转，美丽宜居乡村基本实现。2019年中央一号文件再进一步提出扎实推进乡村建设、壮大乡村产业、全面深化农村改革、激活乡村发展活力、完善乡村治理机制等建设。2020年中央一号文件提出坚决打赢脱贫攻坚战，对标全面建成小康社会加快补上农村基础设施和公共服务短板，加强农村基层治理，强化农村补短板保障措施等（表2-2）。党的十九大提出乡村振兴战略至今，中国农村面貌发生了较大的转变，尤其江浙地区历经美丽乡村建设后，基本达到"村村优美、家家创业、处处和谐、人人幸福"的乡村理想，农民生活基本达到小康和富裕水平，当美丽乡村遍布神州大地时，美丽中国即成为现实，这也是建成富强民主文明和谐美丽的现代化强国的标志。

表2-2　乡村振兴至今的乡村建设发展历程

时间（年）	名称	社会主义新农村建设内容
2017	党的十九大	乡村振兴战略：产业兴旺、生态宜居、乡风文明、治理有效、生活富裕
2017	第十九个中央一号文件《中共中央 国务院关于深入推进农业供给侧结构性改革加快培育农业农村发展新动能的若干意见》	强调以农业供给侧结构性改革培育"三农"发展新动力
2018	第二十个中央一号文件《关于实施乡村振兴战略的意见》	从领导机制、工作机制、队伍嘉善、规划引领、法治建设等方面对乡村振兴战略进行了谋划和部署
2018	中共中央、国务院颁布《乡村振兴战略规划（2018—2022年）》	统筹城乡发展空间，优化乡村发展布局，完善城乡融合发展政策体系，推动扶贫攻坚与乡村振兴有机结合相互促进

续表

时间 （年）	名称	社会主义新农村建设内容
2019	第二十一个中央一号文件《关于坚持农业农村优先发展做好"三农"工作的若干意见》	完成脱贫攻坚任务、夯实农业基础，扎实推进乡村建设、壮大乡村产业、全面深化农村改革、激活乡村发展活力、完善乡村治理机制、加强党的领导
2020	第二十二个中央一号文件《中共中央 国务院关于抓好"三农"领域重点工作确保如期实现全面小康的意见》	坚决打赢脱贫攻坚战；对标全面建成小康社会加快补上农村基础设施和公共服务短板；保障重要农产品有效供给和促进农民持续增收；加强农村基层治理；强化农村补短板保障措施

注　根据贺雪峰.关于实施乡村振兴战略的几个问题 [J].南京农业大学学报（社会科学版），2018(3):19–26.于思文.习近平乡村振兴战略研究 [D].哈尔滨：哈尔滨师范大学，2019.等资料综合整理。

第四节　发达国家乡村建设发展历程

一、欧美国家乡村建设发展历程

英国是全球乡村建设和发展的典范，是欧洲最先进的农业生产国。英国乡村振兴最早起源于15世纪末~16世纪初的圈地运动，当时大量失地农民涌入城市，促进了工业革命的发展，同时引发了国内土地所有权变革。随着农业发展政策调整和农业技术的提升，18世纪下半叶~19世纪70年代英国的"农业革命"取得了较大成功，随后由于工业革命的快速发展，"重工轻农"的思想在英国社会蔓延开来，导致英国农业逐步衰退，农产品生产能力下降，严重依赖世界市场。第二次世界大战结束后，英国政府重新审视乡村发展问题，强调对农业生产的保护，1947年颁发了第一个农业法《农业发展法案》，确保农业的可持续发展。同时采取农业补贴政策，鼓励农业研究和教育，提高农作物和牲畜的产量，加大公共基础设施和技术的投资，刺激农业机械化生产等方法。战后英国农业农村取得了一定的发展，但随着国内农业生产的进一步集约化，新的问题又再一次出现，国际出口又出现逆差，这个时期英国乡村建设没有达到预期效果。英国乡村在"生产主义"策略下仅仅经历了短暂的黄金时期后又开始走向衰落，而且产生的社会和环境矛盾使政府不得不重新审视农业生产模式与乡村发展前景。❶ 随后随着"共同农业政策（CAP）"的影响和乡村产业的分化重组，英国加入欧洲农业联盟，政府通过各种途径增加农业产值和农民收入，人们的观念从"生产"向"消费"进行了转变，以"环境友好""乡村社区""导引规划"及"以人为本"进行乡村建设。自2004年乡村政策和规划体系的根本性变革后，英国乡村进入"新发展阶段"，主要体现于从"产量竞争"转向"质量竞争"，农业回归"根植性""可持续和区域化发展""空间规划变革与多层规划体系"等方面。具体操作为，首先，在质量竞争中鼓励"有机农业"和"地方食品运动"，改变了以往全球农业竞争的内涵，促进了区域和点经济增长，农业也重新回归到了根植于地方条件的发展模式。其次，乡村的可持续价值和区域化发展随着乡村建设的推动和变革，正逐渐被纳入新空间规划策略中。最后，空间规划激发了社区动力，拓展了规划理念，应对了乡村区域发展的趋势，强调综合性、参与性，实现"多功能主义"。综上所述，英国最美乡村的成功来自对历史文化遗产的珍视与保护，对自然资源环境的崇尚与爱护，对相关法律法规的完善，以及有效保障乡村权益和城乡均衡发展，这些都促进了乡村地区的繁荣。❷

美国的乡村建设发展经历了农业化、工业化、城市化、郊区化和逆城市化的发展历程，尤其在城乡一体化建设发展后，郊区化和逆城市化推动了美国乡村发展，消除了城乡间的巨大差距，美国乡村发展主要历程有以下三个阶段。

（1）第一阶段为农业化时期。美国建国初期以农业为主，其文化和价值都

---

❶ 闫琳. 英国乡村发展历程分析及启发[J]. 北京规划建设, 2019, 26(3): 24–29.

❷ 虞志淳. 英国乡村发展特色解析[J]. 小城镇建设, 2019(3): 12–17.

建立在农业社会文明之上。美国北方地区是地道的乡村社会，南方地区农村以种植园经济为主，尤其在杰斐逊时代；美国的发展和繁荣依赖农业，当时的美国人以乡村文化生活为豪，大部人认为乡村文化生活最具欧洲贵州气质。

（2）第二阶段为工业化和城市化发展阶段。美国内战后，国内工业化和城市化大规模发展，尤其是在国家政策倾斜和经济重构的背景下，工业化和城市化得到快速发展，1870年，美国城市化水平为25%，到1920年已经超过50%。❶美国完成了由乡村农业社会向城市工业社会的转型。随着城市化不断发展，国外移民和乡村劳动力都涌到城市里，城市规模越来越大，交通堵塞、环境恶化、吸毒贩毒加剧，患上"城市综合征"。同时，这个时期农村发展缓慢，农村人口大规模流入城市，乡村经济停滞，遭到较大的损害。鉴于此，美国政府开始对乡村建设采取一系列政策，如注重立法、加强基层设施建设、重视乡村规划、发展医疗文化事业、开发人力资源等措施，从农地开发利用、农业投入、农业农村、自然环境保护、农产品价格支持等方面进行立法，保护农民利益，促进农村发展。尤其注重乡村规划，以人为本，严格按照功能分区，注重当地资源优势，保护生态环境，尊重民众生活传统和文化价值。

（3）第三阶段为郊区化和逆城市化阶段。"二战"后，美国采取外围分散、资源再分配、乡村发展等措施激活乡村振兴，尤其是政府颁布了诸多有益于乡村发展的政策和法律。美国大城市制造业、服务业向外围分散，带动城市人口分散与郊区化和逆城市化进程，推动了郊区及乡村小城镇的实体经济发展，使乡村人口经历了长期减少后回升，改变了自工业化以来的乡村颓势，推动了乡村社会经济的振兴。❷

二、日韩国家乡村建设发展历程

"二战"后的日本作为战败国，国民经济遭到严重破坏，日本政府致力于重

---

❶ Arthur Meier Schesing. The Rise of City: 1878—1898 [M]. Chicago, 1971: 69.

❷ 徐和平. 郊区化和逆城市化下的美国乡村发展与振兴[J]. 中国名城, 2019(10): 13–19.

建城市，大力发展城市，农村人口大量流入城市导致农村凋敝，农民生活水平低下，为提高乡村经济发展和农业水平，20世纪50年代，日本开始了新农村建设，日本乡村振兴大体经历了以下三个阶段。

（1）第一阶段为新农村建设初级阶段（1956~1969年），即缩小城乡差异，提升乡村居民的生活水平。这个时期日本农村面临城乡二元结构对立、基础设施差、农民流失严重、农民收入低、城乡差距大等问题，于是，日本政府提出"新农村构想"，即在国家政策和财政支持下，加强农村基础设施建设，提高农民的自主性和创造性，提高农业技术和经营水平，加大农民合作等。

（2）第二阶段为新农村建设发展阶段（1970~1989年），即城乡协同发展，改善乡村居民的生活环境。在新农村建设初级阶段，日本农村经济得到一定的发展，农民收入增加。但随着老龄化加剧、能源短缺、逆城市化、农村生态遭到破坏等问题的产生，日本农村发展一度陷入停滞，为继续提高农村经济、产业、文化和农业现代化发展，政府继续加大对农业、农村、农民的经济投入和政策倾斜。

（3）第三阶段为新农村建设高级阶段（1990年至今），即城乡一体化，实现农业可持续发展。随着泡沫经济的破裂，日本经济陷入较长时间的停滞期，农村老龄化越来越严重，国家粮食安全受到威胁。1998年，政府制订了"第五次全国综合开发计划"和2008年"国土形成计划"等政策，为农业可持续发展提供了法律保障。与此同时，通过环境保护、农业发展的多种措施，实现了城乡的一体化和功能互补，重塑了乡村环境，实现了农业的可持续发展和乡村功能的存续。❶日本政府通过颁发一系列的政策及法律法规为农村发展提供了制度上的有效保障，通过大量投入交通、网络、公共设施及分散工业等方法促进城乡互动，实现城乡一体化，调动农民积极性，促进农业农村可持续发展。

自20世纪60年代以来，韩国城乡差距严重，区域发展失衡，随着韩国工业

---

❶ 刘震. 城乡统筹视角下的乡村振兴路径分析——基于日本乡村建设的实践及其经验[J]. 学术前沿, 2018(6): 76–79.

化不断发展，大批青壮年农民涌入城市，老龄化和弱质化导致农业发展受到严重打击，乡村伦理和秩序以及传统文化等都受到较大的冲击。这些社会状况迫使政府支持农业发展，缩小城乡差距，重塑道德伦理和文化价值。因此，韩国政府从1970年发起了"新村运动"，它是世界公认的解决"三农"问题的成功案例。即国家通过建立完善的激励体系，尊重农民的自主性和建立完备的外部支援系统等方式，充分调动了农民的积极性、激发了村庄的活力，让整个乡村社会参与到乡村建设中来。❶综合李水山、李晋国、王春平等专家的论述，韩国新村运动发展大致经历了两个发展时期。

（1）第一时期（1970~1980年），由政府主导的自上而下建设时期。韩国政府通过颁发法律法规和政策文件确保新村运动的制度建设，同时加大经济投入，促进金融、产业、政治、社会协同发展，加大乡村生活环境和基础设施建设，激发乡村活力和农民积极性。第一时期新村建设大致经历了起步、发展、提高三个阶段。起步阶段（1970~1973年），主要是改善乡村基础设施、生活环境，激发农民的积极性和创造性，唤醒农民勤勉、自助、协同等精神层面来建设家园。如在修筑河堤、改善交通道路、修缮房屋、改良厨房和卫生间等方面改善农村环境，提高农民生活水平；发展阶段（1974~1976年），进一步改善农民生活水平，促进农村生产发展和农民增收。如调整农业结构，发展多种经营模式，兴办工厂，加大乡村教育，推广科技文化知识和技术，使乡村面貌和乡村经济发生了很大变化，农民年年丰收，新乡村建设运动迅速向城镇扩大，成了全国性的现代化建设活动；提高阶段（1977~1980年），进一步激发农民积极性，提高农民收入，鼓励和推动乡村特色农业、畜牧业、保险业等发展，大力开展农业机械化并提倡保护自然环境，促进农村文化和社区建设。

（2）第二时期（1981年至今），以由政府引导，农民主导的自下而上和相互联动的模式为主，积极推进现代化农村农业发展。政府转换职能和思路，重新调整农业结构，发展多种经营，城市向乡村扩散，注重农村社区建设，加强

---

❶ 黄辉祥，万君. 乡村建设：中国问题与韩国经验——基于韩国新村运动的反思性研究[J]. 社会主义研究，2010(6): 86–90.

农民精神启蒙以及推进现代农业建设。韩国开展新村运动所取得的成就和经验，得到联合国有关组织的关注和肯定，得到发展中国家的重视，1974~2004 年先后有 133 个国家派出 41610 人参观、学习和取经，有些国家的总统、各部部长亲自带领考察团组学习、考察。❶

通过对国内外乡村建设发展历程的梳理可以得出以下几个结论。

（1）欧美发达国家的乡村建设主要以城市化建设推动乡村发展，通过颁发法律法规为乡村建设起到制度保障，以工业、交通、信息业等的反哺、外围分散、经济投入等方式促进乡村内外联动，通过科技兴农，推动乡村产业、产品发展，促进乡村发展。欧美发达国家较早就开始工业革命，完成了工业化和城市化建设，国家富裕、科技进步、经济持续发展，但同时产生了老龄化、城市综合征、城镇发展缓慢和逆城市化等问题。欧美发达国家发展模式虽然各自迥异，但都通过城市化和工业化的快速发展进而支持和反哺农村建设，从而缩小了城乡差距，促进了农村农业现代化建设。

（2）日韩国家乡村发展经历了自上而下、自下而上和互动联合的阶段，在工业化和城市化过程中，城乡差距越来越大，社会矛盾开始激化。为缩小城乡收入差距，促进乡村发展，日韩等国家通过政府颁发法律条文确保农村建设有法可依，增加资金投入与农业补贴，加大农村生活环境改善和基础设施建设，激活村民的积极性和主动性，尊重乡村价值和传统文化，注重乡村社区建设和农民精神，提高了农民生活水平。

（3）我国的乡村建设从民国时期开始至今，经历了不同层面、不同阶段的探索和发展，取得了一定的成绩，但城乡差距依然较大。尤其在党的十九大提出乡村振兴战略后，人们逐渐形成了一个"主流意识"，即政府必须从根本上改变其政策导向，变"以经济建设为中心"为"以实现社会的全面发展为核心"，并扮演好启动者、组织者和主要出资者的角色。❷

---

❶ 李水山. 韩国新村运动及对我国新农村建设的有益启示[J]. 沈阳农业大学学报(社会科学版)，2012(2): 131–135.

❷ 史磊. 寻求"另类"发展的范式——韩国新村运动与中国乡村建设[J]. 社会学研究，2004(4): 39–49.

　　通过借鉴欧美、日韩等发达国家乡村建设的城乡一体化、工业反哺农村的经验，以法律法规形式为农村建设确立制度保障，深化土地制度、城乡二元结构的改革，激发农村、农民内生力量和社会、企业等外在力量互助联动发展，促进农村农业现代化发展，实现乡村振兴。今后我国乡村应该如何发展？是朝着"主流意识"发展还是朝着"其他模式和路径"发展？这些都值得我们深入探讨和进一步研究。

第三章

乡村振兴相关理论研究

第一节　城乡发展相关理论

　　城乡发展问题是一个全球性问题，随着工业化、现代化和城市化的发展，城乡问题越来越严重。西方发达国家早期经历了工业化和城市化快速发展，导致城乡差距和矛盾进一步深化，为解决城乡统筹发展问题，西方发达国家根据自身的情况，因地制宜，因国而异，以不同的城乡发展理论为指导进行城乡统筹发展，缩小城乡差距，增加农民收入，激活乡村经济、产业、文化和生态，完成农村农业现代化建设，从而实现城乡一体化发展。但随着社会的发展，城乡问题和矛盾又会进入不同层面的交替和演绎，这又需要西方发达国家根据自身的情况进行新一轮城乡发展理论指导和实际探索，从而满足当今世界新阶段的新型城乡发展。而发展中国家一方面由于还处于城乡发展的初级阶段或者中级阶段，还没有完成城乡一体化进程，没有能力和实力完成以工业化、城市化带动农村现代化发展；另一方面，城乡发展明显带有"城市倾向"，缺乏对农村农业的立法保障和经济、产业等投入，以致农村农业水平整体较弱，农民收入较低。近100年来，世界各国都在城乡发展问题上进行了长期的艰辛探索和努力实践，不同时期都有相应的理论指导，有些理论迄今依然具有较好的指导意义和参考价值。因此，本文就城乡发展相关理论进行梳理和总结，希望能为我国城乡一体化发展、城乡和谐社会的构建方面提供可能的理论参考和政策依据。

一、国外城乡发展相关理论

　　国外城乡发展相关研究相对起步较早，一般来讲，起源于"乌托邦"空想社会主义学说和早期城市理论，19世纪初，圣西门（Saint-Simon）提出了"城乡平等"论，夏尔·傅里叶（Charles Fourier）提出了"法郎吉公社"；19世纪60年代，罗伯特·欧文（Robert Owen）提出"协和村"模式，即通过改善工人生活条件、减少工作时间、建设住宅、建立教育计划和开设幼儿园等方式，实现理想的居住空间单元。19世纪80年代，美国规划师乔治·普尔曼（George Pullman）提出了"公司镇"模式，采取了方格布局，具有早期规划的理念。19世纪90年代，霍华德（Howard）提出了"田园城市"理论，强调用"城乡一体的社会组织形态代替城乡对立的发展状态"。随着"田园城市"理念的发展，该模式不断地被修正和改良，克拉伦斯·佩里（Clarence Perry）提出了"邻里单元"社区设计，弗兰克·劳埃德·赖特（Frank Loyed Wright）提出了"广亩城市"理念，他们都主张城乡协调、有机、整体的发展。马克思、恩格斯（Marx，Engels）从历史发展角度揭示城市和农村的关系，认为城乡发展必须是融合发展的论述。西方发达国家随着工业革命后，开始朝着工业化、现代化和城市化发展，这个时期国外发达国家与政府执行的是"城市偏向论"，20世纪60~70年代，国外一些学者如伯克（Booke）、威廉·阿瑟·刘易斯（William Arthur Lewis）提出了"城乡二元经济""城乡二元结构"的观点，随后费景汉（John C.H.Fei）和古斯塔夫·拉尼斯（Gustav Ranis）在刘易斯理论基础上提出了"刘易斯—拉尼斯—费景汉"模型，同时这一个时期还有"滴涓效应""极增长"等理论。此后，法国地理学家J.布德维尔（J.Boudeville）、美国经济学家赫希曼（Hischmon.A.O.）和米尔顿·弗里德曼（Milton Friedman）、瑞典经济学家纲纳·缪尔达（Karl Gunnar Myrdal）等学者又提出了城乡经济的"中心—外围理论"或"核心—边缘理论"。❶ 20世纪70年代利比顿(Lipton)提出了"城市偏向论"，认为在城乡经济关系发展中应该优先发展城市，通过城市的"马太效应"推动整个区域发展。由此可见，这些理论都明显带有城市偏向性，以工业、产业、高科技为导向，倡导优先发展城市，再通过城市辐射作用带动乡村发展。

---

❶ Rondinelli Dennis A. Applied Methods of Regional Analysis: The Spatial Dimensions of Development Policy[M]. Boulder: West View Press, 1984: 56–89.

伴随城市化、工业化的快速发展，西方发达国家基本实现了现代化城市的发展，但是农村发展明显缓慢，城乡差距越来越大，西方国家又开始着手建设农村，通过城市的辐射作用带动乡村发展。20世纪80年代国外理论界展开了对"乡村偏向论"的探讨，如施特尔（Stohr）和托德林（Toding）的"选择性空间封闭"发展理论，约翰逊（Johnson）的"乡村中心论"，岸根卓郎的"城乡融合系统"，弗里德曼（Friedman）等人的"乡村社区论"，昂温和波特（Unwin&Potter）的"城乡联系与流"等思想。"乡村偏向论"总体以乡村发展为主，通过乡村优势产业挖掘、文化价值重塑、农民精神信仰重建、村落环境美化等方式实现乡村发展。显然，乡村偏向论过于从乡村角度阐述和分析乡村的问题，忽视了城市的辐射和带动作用。随着世界经济和城市化运动的快速发展，20世纪90年代以来，世界各国政府都在探讨"城乡融合"发展模式，旨在通过城乡互动，构建城乡之间的相互作用和联系，从而实现城乡融合发展。1986年日本进行了"第四全综国土规划"，从系统论角度出发，构建了"自然—空间—人类系统"论，强调城乡融合发展。1991年麦吉（T.G.McGee）综合西方和亚洲国家城乡发展的实践和理论研究，提出了"Desakota"模型，它是一个关于城乡转变的新理论。Desakota开拓了新时期城乡一体化的本真性研究，扭转了传统城乡研究中就城市论城乡、就乡村论城市的发展论调，建立了一种城乡互动的发展观点，其实质就是城乡融合化发展。❶21世纪以来，在麦基、昂温等人思想影响下，关于城乡一体化的研究呈现国际化的研究热点趋势，不同的学者从跨学科、交叉学科等方面进行研究，探讨如何实现城乡融合，城乡一体化发展。塔库·色次利亚（Cecilia Tacoli）和大卫·斯特斯维特（David Satterthwaite）关注现代社会、经济、文化要素对城乡相互作用的扰动影响，提出"城乡相互作用机制"理论；昂温从城乡发展动力视角出发，注重"城乡资源配置的流动"与"城乡劳动力转移与就业"问题。随着网络、交通、信息、5G科技快速发展，城乡关系研究又出现新的变化和发展，莫诺（Monnont）认为乡村规划必须考虑网络社区发展强大对缩短城乡之间距离的影响。道格拉斯（Douglas）通过分析过去的各种发展

---

❶ 张沛，张中华，孙海军. 城乡一体化研究的国际进展及典型国家发展经验[J]. 国际城市规划，2014(1): 42–49.

理论与规划中普遍存在的将城市和乡村分割的问题，从城乡相互依赖角度提出了区域网络发展模型。❶塞西莉亚·塔科里（Cecilia Tacoli）和大卫·塞特思威特提出了"城乡相互作用区域发展"的关联模式。肯尼斯·林（Kenneth Lynn）提出了"城乡动力学"的概念，并建议从"生计战略"和"资源分配"角度揭示城乡联系的复杂性。❷纵观国外城乡发展理论研究的历史，可以发现，城乡发展相关研究经历了理想社会论、城市偏向论、乡村偏向论、城乡融合及城乡一体化的发展演变，不同的学者从不同的学科和角度丰富和完善了城乡发展的研究，由此本文可以勾画出西方城乡发展研究的进展（表3-1）。

表3-1　国外城乡发展相关理论研究进展

发展流派	时间节点	代表人物及理论
理想社会论	20世纪50年代前	圣西门的"城乡平等"论、罗伯特·欧文的"理性的新协和村"、夏尔·傅里叶的"法郎吉公社"、马克思和恩格斯的"城乡发展三阶段论"、霍华德的"田园城市"、弗兰克·劳埃德·赖特的"广亩城市"等
城市偏向论	20世纪60~70年代	伯克的"二元经济"、刘易斯的"二元结构"模型、利比顿的"城市偏向论"、赫希曼"极化—涓滴效应"、弗里德曼"中心—外围理论"等
乡村偏向论	20世纪80年代	乔根森"乔根森"模型、约翰逊的"乡村中心论"、施特尔和托德林的"选择性空间封闭"、弗里德曼等人的"乡村社区论"、昂温和波特"城乡联系与流"的思想、联合国亚太洋经济社会委员会的"农村中心规划指南"等
城乡融合	20世纪90年代	麦基提出了"Desakota模式"、1980年日本的"第四全综国土规划"提出"自然—控开关及一人类系统"论、道格拉斯的"区域网络发展模型"等

---

❶ Douglass Mike. A regional network strategy for reciprocal rural–urban linkages[J]. An Agenda for Policy Research with Reference toIndonesia. Third World Planning Review, 1998, 20(1): 41.

❷ 王华，陈烈. 西方城乡发展理论研究进展[J]. 经济地理，2006(3):463–467.

发展流派	时间节点	代表人物及理论
城乡一体化	21世纪至今	塞西莉亚·塔科里和大卫·塞特思威特的"城乡相互作用"、肯尼斯·林的"城乡动力学"、弗兰克提出了城乡一体化发展的三种模式、莫诺的网络社区等

注　根据王华，陈烈.西方城乡发展理论研究进展 [J].经济地理，2006(3):463–467.张沛，张中华，孙海军.城乡一体化研究的国际进展及典型国家发展经验 [J].国际城市规划，2014(1):42–49.张志，龚健.国内外城乡协调发展理论与模式研究综述 [J].资源开发与市场，2014(2):198–201.等资料综合整理。

二、国内城乡发展相关理论

新中国成立以来，我国历届政府和党的领导人都非常重视城乡关系、"三农"等问题，国内诸多学者和专家从经济、社会、产业、文化、生态、城镇化等方面提出了城乡发展相关研究理论。由于我国城乡发展带有典型的二元结构特征，这对"三农"发展造成了消极影响。经过多年的城乡建设实践和理论探索，国内学术界在马克思主义城乡关系理论的指导下进行了长期探索，最终认识到城乡发展一体化是破除城乡二元结构、解决"三农"问题的根本途径。[1]我国城乡发展大致经历了三个阶段。

（1）第一阶段（1949~1987年）为初级探索阶段。由于新中国成立之初经济落后，百废待兴，党中央采取了户籍管理等各项制度和政策支持工业和城市的发展，城市工业对农村农业剥夺过多，导致城乡发展严重失衡，城乡差距较大。党中央也意识到城乡发展失衡、乡村贫困等状况，于是提出相关政策并出台一系列文件，旨在缓和城乡发展内在矛盾、缩小居民收入差距。20世纪50年代，党中央提出"建设社会主义新农村"的战略构想，1956年，中共中央提出了《1956年到1967年全国农业发展纲要（草案）》，体现了统筹城乡、工农学商四业协作的重要思想。

---

[1] 白永秀，王颂吉.马克思主义城乡关系理论与中国城乡发展一体化探索[J].当代经济研究，2014(2): 2–27.

（2）第二阶段（1978~2002年）为中级发展阶段。改革开放后，我国开始实施了经济体制改革，极大地促进了生产力与生产关系的发展，理论界也认识到二元结构体制限制了经济、产业、城乡关系的发展。费孝通认为发展乡镇企业和小城镇模式可促进城乡协调发展，刘纯彬认为二元社会结构是阻碍社会和经济发展的内因。同时有学者就城乡分割体制提出了具体改革思路，如周尔鎏、张雨林对城乡协调发展的苏南模式、珠江模式、温州模式、宝鸡模式等进行了评述❶，中国科学院国情分析研究小组以城乡二元结构为线索分析了中国的城乡矛盾问题，并提出通过深化改革促进城乡协调发展。❷然而，在实际操作中由于城乡体制分割较为严重，城乡发展不平衡情况有所加剧。但这个时期党中央和理论界均对城乡二元体制分割严重性都高度关注。

（3）第三阶段（2002年至今）为高级发展阶段。党的十六大以来，党中央明确提出"统筹城乡发展""五个统筹""两个趋向"的理论，积极推进社会协调发展；党的十八大以来，党中央提出"城乡发展一体化""美丽乡村"等理论，积极推动新时代乡村振兴和城乡一体化发展。学术界围绕党中央提出的统筹城乡发展、城乡一体化等命题对其内涵、路径和对策进行了系统研究，如陈锡文、焦伟侠、袁志刚、赵群毅等学者从统筹城乡发展内涵进行深入研究；李岳云、漆莉莉、杨振宁等学者从统筹城乡发展评价指标进行构建；韩俊、宋洪远、厉以宁等学者针对消除城乡二元结构，提出逐步取消户籍制度，建立城乡统一劳动力市场。城乡二元结构根源于现代化的全球扩展，是一个世界范围内的普遍性问题，我国只有坚持不懈地付出长期努力，才可能最终形成城乡发展一体化新格局。

---

❶ 周尔鎏, 张雨林. 城乡协调发展研究[M]. 南京: 江苏人民出版社, 1991: 35–36.

❷ 中国科学院国情分析研究小组. 城市与乡村——中国城乡矛盾与协调发展研究[M]. 北京: 科学出版社, 1994: 1–2.

第二节 生态环境相关理论

一、可持续发展理论

工业革命后，人类创造了前所未有的物质财富，推动了社会的发展，然而，在这富裕生活背后却隐藏着一些忧患和不安，如全球环境恶化、生态破坏、资源短缺、人口剧增、动植物濒临灭绝、新冠病毒等严重问题。面对这些问题，人们不得不重新审视工业革命以来世界各国的发展道路，重新寻找一种新的发展模式。1962年，美国女生物学家蕾切尔·卡逊（Rachel Carson）的《寂静的春天》开启了现代可持续发展思潮。1981年，世界自然保护联盟颁发的《保护地球》一文，它对可持续发展定义为既要改进人类的生活质量，又不要超过支持发展的生态系统的负荷能力。1987年，世界环境与发展委员会发表的《我们的共同未来》报告声称：可持续发展为既满足当代人的需要，又不对后代人满足其需要的能力构成危害的发展。1992年在巴西里约热内卢召开了联合国环境与发展大会，其中《21世纪议程》把可持续发展问题从理论推向行动，并得到国际社会大部分国家和地区的认可。随后，可持续发展理论随着不同学科和视角的探讨进一步拓展了其内涵和外延。在关于自然资源的可持续利用研究中，佩基（Pezzy）提出了"代际公平"理论，即通过采用"代际多数规则"实现代际公平。赫尔曼·戴利（Herman Daly）则提出最低安全标准的三条具体规定：社会使用可再生资源的速度，不得超过可再生资源的更新速度；社会使用不可再生资源的速度，不得超过作为其替代品、可持续利用的可再生资源的开发速度；社会排放污染的速度，不得超过环境对污染的吸收能力。❶关于资源可持续利用问题，霍特林（Harold Hotelling）提出了"霍特林规则"概念，即在完全竞争条件下，矿产资源在开采成本不变时，其影子价格的增长率与利息率的变动关系。达斯格普塔（Dasgupta）认为，实现资源的可持续利用或可持续消费，取决于生产中不变资本与资源量之间的替代弹性值。关于环境保护和可持续发展方面，英国经济学家肯尼思·艾瓦特·博尔丁（Kenneth Ewart Boulding）提出以"循环式"经济体系替代过去的"单程式"经济。在社会可持续发展方面，缪纳兴哈（Muansillgha）和麦克米利（Mcmeely）的定义是：在经济体系和生态系统的动态作用下，人类生命可以无限延续，人类个体可以充分发展，人类文化得以传承繁荣。❷可持续发展的原则一般有以下六条，即公平性原则、可持续性原则、共同性原则、质量原则、时序性原则、发展的原则。农业可持续发展，是指以全面、协调、可持续的科学发展观为指导，遵循生态文明理念，协调人口、土地、资源与环境的关系，转变农业增长方式，调整农业产业结构，用现代科技改造农业，用现代物质技术装备农业，用现代手段管理农业，通过技术系统、经济系统、环境系统的相互协调，构建经济生态良性循环的农业经济体系，实现农业生产经营专业化、集约化、规模化和可持续发展。❸

二、生态经济学理论

生态经济学是一门跨经济学和生态学的新交叉学科，涉及的研究主题和领域非常广泛，其核心内容是针对人类对自然环境的不可持续性影响展开研究。1989 年，国际生态经济学学会的成立，标志着西方经济生态学进入理论发展和学科建设的新时期。罗伯特·科斯坦扎（Robert Costanza）和赫尔曼·戴利

---

❶ 范柏乃，马庆国. 国际可持续发展理论综述[J]. 经济学动态, 1998(8): 65–68.

❷ M Munasinghe, J Mcmeely. Key Concepts and Technology of Sustainable Development[M]. New York: The Bio–genphysical Foundations, 1995: 56.

❸ 丁忠兵. 农业农村可持续发展的理论与实践——"农业农村可持续发展与生态农牧业建设论坛暨第六届全国社科农经网络大会"综述[J]. 青海社会科学, 2010(6): 228–231.

代表了目前西方生态经济学研究的最高水平，在国际生态经济学界产生了很大影响。生态经济学从古典经济学和新古典经济学吸取了较多养分，尤其在新古典经济学的发展下，各分支理论不断涌现，意大利人维弗雷多·帕累托（Vifredo Pareto）提出了帕累托效率来度量社会福利效率。"帕累托改进"给人以理想状态的感觉：或者每个人的福利都提高，或者在每个人福利都不损失的情况下，至少有一个人的福利提高。[1]英国经济学家庇古（Pigou）提出环境破坏的"外部效应内部化"，并且提出征收相应于污染物排放量的"庇古税"。莱斯特·布朗（Lester Brown）于1998年在日本出版了《生态经济革命：拯救地球和经济的五大步骤》，书中提出"经济必须归属于生态这个理念""经济是地球生态的子系统"等概念。1993年，皮尔斯（Pearce）提出用自然资本和人造资本、人力资本来估算可持续发展能力。1999年，美国保罗·霍肯(Paul Hawken)发表了生态经济学力作《自然资本论：关于下一次工业革命》一书，使西方生态经济学向可持续发展的理论方向发展。罗伯特·科斯坦扎（Robert Costanza）全面肯定了生态系统及自然资本为人类福利做出的巨大贡献。随后，西方生态经济学研究朝着从生态经济协调发展向生态经济可持续发展论，研究范围由"生态—经济"二维复合系统扩展到"生态—经济—社会"三维复合系统、学科性质从自然科学到社会科学多学科交叉融合的一体化等趋势发展。

　　农业是直接利用自然资源和生态环境开展生产活动的产业，农田是生态系统的重要组成部分。尤其面对全球环境污染、生态恶化、农业耕作过度使用化肥、农村生态破坏等情况，党的十九大提出了乡村振兴战略和生态建设方针，因此，对美丽乡村建设和发展而言，要积极推进农村、农业的生态建设，促进生态价值的保护、提升和发挥，实现农业生产活动和生态系统的良性互动。

---

[1] Pigou A C. The Economics of Welfare(4th edition)[M]. London: Macmillan, 1932: 27-36.

第三节　艺术介入相关理论

一、艺术人类学理论视角

西方艺术人类学的发展已有百年历史，而人类学艺术的研究经历了古典、现代、后现代三个阶段，直到20世纪末，人类学家才开始重新重视艺术，从人类学学科本身的表征、全球化、消费和身份四大问题进行探讨。20世纪60年代，人类学家开始怀疑自己的基本分析概念，并重新思考他们对殖民权力结构的贡献。随后，受到后现代主义、女权主义等影响，艺术人类学研究出现了一些新的视角。那么什么是艺术人类学？罗伯特·莱顿（Robert Layton）认为："既然要称作'艺术人类学'（Anthropology of Art）就应当将艺术人类学界定在人类学框架之中，把它视为运用人类学理论和方法，对人类社会的艺术现象、艺术活动、艺术作品进行分析解释的学科"。❶罗伯特·莱顿等一些学者认为艺术人类学是归属于人类学的。康拉德·菲利普·科塔克（Conrad Phillip Kottak）接受了艺术学方面的定义"艺术是一个能激起美学反应的对象或事件——对美丽、感激、和谐或愉快的一种感觉；美的或者超越一般意义的特质、作品、表达或领域；符合美学标准的一类对象"。❷格雷戈里·贝特森(Gregory Bateson)将艺术看作一种编码，认为艺术就是一种编码和解码的活动和技巧。雷蒙德·弗思（Raymond Firth）强调艺术的情感因素及其对社会价值的认识。总体而言，艺术作

---

❶ 罗伯特·莱顿, 李东晔. 艺术人类学[M]. 王红, 译. 桂林: 广西师范大学出版社, 2009: 1.

❷ Conrad Phillip Kottak . Cultural Anthropology (10th edition)[M]. New York: McGraw Hill, 2004: 398.

为一种文化现象或说文化组成部分而不可避免地纳入人类学家的研究范畴。艺术人类学就是用人类学的方法研究艺术，而人类学的方法主要是田野调查、语境研究和比较研究。由于战争和殖民主义，这个时期艺术人类学对异域艺术和民族志田野调查比较关注，异域艺术激发了公众真切的审美兴趣，增进了公众对人类学艺术的认知；田野调查使人类学和艺术学之间的关系经历了从相容到排斥的转变。社会变迁和文化发展不是一成不变的，而是以动态的、多元的方式进行着，伴随先锋艺术和当代艺术的发展，艺术人类学学者们已深入社会制度、社会结构、经济和文化变迁等深层次方面进行思考和探索。克利福德·吉尔兹（Clifford Geertz）在《地方性知识》第五章"作为文化系统中的艺术"中，既从阐释人类学的总体框架出发重新定义了"艺术"，同时也以艺术这个局部的实证分析典型地验证了其理论精华。当代艺术人类学家伊夫琳·佩恩·哈彻尔（Evelyn Payne Hatcher）的观点具有代表性，她认为艺术是文化的要素之一，在研究过程中，"需要弄清艺术的生产地、艺术的制作者、艺术的功用，及其对制作者的意义所在。这就是在具体的文化语境中对艺术进行研究"。❶也就是说，把艺术放在一个社会的网络空间、具体的生活情境中进行理解和解读，从而考察艺术与人类其他生活方面的联系和互动，这种带有民族志性质的艺术研究影响并开启了中国人类学界的探索。

中国人类学关注艺术研究起步较晚，一直致力于中国本土文化和艺术的研究。早期的人类学知识分子从人类学、社会和文化等视角审视艺术、美学，注重艺术的形式和内涵以及艺术与总体文化系统的整合和关联等。如岑家梧先生的《图腾艺术史》，从史前艺术、图腾艺术、民俗艺术和西南边疆民族艺术进行研究，突破了以往艺术史论的深度和广度。吴泽霖提出的"民族文物"的概念，凌纯声的《松花江下游的赫哲族》一文被认为是20世纪30年代中国人类学家田野民族志的"范本"等，这些研究都积极推动了人类学对艺术的研究。随着中国艺术人类学者们的不断努力和积极的田野调查，已逐渐积累了大量的研究案

---

❶ Evelyn Payne Hatcher, Art As Culture An Introduction to the Anthropology of Art (2nd edition) [M]. London: Bergin & Garvey, 1999: 1.

例，产生了一些理论成果。方李莉教授通过对江西景德镇、山西、陕西等地方十多年的田野调查，提出"遗产资源论"的"文化的变迁与重构"理论命题，同时在艺术介入乡村建设与实践方面，她思考人类学家如何与艺术家结成同盟介入乡村建设，提出中国乡村要走从"乡土中国"到"生态中国"之路。彭文斌教授引介了皮尔斯"认知三元论"的理论框架，指出人类学需要在自我批评和实践中，不断进行突围。洛秦教授扎根于上海市进行田野研究，注重在国际视野下从上海城市艺术的历史与现实研究，提出了"上海城市艺术田野研究理论模式"。由此，我们可以认识到中国艺术人类学的理论突破不仅不能忽视当下的具体语境以及语境中实践着的行为主体，还应该更多考虑艺术文化实践的主体。艺术与人类学应该朝着常识批评与主题实践两个方面进行反思，注重社会语境中的个体行为、语言表达和身体感受，使其与灵性的艺术体现相贯通，直至超越具体语境和历史过程的机构力量和社会网格，重新认识人类文化与艺术。正如英国人类学家吉尔指出的那样："艺术人类学没有单一的艺术理论，而是形成将艺术品置于社会语境之中的方法论，把社会关系和文化置于同等重要的研究地位。"❶此时，当代艺术提出"问题批判"和"社会介入"的指向，使得艺术的社会行动朝着不同学科和学者进行跨界合作，于是艺术实践与社会科学研究就汇流一起，以开放、跨界、多元等方式进行殊途同归的实验和研究。

二、艺术社会学理论视角

艺术社会学产生于19世纪初，法国文学理论家斯达尔夫人（Madame de Stael）是最早从社会学角度研究艺术活动和艺术现象的学者。1847年，米盖尔思（Michiels）首次提出艺术社会学的概念，19世纪中期，法国艺术家伊波利特·阿道夫·丹纳（Hippolyte Adolphe Taine）将社会学相关理论用于艺术学研究，成为艺术社会学理论的奠基人，丹纳认为，社会总体面貌主要取决于种族、环境和时代三要素，那么艺术的产生也不例外。他认为种族是内部动力，是艺术发展的决

---

❶ Gell, Alfred. Art and Agency: An Anthropological Theory[M]. Oxford: Clarendon Press, 1998.

定因素；环境是外部压力，提供了艺术发展的多样性；时代是后天动力，是艺术调整和改变的重要推动力量。20世纪初，艺术社会学家不再单一从某个学科进行考察艺术和艺术学，而是试图通过理清社会与艺术的关系，从中寻找答案或者架起桥梁。普列汉诺夫（Plekhanov）试图利用社会学理论分析文艺兴衰的社会根源，并进一步探讨艺术趣味对文艺发展的影响。[1]弗里契在《艺术社会学》中全面论述了艺术发展的社会机制以及宗教信仰、风俗习惯等社会因素对艺术创作产生的影响。第二次世界大战之后，艺术社会学进入一个崭新发展阶段，强调艺术与社会融为一体，你中有我，我中有你，综合方法开始应用于艺术社会学研究中。西方艺术社会学的著名学者英国艺术史家阿诺德·豪泽尔（Arnold Hauser）和法国社会学家、文艺理论家皮埃尔·布尔迪厄（Pierre Bourdieu）值得我们关注和思考。20世纪以后，日趋成熟的艺术社会史的研究，则主要集中和浓缩为两个主题：艺术的社会功能，以及艺术家与其社会之间的关系。[2]在此社会背景和艺术语境下，豪泽尔提出了艺术史"双重决定论"：艺术的产生和发展有其内在原因，即艺术自律性，同时也受到其外在原因，即艺术的他律性。那么艺术发展是受到内因影响多一点还是受到外因影响多一点？抑或两者有之呢？豪泽尔创造性地把艺术与社会看成是同时存在的二元结构，他强调社会环境是艺术演变的必要条件而非充分条件，也就是说艺术形式自身规律对艺术风格的影响是内在的，而社会环境对艺术风格的影响则是外在的，外在的因素不能改变内在的结构，只能允许或阻止某种风格的发展，仅此而已。1974年，豪泽尔在《艺术社会学》一书中较为详细和全面地阐述了他对艺术社会学理论体系的构建，他认为艺术总是和社会发生着紧密关系，但同时艺术又有着相当的独立性和自足性；艺术与社会总是相互作用，"艺术作为社会的产物"时，它不是那么明显和可见，而"社会作为艺术的产物"时，艺术对于社会的影响却是引人注目的。豪泽尔从辩证唯物主义的视角来看待艺术，艺术的演变往往是艺术的自律性和社会因素的客观性、艺术家

---

[1] 来自《从社会学观点论十八世纪法国戏剧文学和法国绘画》一文，1905年。

[2] 沈语冰. 艺术社会史的前世今生——兼论贡布里希对豪泽尔的批评[J]. 新美术，2012(1): 16-22.

的主观与客观、个人与社会、创新与习俗等各种相互矛盾的社会因素相互冲突并相互妥协的结果。❶布尔迪厄从场域、资本、习性、幻象等概念构建他的艺术场域的文艺理念，从艺术场域的内部条件和外部条件、艺术场域的制度与结构特征、超越二元对立的设想等方面提出思考和深入研究。通过这些概念，布尔迪厄揭示了当代社会的深层结构，解答了当代社会深层结构得以形成、稳定、再生产的社会机制及心理机制。❷

中国艺术社会学研究起点相对较晚，艺术社会学理论代表性文章较多，如李泽厚论述了艺术与社会学的学科地位、研究对象和功能范围等，李平提出将艺术社会学作为社会学的一个分支学科进行研究，直到1986年司马杰的《文艺社会学论稿》和刘崇顺等人的《文艺社会学概论》两部著作发表，表明我国艺术社会学已经形成了理论体系。1990年以后，许多学者开始致力于对国外文化理论的研究介绍，但艺术社会学大多以一个理论标签被使用，原创性研究很少，美术界提出的社会学转向本质上还是一种对当代艺术现象的描述，没有上升到理论高度。宋建林澄清了艺术社会学与社会学批评、社会学美学的关系，并站在艺术学的体系构架中阐明了艺术社会学所处的地位。❸中国当代艺术社会学学者们应该立足于艺术与社会的关系开展相关研究，如艺术与社会、艺术与经济、艺术与民族、艺术与文化、艺术与社会功能、艺术与社会变迁等方面，这也是中国当代艺术发展所不能回避之事，需要借助艺术社会学范式从系统性、整体性、动态性和人文性等方面进行研究，必须落到具体的研究方法和范式上，解决艺术发展中的现实问题。

三、介入性艺术理论视角

"介入性艺术"或称"社会介入性艺术"，是指艺术家介入特定的社会现场，

---

❶ 范丽甍. 从艺术社会史到艺术社会学——阿诺德·豪泽尔学术思想述评[J]. 南京社会科学，2016(4): 120–126.

❷ 高宣扬. 布迪厄的社会理论[M]. 上海：同济大学出版社，2004: 103.

❸ 宋建林. 艺术社会学的学科定位及现代形态问题[J]. 云南艺术学院学报，2003(4): 11–16.

与现场展开批判性对话的艺术，它将艺术的触角深入社会领域，取代抗议、游行等激进的政治运动，成为链接人际交往、修复断裂的社会纽带、激发对话、增进认同的社会与艺术综合体。❶它伴随着西方艺术的历史前卫主义（未来主义、达达主义、构成主义等）、新前卫主义（偶发艺术和激浪派等）演绎而不断地深化发展，它是20世纪90年代从西方开始兴盛起来的一种艺术实践类型。借鉴孙炜炜、周彦华等学者对介入性艺术的实践可将其大致划分为三个阶段。

（1）第一阶段为"历史前卫主义"（Historic-avant-garde）时期，20世纪初的欧洲正经历了一场史无前例的左翼运动，1917年俄国发生了"十月革命"，西方历史前卫主义艺术家呼吁艺术参与社会运动、对抗体制、批评社会、寻求断裂和构建乌托邦，这就要求艺术不再像传统艺术那样只是简单地完成艺术的自律和审美，而是要介入社会中，与生活平起平坐，成为社会的艺术，要有批评社会的前卫精神。历史前卫主义艺术家们的艺术行动与实践明显带有政治意图，他们将艺术投向了社会与政治，希望能改变社会。如意大利未来主义艺术家们期望通过煽动性的表演来挑动公众，激发公众的力量，达达主义的行动准则就是破坏一切，俄国构成主义主要体现"无产阶级文化运动"等，这些是对资本主义制度展开的总体批判。

（2）第二阶段为"新前卫主义"（Neo-avant-garde）时期。由于社会语境和情景发生了变化，战后欧洲消费主义和享乐主义盛行，20世纪60年代新前卫主义的艺术实践则更倾向于对日常生活的批判，如居伊·德波（Guy Debord）提出了"景观社会"理论，他认为："在现代生产条件无所不在的社会，生活本身展现为景观的庞大堆积。直接存在的一切全都转化为一个表象"。❷由此我们可以看到作为日常生活的景观与艺术是分不开的，就如激浪派代表约瑟夫·博伊斯（Joseph Beuys）提出"人人都是艺术家"一样，每个人都参与到艺术中，介入生活里，情境主义国际者采用视觉表征取代社会本质存在的景观社会展开批判，进而进行一种日常生活革命。不管是历史前卫主义的艺术革命（社会与政治批

---

❶ 周彦华."介入性艺术"的审美意义生成机制研究[D]. 重庆：西南大学，2016: 35.

❷ 居伊·德波. 景观社会[M]. 王昭凤，译. 南京：南京大学出版社，2006: 3.

判）还是新前卫主义的艺术革新（日常生活批判），两者的共同点都是将艺术工具化和政治化了，即艺术不再是象牙塔里的唯美艺术，而是要介入社会和平常生活中进行实践，产生一种艺术事件，最终使"参与合作"取代个人创作。这种参与实践和社会批判精神为当代介入性艺术的发展奠定了基础。

（3）第三阶段为"当代艺术"（Contemporary Art）时期，随着人们的意识形态多元化，艺术在新观念和高科技的裹挟下不断地介入社会和日常生活，形成一种社会运动。20世纪90年代，西方介入性艺术越来越强调公众参与和合作，艺术与社会的关系变得更加模糊，但是艺术实践却更鲜明地体现了"介入性""合作性""互动性"。由此可见，介入艺术是基于艺术外部的社会语境产生的，它消解艺术与生活边界，探索艺术与社会的共生关系，是"艺术反映现实生活"这一传统艺术社会观的变革。艺术实践则是基于艺术内部语境展开的，通过强调观众参与艺术作品创作，从而一改艺术家为主体的传统艺术创作模式，揭示了一种全新的当代艺术语义范式。❶

20世纪90年代的介入性艺术随着当代艺术的互动、参与、装置、实验以及多元的发展，尤其是艺术介入社会、艺术介入城乡、艺术介入社区等兴盛，艺术在扮演一种新角色，即以艺术之名，促进社会改变和大众觉醒。1995年，艺术家苏姗妮·莱希（Suzanne Lacy）提出了"新型公共艺术"概念，她认为，"现代主义模式在多元文化和全球相互联系的世界中不再可行，……视觉艺术家正在努力寻找更适合我们时代的新角色"。❷新型公共艺术与一般公共艺术的本质区别就是新型公共艺术真正介入社会现实，强调艺术家从在地性、实践性和参与性等方面考量，这与介入性艺术是如出一辙的。1998年，法国艺术批评家尼古拉斯·布里欧（Nicolas Bourriaud）在他的《关系美学》一书中提出"当今的艺术已成为艺术家与观看者之间交换的信息，艺术家的角色变为了促进者，而不是'创造者'。"❸这奠定了社会介入型艺术的理论基石。关系艺术一方面体现

❶ 周彦华."介入性艺术"的审美意义生成机制研究[D].重庆：西南大学,2016:35.

❷ Suzanne Lacy, ed. Mapping the Terrain: New Genre Public Art[M]. Seattle: Bay Press Inc, 1995: 15.

❸ Bourriaud Nicholas. Relational Aesthetics[M]. Dijon: Les Presses Du Reel, 1998: 25.

观众的参与是行动的参与而不是身体的参与，突出行动性；另一方面它不仅面向参与的观众，同时面向如何主动构建一个人与人之间相互交流的乌托邦。由此，关系艺术开启了当代艺术一种新风尚，即"艺术是一种关系性生产"。虽然关系艺术提倡前卫精神，但是前卫得还不够彻底，由此，自2000年以来，以克莱尔·毕晓普（Claire Bishop）为代表的英国左派艺术评论家，借用法国思想家雅克·朗西埃（Jacques Rancière）的美学政治观，对关系美学中的政治保守倾向展开激烈批判。❶ 毕晓普在朗西埃的"歧感美学""可感性的分配"等理念影响下对当今的介入性艺术建立了评判标准，首先介入性艺术与当代先锋艺术一样要具备前卫精神，艺术社会意识，积极参与到社会行动中展开对社会的批判；其次，在社会平等的观念下，介入性艺术作为一种异见性的政治力量可以通过对话、协商和共处等柔性的"艺术革命"形式对社会进行改良，而不一定要采用"政治革命"形式改革社会与政治。最后，介入性艺术回归于艺术本源，回到社会语境和情景之中，艺术作为生活附属品的形象不复存在，艺术与生活平等，成为向生活无限开放的艺术。

　　我国介入性艺术的发展相对较晚，如果以"85新潮"当代艺术为开端，其发展也只有短短的30多年时间。20世纪90年代以后随着中国经济和城镇化快速发展引发了社会剧变，社会层面的矛盾和冲突随处可见，老龄化、农民工问题凸显，城乡差距进一步拉大，尤其在国际金融危机、SARS病毒和新冠病毒暴发后，诸如环保、生态、平等、教育、医疗以及"三农"等问题不断产生，这也使得当代中国介入性艺术的意义更为深远和现实。从20世纪90年代以来，中国艺术家们首先从环保、生态方面进行社会介入性艺术的实践，如1998年熊文韵的"流动彩虹"艺术项目，2008年徐冰的"木林森计划"公益艺术计划，2010

---

❶ 周彦华. "介入性艺术"的审美意义生成机制研究 [D]. 重庆：西南大学，2016: 30. 克莱尔·毕晓普（Claire Bishop），英国艺术评论家，其批评观点主要形成于与布里欧的"关系美学"针锋相对的论战中。其批评立场深受雅克·朗西埃"美学—政治"观的影响。强调介入性艺术的政治介入性和社会批判性。主要观点来自其著作：Claire Bishop. Artificial Hell: Participatory Art and The Politics of Spectatorship[M]. London: Verso, 2012. 雅克·朗西埃（Jacques Rancière, 1940年），法国哲学家。朗西埃"美学—政治"观的详细的论述可以参见朗西埃专著：《美学的政治：可感性的分配》（Jacques Rancière. The Politics of Aesthetics: The Distribution of Sensible, Gabriel Rockhill, tans &ed [M]. London: Bloomsbury, 2013. ）。

年李巨川、李郁发起的"每个人的东湖"艺术计划等，用叛逆、荒诞、隐喻、表征等方式，唤醒人们对环保、生态的保护意识和社区的"主人翁意识"。在面对城乡差距扩大化和"三农"问题，艺术介入乡村建设实践探索正积极展开，从2007年开始，欧宁和左靖在安徽碧山村开展了"碧山计划"和渠岩的山西"许村国际公社"、焦兴涛的贵州"羊磴艺术合作社"、徐甜甜浙江松阳的"建筑针灸"、陈向宏的浙江嘉兴"乌镇国际戏剧节"、浙江桐庐政府与日本北川富朗艺术乡建团队跨国合作的"国际大地艺术节"等艺术介入乡村建设和实践。此时，由艺术家和相关文艺工作者发起的自下而上的艺术介入乡村建设如同吹响了全国乡村建设的号角，随后更多的艺术、设计、建筑等个人和团体以及艺术设计院校也纷纷加入进来，艺术介入乡村建设已蔚然成风。然而，相对于艺术介入乡村实践来讲，我国介入性艺术的理论研究相对较少，大多还是零星和碎片化的，渠岩结合山西许村艺术实践发表了《"归去来兮"——艺术推动村落复兴与"许村计划"》《乡村危机，艺术何为？》《青田范式：一种基于生活样式重建的乡土伦理与设计实践》《艺术乡建：中国乡村建设的第三条路径》等系列论文，欧宁和左靖根据安徽碧山艺术实验发表和出版了《碧山共同体：乌托邦实践的可能》《碧山》系列书籍，建筑师徐甜甜根据在松阳的建筑设计发表了《松阳乡村实践——以平田农耕博物馆和樟溪红糖工坊为例》《浙江省丽水市松阳县四都乡平田村——农耕博物馆及手工作坊》《设计改变乡村——松阳乡土建设实践》等论文，2017年周彦华博士出版了《艺术的介入——介入性艺术的审美意义生成机制》专著，2019年美国加州大学王美钦教授出版了英文专著《中国社会介入性艺术：来自下方的声音》等理论研究。虽然当前我国艺术介入乡村建设理论还处于探索阶段，但他们从社会和公众的需求出发，试图给生态失衡、城乡差异、贫富差距等社会裂隙提供形态各异的"黏合剂"，拉近普通民众和艺术的距离，与他们合力改善社会问题。❶艺术介入乡村的实践和实验每天都在中国大地发生，政府和公众大多数也都认为能够通过艺术介入的形式改变乡

---

❶ 孙炜炜. "后前卫"时代的前卫艺术——中西方社会介入性艺术的实践与理论脉络 [J]. 湖北社会科学，2020(2): 53–59.

村发展，促进乡村振兴。相信在不久的将来，我国介入性艺术一方面能在世界当代艺术之林里有自己的话语权，更重要的是在国家和政府引导下积极介入乡村建设，重塑乡村价值和精神理念，构建乡村新信仰，推动乡村社会、经济、文化和生态等共生发展。

四、艺术介入乡村建设的理论构建

20世纪末期，随着艺术介入社会、艺术介入社区进而艺术介入乡村的不断发展，推动了乡村建设。欧美发达国家由于完成了现代工业化和城市化发展，采用工业反哺农业、城市反哺农村等经济、政策策略和不同发展模式，率先通过城乡一体化发展理念完成了农村、农业现代化，缩小了城乡差距，使乡村更具特色。在全世界关于艺术介入乡村建设的实践和理论中，尤以日本为佳，引各国争相效仿。日本艺术乡建比较多，其中最著名的"越后妻有大地艺术祭"和"濑户内海国际艺术祭"两个艺术介入乡村建设案例，已成为全世界艺术介入乡村建设的典范和范式。北川富朗、福武总一郎艺术乡建团队对艺术乡建实践梳理与总结后出版专著、论文，他们提出以艺术介入乡村，促进乡村文化发展、重塑居民精神与信仰，重拾居民信心等，应以这种方式促进乡村经济发展，而不是效仿西方发达国家偏重经济发展带动乡村发展，因为拜金主义并不能给人们带来幸福；同时尊重艺术，放大作品的魅力，通过运营"公益资本"，走出一条"经济为文化服务"新的经济发展模式。北川富朗认为："30年来，尽管我们不断努力，但仍感觉到日本觉醒得太晚，起步也太晚。所以我不希望传统社区和古老文化设施尚存的亚洲各国重蹈日本的覆辙，愿意尽绵薄之力帮助这些国家和地区，因为对亚洲各国各地区来说，现在开始还为时不晚。"[1]这也是日本政府"二战"后对乡村建设一直采用"美用一体"的传统价值观的沿袭，让居民参与到国际艺术节中，使其在艺术介入乡村建设过程中产生"凝聚力"和

❶ 北川富朗, 福武总一郎. 艺术唤醒乡土——从直岛到濑户内国际艺术节[M]. 北京：中国青年出版社, 2017: 61.

"调和观"，从而达到共建共生共发展。综上所述，日本艺术乡建取得的巨大成功：一方面由于政府遵循"美用一体"的传统价值观重拾民众信心，提升国民艺术素养和审美水平；另一方面，是因为艺术家和文艺工作者尊重乡村文化和价值，鼓励村民参与和互动，探寻"经济为文化服务"的乡村建设新模式。这无疑给我国艺术乡建指明了一个新的方向。

改革开放后，我国城乡差距越来越大，"三农"政策和文件颁发也越来越多，可还是阻止不了乡村不断地衰败，农田荒废、农民收入降低，终其原因大抵不过是国家实行的城乡二元体制、重工业轻农业、重城市轻乡村、重经济轻文化等因素。然而相对于乡村衰败、农民收入低更为严重的是，农民一方面由于智力和知识的有限，社会阶层流动较难，青壮年农民只能走向城市成为农民工，大部分农民工不能改变自己的命运，他们陷入消极主义、虚无主义之中；另一方面在资本和经济裹挟下，他们陷入拜金主义、物质主义。由此，农村的传统价值和信仰崩塌，民心涣散，乡村治理困难重重。那么，我国艺术介入乡村建设的核心内容是什么？它又应该如何推进呢？渠岩结合"许村国际公社"艺术乡建多年实践经验，重新肯定乡村价值，用"艺术推动村落复兴与艺术修复乡村"的理论，来实施一系列的修复和再生计划❶。许村艺术乡建是一个动态发展的过程，随着艺术乡建不断深化的实践积累，渠岩提出了"经济搭台，文化唱戏，艺术推动乡村振兴"全新的乡村振兴与乡建理念❷，通过艺术乡建实践深嵌乡村观念系统、行为习惯、精神信仰和日常生活中，形成一种"互为主体"的艺术式乡建模式，注重文化建构中人人交往及合作过程中的集体智慧与公共能量。欧宁、左靖发起"碧山共同体计划"的目的是保存乡土传统和地方文化，践行互助精神，通过艺术介入碧山村，激活乡村文化、经济和社会活力，为农村带来新的复兴机会。从他们"如何建立自己的乌托邦"的口号中，我们可以看出"碧山计划"还是以乡建知识分子的姿态进入乡村，虽然他们在艺术乡建实践中注重与村民一起互助合作，构建"共同体"，对资本和土地保持谨慎态

❶ 渠岩. "归去来兮"——艺术推动村落复兴与"许村计划" [J]. 建筑学报, 2013(12): 22-26.
❷ 渠岩. 艺术乡建: 中国乡村建设的第三条路径 [J]. 民族艺术, 2020(3): 14-19.

度，但是他们既没有促进乡村经济发展和农民增收，又没有改变农民的精神和信仰，加上政府的暧昧和资金的短缺，"碧山计划"的艺术乡建必将困难重重，让人担忧！其他如靳勒的"甘肃石节子村美术馆"、焦兴涛的"贵州桐梓县羊磴艺术合作社"、鬼叔中和孔德林等发起的"清明计划"等艺术乡建的共同点：恢复传统文化和手工艺，与村民互动互助，共同参与乡村建设，以艺促旅、以文促游，最终达到乡村振兴。综上所述，我们通过对我国艺术介入乡村建设实践的考察与审视发现，国内大部分艺术乡建实践还是以促进地方经济发展、提高农民收入为主，复兴乡村文化和价值为次，地方政府和农民也是期望借助艺术乡建团队力量提高当地乡村的经济建设并使农民富裕，从乡村振兴的本质来讲这也无可厚非，但是从国内外相关实践和具体路径来讲，乡村建设不一定就是要以经济为主，人们的幸福度和经济多少没有太大的内在联系，反而与文化、信仰和价值观有很大的关联。

当今中国农村面临的最大的问题是传统文化与价值的缺失，以及信仰崩塌，传统优秀文化和乡村价值观没有与新时代社会主义核心价值观连接起来，新的文化、理性精神和道德信仰还没有得到较好构建，抑或社会主义核心价值观内容太过抽象，没有具体的载体和抓手而无法植入乡村社会和农民理念中。同时伴随着中国城乡一体化发展，今后部分农村将会转变为城镇，乡村比例缩小和城乡差距拉大是无法避免的，我们需要把城乡收入基尼系数控制在国际安全范围内，在重构乡村价值和道德信仰的前提下，注重乡村经济、产业和生态的协同、可持续发展，也许可以走出一条艺术乡建的长久发展之路。因此，本文借鉴日本艺术介入乡村建设"美用一体"和渠岩山西许村"互为主体"的范式，结合当今中国农村精神颓废、信仰迷失的社会情境和当代艺术语境，试图重构乡村价值和信仰，构建乡村新精神，以艺术乡建为纽带发挥艺术自身的教化、凝聚和信仰作用，进而促进乡村经济、产业和生态的发展，实现乡村社会、文化、经济和生态等共建共生的理论构建。我国艺术介入乡村建设应该走自下而上和自上而下的"政民融合"之路，首先，艺术家和文艺工作者们一方面面对着中国城乡差距越来越大、乡村持续衰败、城乡发展不平衡和不均衡和社会矛盾不断深化等问题；另一方面由于社会介入性艺术、当代艺术的使命就是要参与社会，介入社会，形成行动，促进社会发展和革新。因此，我国当代艺术家们应以艺术介入乡村建设为己任，通过自下而上的艺术乡建实践与村民一起参与乡村建设，仅仅依靠艺术家们单一的力量是不可能完成如此庞大而复杂的乡村建设任务的，他们缺乏一定的合法性，缺少资本和资金，仅凭满腔热情是无法可持续地推进乡村建设的，这个时候就需要地方政府积极参与和主动引导，而不是处于观望状态。自从2013年我国提出美丽乡村建设之后，党中央不断出台"三农"政策，旨在促进农村、农业现代化发展，提高农民收入，而目前地方领导对乡村发展仍按照其经济、产业发展的逻辑进行，对艺术乡建态度暧昧，既不阻止也不反对，较多地持观望态度。如果艺术乡建能促进乡村经济、产业发展，使农民增收，提升村落环境等，就锦上添花地争相报道。纵观国内外艺术乡建若要取得成功，都是一个长久的发展历程，而非一朝一夕就能完成。我国艺术乡建已形成了一定的规模和基础，农民的乡建意识和文艺理念都得到一定的提高，换句话说，我国艺术乡建已有一定的群众基础，农民的文艺素养和乡村价值意识正在觉醒。这个时候只要政府加以积极引导，合理组织就能有效地推进乡村建设。因此，我国艺术乡建应采用"政民融合"的道路，以艺术为纽带，恢复乡村传统价值和伦理精神，以艺术家为中坚力量，连接政府与村民，促进乡村经济、产业和生态发展。邓小南在《当代乡村建设中的艺术实践》也指出，"艺术介入乡村的实践，焦点不是艺术本身，也无关审美范畴，而是通过恢复乡村的礼俗秩序和伦理精神，激发普通人的主体性和参与感，绵续中国人内心深处的敬畏和温暖"。❶

❶ 邓小南，渠敬东，渠岩，等. 当代乡村建设中的艺术实践[J]. 学术研究，2016(10): 51–78.

第四章

国内外艺术介入乡村建设经验与启示

第一节 国内艺术介入乡村建设模式分析

我国知识分子介入乡村进行乡村建设历来已久，从20世纪20~30年代由晏阳初、梁漱溟、卢作孚等社会精英和文艺界人士掀起的救济农村、改造农村的"乡村建设运动"到当今我国中央一号文件颁发的"三农"文件，都在持续不断地推进乡村建设。而国内艺术介入乡村建设的雏形大致于2002年由卢杰、邱志杰等艺术家筹划的"长征计划"开始，他们以重走长征为契机，在沿途与村民一起互动进行艺术创作，从而构建一个过去和现在、本土与世界、乡村与城市的新联系。这种艺术创作脱离了传统艺术形式，以农村为舞台，与当地村民一起合作共同完成艺术创作，并且对本地乡村具有一定的影响和艺术传播。随后，李公明、孙振华、顾丞峰等学者从理论上提出当代艺术向社会学转型，认为当代艺术要与公众互动、平等参与。2010年左右，国内艺术介入乡村建设数量和规模越来越大，从此我国艺术乡建进入一个繁荣阶段，但是艺术本身具有自律性和社会性，这两种属性通常会纠缠在一起，容易陷入一种两难的抉择困境，即艺术抛弃自律性，它就有可能屈从于社会性，受制于社会商品，随着拜物性而迷失艺术自律性，逐渐走向消亡；反之，艺术固守自律性，让社会走进艺术，以艺术自律性批判社会，它有可能导致两种结果，一是随着商业化发展，艺术也沦为商品，二是艺术脱离社会商业，在被限定的范围内实施艺术自律性，它很可能导致自娱自乐，孤芳自赏的纯艺术，从而实现不了艺术介入社会，艺术介入乡村，促进社会和乡村发展。所以，艺术要想真正继续存在与发展下去，要想真正发挥自己理应发挥的社会作用以及审美意识形态的作用，就应当担负社会责任，应当扮演自己理应扮演的角色，应当突出地表现自身的真理性内容，应当不断扩充自身的审美震撼力。❶西奥多·阿多诺（Theodor Wiesengrund Adorno）以辩证的方法论述艺术的双重性，一方面希望艺术能够发挥间接的社会作用，改变人们的意识，激发人们的主动性，达到艺术救赎的作用，同时他也认为艺术也具有缓解人们精神压力和协调人际关系等作用。如果艺术真有什么社会功能的话，必须从两个方面来考虑艺术的社会性：一方面是艺术的自为存在（Being for Itself），另一方面是艺术与社会的联系，艺术的这一双重性体现在所有艺术现象中，而这些现象却是不断变化和自相矛盾的。❷当代艺术朝着社会学、人类学、民俗学等学科发展时，它如何平衡好艺术双重性，从而启发或者引导人们从事有助于推进社会和谐的艺术介入乡村建设或实践就成为一件非常有意义的事情。

2010年至今，我国艺术介入乡村建设之所以能取得如此巨大成就，这与我国当代艺术发展有着一定的历史和社会必然性，一方面我国政府非常重视乡村振兴，从2010年起中央领导连续颁发中央一号文件且党的十七大、十八大、十九大都出台了乡村振兴文件和政策，重视乡村旅游、产业、文化、生态等方面开发，乡村如何实现全面振兴也成为地方政府主要思考的内容之一；另一方面，"两山理论"的发展，温铁军、贺雪峰、邓小南、方李莉、翁剑青等学者从社会学、人类学、艺术学、设计学等开展的乡村建设为艺术介入乡村建设提供了理论支持；最后，日本越后妻有、濑户内海国际艺术祭，我国台湾美浓镇、宝藏岩艺术介入社区营造，韩国公共艺术介入乡村建设等成功实践案例为我国艺术介入乡村建设提供了经验借鉴和参考。在当代艺术自身发展和国内外艺术文化环境提升的情况下，我国当代艺术慢慢转向乡村，融入美丽乡村建设中，从而当代艺术以建设者的姿态开始介入我国乡村，掀起了轰轰烈烈的艺术介入乡村建设实践和探索。从2007年艺术家渠岩进入山西

---

❶ 王柯平. 艺术与社会的双重关系——西方马克思主义美学理论的现代意[J]. 哲学研究, 2006(12): 88–125.

❷ 阿多诺. 美学理论[M]. 王柯平, 译. 成都: 四川人民出版社, 1988: 388.

和顺拍摄乡村系列《权力的空间》《信仰空间》《生命的空间》这几组作品后，在许村著名乡贤范文正邀请下以艺术介入许村推进乡村精神文明建设和产业发展，到2020年浙江桐庐县政府与日本艺术介入专家北川富朗及团队合作，以桐庐国际艺术节促进桐庐乡村振兴的十几年时间里，我国艺术介入乡村进入探索阶段，目前我国艺术介入乡村建设大致分为三种模式：即艺术家为主导的艺术项目模式、地方政府与艺术家合作的大型艺术节模式、艺术设计院校实践项目模式。其中山西许村国际艺术公社、安徽碧山计划、甘肃秦安石节子美术馆、广东青田计划、北京宋庄白庙计划等艺术乡建为艺术家为主导的艺术项目模式；贵州隆里国际艺术节、浙江嘉兴乌镇国际当地艺术邀请展、阳澄湖地景装置艺术节、合川钓鱼城国际新媒体艺术节、东莞新艺术节等为地方政府与艺术家合作的大型艺术节模式；四川美术学院焦兴涛等人发起的遵义羊磴艺术合作社、中央美术学院第五工作室发起的贵州雨补鲁村艺术乡建、西安美术学院发起的挪溪乡村雕塑艺术创作活动、中国人民大学陈炯和"艺乡建"团队发起的衢州柑橘文化艺术节、嘉兴学院赵斌及其团队发起的艺术介入嘉兴乡村建设等艺术设计院校实践项目模式。

综上所述，我国艺术介入乡村建设通过十多年不断发展，目前已较为成功地探索出三种较为可行的模式，虽然这些模式还不够完美，但是，艺术介入乡村建设已深入人心，尤其是获得了当地村民的支持和肯定，艺术介入乡村建设不可能是一蹴而就的，它是以一种柔性的、渐进的、温和的方式对乡村进行微更新。当代艺术介入乡村促进乡村建设，从某种意义上说也是当代艺术基于中国本土视角的自我重塑，同时也是当代艺术与乡村融合过程中促进村民参与到乡村建设和提升村民的艺术审美和文艺教育的启蒙。这些社会实践包括从乡村建设的讨论到如何建设新的乡村，多样化的探索为未来乡村找到了多种路径，所以当代艺术介入乡村也有可能成为改变乡村现有状态的一种新的可能，为乡村的发展提供新的契机。❶

---

❶ 伍梓瑜. 中国当代艺术介入乡村的现象研究[D]. 上海：上海大学，2018，3：73.

第二节　艺术家为主体的艺术乡建模式

介入性艺术也称"社会参与艺术"、当代艺术，我国当代艺术介入社会最早可以追溯到五四运动期间鲁迅等一批文人们掀起的版画艺术介入社会，从而推动社会启蒙和自我觉醒。"85新潮"期间一大批先锋艺术家借鉴国外当代艺术、行为艺术、装置艺术等艺术形式进行艺术批判，引发人们对当时社会各种问题的思考和反思。王春辰在《艺术介入社会：新敏感与再肯定》一文中提出"从1990年代之后，艺术世界又出现了新的趋势——艺术家、策展人与批评家共同寻找社会与艺术的结合点来创作、制作、实施当代艺术（作品）"。❶当代艺术家、策展人在20世纪90年代之后逐渐从封闭的体制中走出来，艺术家不再受体制束缚，一方面艺术创作内容不再是传统意义上的架上绘画，艺术不再是艺术家孤芳自赏的艺术，更不是为了艺术而艺术，而是朝向当代艺术、先锋艺术、实验艺术、装置艺术、公共艺术等方面转变，艺术开始介入社会、社区和乡村，尤其在中央政府和国务院提出新农村建设、美丽乡村建设过程中，艺术介入乡村建设开启了一个全新的探索阶段，逐渐形成了一股乡村建设新风尚和重要力量。另一方面伴随当代艺术不断发展，艺术家开始邀请非艺术家、村民等人共同完成艺术创作，艺术家由艺术创作的主导者转变为艺术观察者，他们放弃了对艺术创作的绝对把控，而是调动和激活村民的参与性和积极性，强调与村民一同参与，共同完成艺术作品。

艺术介入乡村建设目前已逐渐成为一种较为重要的乡村建

❶ 王春辰. 艺术介入社会：新敏感与再肯定[J]. 美术研究，2012，4：28.

设模式，它在介入乡村建设之初还是以艺术家为主体，他们凭借自己的资源、影响力以及乡村情怀推动当地乡村价值和文化发展，促进乡村社会与经济和谐发展。如渠岩为主体的山西许村国际艺术公社和广东青田计划、欧宁和左靖为主体的安徽碧山计划和景迈山计划、靳勒为主体的甘肃秦安石节子乡村美术馆、廖嘉展为主体的台湾南投"再现埔里蝴蝶王国"、孙君为主体的河南信阳郝堂村艺术乡、胡项城为主体的上海金泽镇"乡土文化研究与保护"计划等艺术乡建模式逐渐成为一股新力量，不断推动当地乡村社会、经济和文化的发展，有的村落得到较好的可持续发展，有的乡村随着艺术家的离开逐渐回到开始状态，甚至乡村发展进入倒退和衰败阶段。但是无论如何，以艺术家为主体的艺术介入乡村建设模式正在转变政府、社会和村民的观念，艺术家以满腔热情投入当今乡村建设之浪潮中本身就应该得到尊重和理解。

一、山西许村国际艺术公社

2007年，艺术家渠岩走进许村就被许村明清古建筑和传统村落格局所迷住，仿佛找到了自己久已失落的故乡和精神家园，面对这个日渐凋敝、大部分古建筑破损且只剩老人儿童妇女独守的许村，面对许村的各种困境，渠岩感到困惑和焦虑。随后许村著名乡贤范乃文邀请渠岩对许村进行实地考察和访谈调研，渠岩希望通过艺术介入乡村促进许村乡村价值和文化发展，那么艺术介入乡村应该如何建设和实践呢？艺术理想与现实之间的鸿沟如何平衡？如何又能得到村民的认可等一堆问题出现在渠岩脑海中，等待他们一一解决和实现。2008年，渠岩在和顺县政协主席范乃文、当地基层政府和村民的大力支持下在许村开启"艺术推动村落复兴"和"艺术修复乡村"的实践探索，2010年"许村国际艺术公社"也相继成立，2011年许村举办了蜚声海内外的"许村国际艺术节"，希望通过艺术节引起社会关注并吸引游客，使乡村逐渐复兴，给村民增加收入。它连接了乡村与社会、艺术与文化、村民与艺术家，激发了乡村内在的活力和村民的自信，形成一种动态递进、可持续、内生发展的共生关系。尤其是对整个乡村价值和传统文化的传承、对古建筑的修复和保护、当代艺术植入许村空间，让村民增加了自信，使他们重新审视和思考这种不同于旅游开发的可持续发展的艺术乡建模式，基层政府和村民们逐渐明白许村景观在地性、建筑独特性和文化地方性才是他们发展的核心，当村民们逐渐找回对自己生活家园的自信时，许村才会真正地重焕生机。

　　艺术不再是艺术家自我的创造，不仅仅局限于艺术审美的情趣之中，而成为一种艺术实践行为，乃至一种社会运动。[1]从2007年开始，渠岩与许村结下良缘，以艺术修复乡村，激活乡村价值，到2010年成立"许村国际艺术公社"后，渠岩深刻地明白艺术介入乡村建设不能只依靠艺术本身，艺术只是一种手段和形式，必须挖掘许村当地传统文化内涵和内在价值，激活村民的积极性、参与性和自信心，妥善处理好"自我"与"他者"的关系。许村国际艺术节每两年举办一次，从2011年许村第一届国际艺术节到今年已成功举办了五届（表4-1），每届主题不一样，但目的都一样，即将当代艺术理念深耕于中国传统土壤中，让鲜活的艺术创意在许村生根发芽，通过艺术激发村民参与性和自信心，激活许村传统乡村价值，进而促进乡村振兴和增强村民收入。2011年第一届艺术节的主题为"一次东西方的艺术对话"，提出创造新文化，救活古村落的宣言，邀请来自世界各地的艺术家参与许村艺术乡建，尤其是国外的一些知名艺术家，如英国皇家美术学院Paul Huxley，许村第一次实现了真正意义上的东西方对话，也使村民、儿童通过外语学习和培训了解世界，关键是增加了村民们的自信。2013年第二届艺术节的主题是"魂兮归来"，提出修复乡村文物，重构乡村家族文化和传统价值。2015年第三届艺术节的主题为"乡绘许村"，渠岩邀请了国内外艺术家与当地村民一起结合许村地方传统、文化习俗、乡村价值等方面以当代艺术、公共艺术、装置艺术的形式进行创作，从而达到美化村落环境和丰富文化家园的目的。如巴西艺术家Tinho与葡萄牙艺术家Mario分别创作的"少女船"和"龙商店"壁画很好地融合了中国传统文化，用当代艺术语言和观念表达出艺术家对许村的感受和体悟，国内外艺术家的创作得到村民们的大力支持和参与，也让村民重拾对本土文化的自信。2017年第四届艺术节主题为"神圣的家"，这次艺术节开始重建可

❶ 渠岩."归去来兮"——艺术推动村落复兴与"许村计划"[J].建筑学报, 2013(12): 22-26.

容纳不同时空的"他者"与"它者"的有神之家，举办当代艺术讲座、村手工艺集市、古村落游览、艺术家作品展、艺术培训等活动，落成许村当代美术馆。2019年第五届艺术节的主题为"庙与会"（图4-1），庙会作为乡民公共活动的载体，是我国传统乡村神圣之地，承载了传统乡村中人神、人人、人物三者关系，"庙"是中国地方信仰活动的空间载体，"会"是各界力量汇集交融的文化方式。从2011年到2020刚好是十年，虽然每届艺术节主题都不一样，但是均根植于许村自身的文脉乡村价值与世界的关系。

图4-1　2019年第五届许村国际艺术节

许村艺术介入乡村建设开启了我国当代艺术乡建的先河，艺术家渠岩及团队以尊重许村文化和乡村价值为前提，修复古建筑和公共空间，美化村落环境和丰富精神家园，强调村民的参与性、积极性和互动性，妥善处理"自我"与"他者"的关系。这表明，艺术家的乡村实践应设身处地介入当地社会的文化脉络和具体语境中，使乡村社会达到整体复苏与重建。[1] 许村艺术乡建给了我们很多启示和参考，尤其是在乡村空间环境提升与古建筑修复、文化重塑与乡村价值重构、经济增长与村民参与等方面实现了较好的发展。首先，注重对乡村空

---

[1] 渠岩.艺术乡建：中国乡村建设的第三条路径[J].民族艺术，2020(3)：14–19.

间环境、古建筑等基础设施的提升。2007年随着艺术介入许村乡建后，许村原先单一化、集体化的乡村空间向文化性、多元性及复合性乡村空间转变，提升了乡村空间活力，带动了许村与周边经济协同发展。同时渠岩和团队对明清老街、古建筑和街道景观进行修复，把一些老旧公共建筑改造成艺术区、美术馆、培训中心，恢复戏台的现代使用功能和娱乐功能。其次，强调文化重塑和乡村价值。渠岩认为，艺术复兴乡村最重要的是要把艺术嵌入许村村民的内在观念、行为习惯和情感诉求中，它不是艺术家自上而下的乌托邦式的国族主义，更不是一种象征式、符号式、犬儒式的"乡村美化"，它应该是在艺术人类学视角和当代艺术介入社会趋势及其跨学科的脉络中出发，艺术应该构建"乡村生活的文化样式"，正确处理好"人神""人人"以及"人物"之间的关系，正确理解许村当地人的信仰世界、情感世界和审美世界等乡村价值。最后，激活经济增长和村民参与。许村通过艺术节、乡村旅游、文创产业、美术写生基地、民宿等方式促进乡村经济增长，促进了人才回流和人口回归，尤其是在艺术介入乡村建设后，许村村民的积极性、参与性和互动性被艺术家们调动起来了，村民对本村文化和传统价值持肯定的态度，对自己也充满信心。艺术家介入乡村实践，其目的和初衷是摆脱当代艺术长期依赖、模仿西方话语逻辑的状况，走出自身文化困境，从关注乡村现实问题出发，回到文明的源头和民间现场，为中国当代艺术提供本民族重要的文化资源和文明脉络，找出一条真正符合自身历史与文化逻辑的中国当代艺术发展之路（表4-1）。❶

表4-1 许村艺术乡建文化营造活动

时间 （年）	事件	理念	主要活动内容
2007	艺术家进入许村	艺术修复乡村、 乡村价值重新认识	居住环境量化调查和个案访问，许村建筑、街巷、景观、基础设施初步评估

---

❶ 渠岩. 乡村危机，艺术何为？[J]. 美术观察，2019(1): 6-8.

时间 （年）	事件	理念	主要活动内容
2011	第一届许村艺术节——"一次东西方的艺术对话"	创造新文化，救活古村落	修缮传统建筑，改造艺术区公共建筑和景观，中西艺术家、文化学者的交流与研讨，编写《许村村民文明手册》
2012	许村论坛——"中国乡村运动与新农村建设"	技术上的现代化与中国民族、本土文化融为一体	邀请相关专家、学者共同商讨乡建问题，进行理论研究讨论，为保护中国的传统文化进行文化宣传
2013	第二届许村艺术节——"魂兮归来"	重构乡村家族文化，乡村重回文化主体	国际艺术家驻村创作，艺术机构挂牌，文创产品拍卖，艺术助学活动，艺术现场活动演出，家族信仰调查
2015	第三届许村艺术节——"乡绘许村"	乡村在地艺术的互动实践，许村：一个向世界开场的精神家园	艺术家驻村创作，艺术助学活动，村民艺术创作作品展示，民俗文化活动参观
2017	第四届许村艺术节——"神圣的家"	重建可容纳不同时空的"他者"与"它者"的有神之家	开展艺术创作、乡建论坛、培训，村手工艺集市、古村落游览、艺术家作品展、艺术培训等活动，落成许村当代美术馆
2019	第五届许村艺术节——"庙与会"	修复民俗信仰，更新人神、人人及人物的关系	现场展开和驻地创作，举办江浙论坛、许村手工艺集市、联欢晚会和民俗祭祀等活动

注 根据周梦.公共艺术视角下的山西和顺许村乡村建设研究[D].北京：中央美术学院，2019.等资料综合整理。

二、安徽碧山计划

"碧山计划"是由艺术家欧宁与左靖于2011年在安徽黟县碧山村发起的一场以艺术介入乡村建设的乌托邦式实验性实践，他们希望以文化建设为主体，复兴当地的民俗民艺，重构碧山村的乡村生产生活方式。碧山计划创建的初衷是希望通过知识分子回归乡村，在当地创建一个共同生活的乌托邦的艺术计划，同时，探索徽州乡村重建的新的可能，并寻求多功能于一体的新型乡村建设模式。❶这种由艺术家为主体介入乡村建设的模式不管成功与否都是一种积极探索和实践尝试。碧山计划主要沿着以下三种方式积极开展乡村建设。

（1）民俗民艺复兴。他们邀请国内外艺术家、建筑师、设计师等，同时还邀请当地文化名人、民间手工艺人，大家一起集思广益、共同研讨与合作，希望通过对民间各种手工艺人的调研和记录，复兴民俗民艺。尤其在2011年举办了"第一届碧山丰年祭"艺术节（表4-2），他们以碧山村传统"出地方"的庆祝丰收民俗活动为载体，连接村民以往的公共文化集体记忆，通过媒体、视频、展演和表演等形式达到了有效传播，从而使碧山成为网红村，成为媒体的宠儿和艺术乡建的标杆。左靖希望通过传统民艺的复兴来改变当地村民的生产生活，提出"民艺复兴，新百工，新民艺"的理念，这实际是一种对资本主义生产逻辑中的趋利心理和现代高效生产的反抗。❷他带领安徽大学新闻与传播学院的50多名学生经过10多次的田野调研和访谈，积极开展徽文化《黟县百工》民俗民艺调研，记录了90项安徽省黟县的民间手工艺，带领黟县百工项目参加第15届威尼斯国际建筑双年展，这些为中国民间工艺复兴奠定了扎实的基础。同时还出版了《碧山》《汉品》等系列丛书，积极推广和宣传碧山民俗民艺。

表4-2 第一届"碧山丰年祭"活动安排表

活动名称	主要内容	地点
"出地方"丰年祭仪式	碧山村传统庆丰收民俗活动	安徽省黟县碧山村祠堂
互助·传承：主体展览	艺术家与徽州地区人合作的作品展览	安徽省黟县碧山村粮站1、2号粮库
源流考	徽州历史文化展览	安徽省黟县碧山村祠堂

---

❶ 汪欣. 当乡村遇见艺术——艺术人类学视野下的艺术乡村建设[J]. 民族艺术, 2020(3): 301–311.

❷ 隋缘. "碧山计划"与艺术乡村建设[J]. 焦点观察, 2020(3): 37–41.

活动名称	主要内容	地点
黟县百工：调研项目展示	近四十项几近消亡的黟县传统手工艺展览	安徽省黟县碧山村粮站2号粮库
庙会之旅：手工艺市集	黟县各乡镇人员将自己制作的手工艺产品等摆摊出售	安徽省黟县碧山村粮站
银幕乡愁：早期农村电影放映	以碧山为取景地的《小花》、农村故事片《喜盈门》、纪录片《黟县农民画》等	安徽省黟县碧山村粮站
诗歌课：文学活动	现代诗歌、古典诗歌讲解	安徽省黟县碧山村祠堂
返乡青年：新民谣音乐会	广东潮州乐队五条人演出	安徽省黟县县城电影院
徽州戏曲会演	碧山村本土剧团表演黄梅戏、徽邑六县剧团的戏曲串联	安徽省黟县县城电影院
现实之谜：当代农村纪录片放映	关注农村现实的独立纪录片	安徽省黟县秀里影视基地电影院
乡土中国：学术研讨会	乡建工作者、专家学者讨论乡村保护与发展问题	安徽省黟县秀里影视基地电影院

注　根据产利芳.外来知识分子参与乡村建设中的沟通策略研究——基于对碧山村的调研 [D].合肥：安徽大学，2020.等资料综合整理。

（2）乡土遗产保护与古建筑微更新。欧宁、左靖对碧山传统村落和古民居建筑进行保护和微更新，从而让古建筑焕发新生命，如猪栏酒吧、猪栏二吧、欧宁牛院、碧山书局、理农馆、碧山书院、关麓小筑等古建筑改造，一方面按照传统徽派建筑营造法式进行保护与更新，让人在视觉系统上感觉修旧如旧，依旧能感受徽派建筑风格魅力和传统村落风韵，同时对建筑空间进行合理布局与设计，在室内空间内部增加现代设备和设施以满足现代人的使用。另一方面在清华大学吕舟教授带领下，一群从事乡土建筑遗产保护的志愿者从浅显易懂的《碧山传统民居保护修缮导则》编制工作开始，从村民角度解决传统民居保护利用中存在的现实问题，既不损失碧山乡土遗产价值，也不让古建筑保护看起来格格不入。吕舟认为："作为文物古迹的传统村落保护不仅涉及对不同类型建筑的保护，还涉及对不同时代建筑的保护，亦包括街道、水系、景观环境、田园等形成村落整体特征各种相关要素的保护。应通过保护充分展示历史文化名村的文物古迹价值。"❶

（3）产业振兴与品牌塑造。碧山计划如想取得成功，就要为老百姓谋福利，让村民得到一定的利益，否则村民不会参与到艺术乡建中，就会陷入"乡村运动，农民不动"的尴尬局面。碧山村自从欧宁、左靖等艺术家进入乡村后，几乎家家都是小民宿，这与之前只有一家民宿相比较是非常明显的，尤其是举办了"碧山丰年祭"和对古建筑修复和更新后，一些公共空间已变为一种"文化景观"，碧山成为艺术乡建的一个文化符号和品牌，慕名而来的游客越来越多，虽然网上舆论认为"碧山计划死了"，但从2016年至今，碧山村依旧处于发展的状态中。尤其左靖他们发掘当地竹编手工艺、传统点心等为当地进行特色产业扶持和振兴，通过碧山供销社进行销售（图4-2）。2018年，碧山供销社西安店作为碧山乡村建设的一个新的发展方向，将乡村文化价值反哺至城市。同年碧山供销社与D&DEPARTMENT 合作，设立了中国大陆首家合作店"D&DEPARTMENT

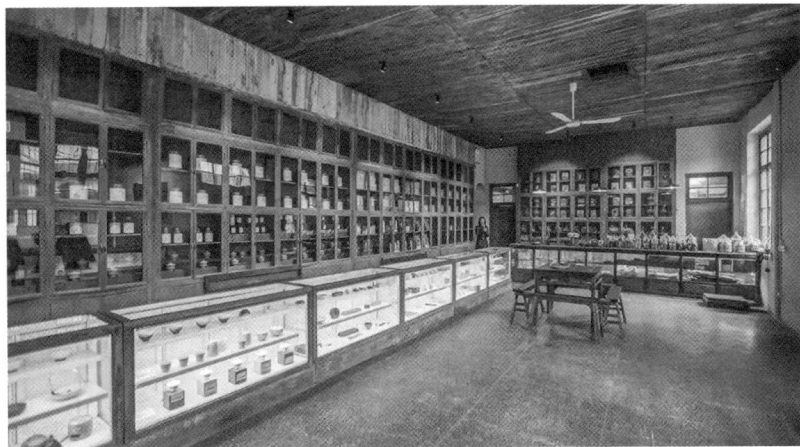

图4-2　碧山供销社室内陈设

---

❶ 小加俊. 碧山计划对乡土遗产保护的启示[EB/OL]. 2019-04-16[2021-07-01]. https://blog. csdn. net/chenzhong165/article/details/89339517.

HUANGSHAN by 碧山工销社"。左靖希望将碧山文化发展成精神象征，通过复兴民间手工艺来复兴当地的文化生态，并最终打造成产业化的品牌。❶

碧山计划已成为我国南方艺术介入乡村建设典型代表之一，从2011年至今，碧山已成为我国艺术乡建的一种符号和文化象征，虽然2015年欧宁离开了碧山村，网上舆论一边倒地认为碧山计划已失败，但是左靖还在为碧山计划而努力，碧山计划失败的原因很多，其中最主要的是以下几点：首先，它是艺术家精英们倡导的一场乡村乌托邦实验，绅士化倾向明显。欧宁建设之初的理想是试图动员一批志同道合的人们在乡村进行乡村实验，创造一个"异国他乡"的乌托邦。这无形就把艺术家与当地农民隔离开了，没有协调好"他者"与"自我"的关系，没有处理好与当地政府、村民的利益，导致第二届碧山丰年祭活动停止。其次，村民参与性不强，村民主体性没有突出。碧山计划与当地村民的联系很少，大多数村民都处于观望之状，不知道欧宁、左靖等艺术家要干什么，村民希望碧山能够发展旅游开发，促进碧山经济发展，而欧宁非常警惕"资本"，这无疑把当地村民边缘化了，有违艺术乡建的初衷。最后，没有较好地激活当地经济发展。艺术介入乡村建设最终目标还是要促进当地经济发展和产业兴旺，最好是能留得住人，能够拓展一些文化产业为当地村民提供就业岗位，促进当地乡村经济可持续发展。碧山计划给当代艺术乡建敲了一个响钟，艺术家、政府、村民等之间的理念和矛盾应该如何协调，这种自下而上的艺术乡建应该如何与当地政府、农民的利益达成一致，也是今后艺术乡建需要考虑的重要方面，唯有如此，才能为我国艺术乡建寻找到新的出路。艺术乡建的宗旨不仅在于景观审美的建设，还在于人心的建设，在于"乡民主体"之人心的建设，在于"主体性"与"主体间性"的综合把握。❷

三、甘肃石节子村艺术乡建

甘肃秦安县叶堡乡石节子艺术乡建是在艺术家靳勒带领下发起的"自下而

❶ 隋缘. "碧山计划"与艺术乡村建设[J]. 焦点观察，2020(3): 37–41.
❷ 路艳红. 艺术乡建的主体性研究[J]. 艺术百家，2020(5): 181–186.

上"的乡村建设探索和艺术实践（图4-3）。2005~2008年，靳勒以一个艺术家同时也是本村村民的身份在石节子村进行个人化的艺术实践，2009年石节子美术馆的成立，则意味着它是一种对艺术的社会化功能的探讨，它很快地得到了外界的广泛关注。因为石节子美术馆关注的是人，是石节子村民与乡村生活，而其他美术馆关注的是物，这从本质上就显示出石节子美术馆与其他美术馆的不同。石节子村每个家都被赋予不同的意义，它们在观众的解读中不断地被艺术化，因此，它如杜尚的小便池那样具有了艺术史意义和价值。

图4-3　石节子艺术乡建

　　石节子艺术乡建之所以能够得到较好的发展，成为人们的焦点，其根本原因在于靳勒是以一个当地村民的身份参与到每一个艺术项目和乡村建设中，他激活了村民自发参与艺术乡建的积极性，解决了艺术与当地生态的共生问题，从始至终靳勒都与石节子村捆绑在一起，因为他本身就是石节子村人。靳勒从2005年开始就带领本村村民一起，以当地材料共同创造公共艺术作品在石节子村进行展览（表4-3）。尽管一些外部艺术家的驻留项目仍然在石节子村发生着，但当地村民是以一种艺术家的对等身份关系介入艺术实践的过程中，协商、

表4-3　石节子村艺术乡建历年展览一览表

时间（年）	活动名称	主要内容
2005	创作《贴金》公共艺术作品	2005年，靳勒和村民共同合作了公共艺术作品《贴金》，他将老家的炕洞、推耙以及他父亲栽植了几十年的树贴上金箔
2007	参加德国卡塞尔文献展	在艾未未资助下，靳勒带领4个村民远赴德国参加了卡塞尔文献展。从此开始了石节子村与艺术的联系
2008	靳勒当选石节子村村主任	靳勒开始策划艺术与乡村的联动项目，邀请艺术家赵半狄在石节子村举办了"小山村春节联欢晚会"。石节子村成为艺术乡建的经典案例
2009	石节子美术馆成立	石节子整个村庄是一个美术馆，每家每户就是一个分馆
2010	石节子成立电影节	靳勒邀请来自北京的电影导演在山村放映电影，石节子村从此有了电影节
2012	"绿心——国际戏剧、环保、教育论坛"	举行了"绿心——国际戏剧、环保、教育论坛"，邀请国内外多位戏剧导演、环保学者、教育家来村庄与村民进行戏剧交流，通过各种游戏表演探讨人与环境、人与大自然的和谐相处之道
2013	德国大使馆资助石节子村	对村落进行旱厕改造，在全村建立第一个公共澡堂
2015	"一起飞——石节子艺术实践"	石节子美术馆与"造空间"共同发起"一起飞——石节子艺术实践"计划，每个艺术家和村民一对一结成对子，共同创作一件作品
2016	"曼斯特到石节子并不远"艺术展	创作了影像和装置共41件作品
2017	"乡村密码——中国石节子村公共艺术创作营文献展"	石节子村举办了由西安美院主办的"石节子村公共艺术创作营"，并于西安当代美术馆举办"乡村密码——中国石节子村公共艺术创作营文献展"展览。与村民共同创作22组作品

续表

时间 （年）	活动名称	主要内容
2019	石节子十年展	北京举行"石节子十年"展览，题目就叫《谁的梦》
2020	"家庭旅馆投资计划"项目正式动工	一个艺术项目转化为可以获得收入的实业——石节子村第一家旅馆成立

注　根据崔付利.建构与解构的双重叙事——从乡土绘画到"新"乡土[D].重庆：四川美术学院，2017.陈於建.21世纪以来中国"艺术介入乡村"现象中的公共艺术研究[D].北京：清华大学，2018.等资料综合整理。

创作。❶同时，靳勒打破了艺术与生产的两种平行的叙事，让艺术产生经济效能。他把石节子村日常生活进行"贴金"和"赋魅"，将仪式感赋予到日常生活中，尤其是村民靳女女在德国卡塞尔文献展面对着记者的采访，冒出第一句话："艺术重要，雨水更重要"。艺术与生活本来就可以有交集，石节子村每一块土地，每一棵树，每一个房屋都是独一无二的艺术品，同时也都是活生生的生活，艺术成为村民的一种生活态度和感受生活的方式。因为艺术的吸引力，石节子被媒体、政府、外界所关注，村里修了路，通了水和路灯，每年都有很多游客进入村里，石节子慢慢有一点点经济收入和改变。最后，艺术展览填补了农村艺术教育的空白。由于甘肃贫困山区的小孩接受艺术教育的很少，石节子美术馆每年举办的各种艺术展览从某种意义上来讲是一场儿童艺术启蒙和提升审美的艺术展览，它为西部落后农村里的孩子提供了近距离走进艺术、感受艺术的机会，更是对石节子村民和孩子们在思想上和精神上的扶贫，让他们变得更加自信。艺术在石节子村成为一个不断变化中的"量子化"存在，它既是艺术圈人士眼中"艺术介入"的先锋实践，又是村民眼中的经济"发展"策略。❷

2021年1月13日《兰州晚报》报道了石节子村主任靳勒于2021年1月11日逝世，可谓天妒英才！石节子艺术乡建经过13年的努力已得到外界、媒体、政

---

❶ 崔付利.建构与解构的双重叙事——从乡土绘画到"新"乡土[D].重庆：四川美术学院，2017: 35.

❷ 陈於建.21世纪以来中国"艺术介入乡村"现象中的公共艺术研究[D].北京：清华大学，2018: 36.

府等高度关注，石节子村民即将迎来美好生活的曙光，是否因为靳勒的逝世，石节子艺术乡建就停滞了，今后石节子艺术乡建何去何从等一系列问题都需要石节子村民自己解决。但是靳勒打造的石节子艺术乡建让村民喜欢艺术，重新认识自己，在艺术创作中越发自信，让村民与艺术家发生关系，激活了乡村内在价值，激发了村民内在活力和主动参与性，让村民有机会走向大都市，走向当代艺术，改变了石节子村庄，转变了村民理念，为当今我国乡村建设提供了一种新的可能，那就是艺术大有可为。

第三节 地方政府与艺术家合作的大型艺术节模式

艺术介入乡村建设随着渠岩、左靖、靳勒、孙君等一大批优秀艺术家、建筑师、设计师等文艺学者的参与，得到了媒体、政府、学界的关注，让人们看到一种新的乡村建设模式和希望，尤其是山西许村、甘肃石节子村、河南郝堂村、广东青田村等艺术乡建的成功让政府也逐渐尝试与艺术家进行合作，以大型艺术节模式推动乡村文化、产业和经济等方面振兴。这种由地方政府与艺术家合作的大型艺术节模式试图通过当代艺术的力量推动当地乡村旅游和打造本地文化品牌，其突出核心为当代性和在地性。此类项目发起人受日本越后妻有和濑户内海的国际艺术祭影响，对当代艺术激活乡村内在价值和经济发展持有巨大的热情和肯定。但是也有很多乡村艺术节存在很多问题，有些艺术节首届举办得轰轰烈烈，之后政府就没有声音，戛然而止、昙花一现。有些艺术节只局限于艺术家的圈子里，乡村成为艺术家的个人表演舞台和城市艺术的延续。追其缘由还是没有正确处理好艺术与乡村两者的边界，没有平衡好艺术家、企业、政府与村民四者的关系。虽然目前我国地方政府与艺术家合作的大型艺术节存在各种问题，但是我国的艺术家、建筑师、文化学者和各地支持艺术乡建的政府领导还是做出了巨大的努力，目前已有较多的实践案例，希冀通过当代艺术良好的传播性和互动性产生1+1>2的效果。如乌镇国际当代艺术邀请展、东莞道滘艺术节、隆里国际新媒体艺术节、重庆合川国际新媒体艺术节、阳澄湖地景装置艺术季、黔西南楼纳国际山地建筑艺术节、关中忙罢艺术节等艺术乡建实践。

目前地方政府与艺术家合作举办大型艺术节的模式取得了一定的成绩，但还需要遵循以下几个要素：①协调与平衡当地政府、艺术家、企业、村民四者的关系，正确处理艺术与乡村的边界；②尊重当地乡村的在地性、乡土性、地域性，激活乡村内在价值和传统文化；③激活当代艺术先锋性、批判性，加强当代艺术快速传播效应和艺术作品互动性；④激发村民参与性、互动性与积极性；⑤强调当地政府政策与经济可持续支持；⑥协同发展艺术文创产业与乡村旅游，改善村民生活质量和经济收入，增加村民幸福感和自豪感。因此，相信在不久的将来，社会介入性艺术会更好地融入中国社会发展，为其提供前进的动力；哪怕是针砭时弊、揭露问题，也是艺术对社会的良性价值所在。❶

一、贵州隆里国际艺术节

黔东南隆里国际艺术节是由黔东南州政府与中国舞台美学学会等单位共同合办的国际艺术节，旨在通过国际艺术节打造艺术与乡村共生相融，激活隆里当地特色和文化资源，使新媒体艺术介入乡村、介入隆里百姓日常生活，对乡村性、在地性、生态性和共生性等问题进行艺术实践和探索，从而实现艺术激活乡村内在活力，促进隆里文化创意与旅游产业协同发展，推动隆里经济、文

---

❶ 孙炜炜. "后前卫"时代的前卫艺术——中西方社会介入性艺术的实践与理论脉络 [J]. 湖北社会科学, 2020(2): 53–59.

化与社会的全面发展。隆里国际艺术节从2016年开始至今已成功举办了三次，由于一些特殊原因和受疫情影响，2019年以后隆里没有举办国际艺术节，但是前三次隆里国际艺术节的成功举办（图4-4），让黔东南这个小乡村一举成名，成为网红古镇，每年游客大增，带动了当地文化产业和经济发展。隆里国际艺术节的成功与黔东南州政府与艺术家合作是分不开的，州政府大力推行国务院"大众创业、万众创新、全民创意"政策，提出"设计强县、文创兴州"的口号，通过举办"创业、创新、创意"大赛，激活隆里农、文、旅、商、产等协同发展，实现经济、文化和社会发展。2004年建立的隆里生态博物馆拉开了隆里文化旅游的先河，据县旅游部门统计，隆里游客进入量从2003年的8万人次增加到2013年的41万人次，总共接待中外游客达274万人次，实现旅游综合收入达11亿元人民币。[1]

图4-4　隆里国际艺术节

　　国际艺术节的举办让隆里走向世界，使之成为当地最具吸引力和影响力的新名片（表4-4）。第一届的艺术作品偏向于影像类，以新媒体影像的"艺术+科技"方式转变人们的观念，使人们逐渐了解艺术与乡村是可以结合在一起的。第二届艺术节的主题为"共识·移觉·融通"，围绕乡村、艺术、空间展开，把艺术节办成了田野上的新媒体艺术大舞台。第三届艺术节的主题为"他乡·在场·转

---

[1] 吴文静. 建设生态博物馆对保护民族文化的作用——以贵州隆里古城为例[J]. 文史杂谈，2015(5): 105–107.

变"，注重文化品牌塑造与输出，艺术创作与乡建产业相融合，催生了新媒体艺术产业落地和旅游发展。中国舞台美术学会会长曹林担任隆里国际艺术节艺术总监和总负责人，他邀请国内艺术大咖、设计师、知名艺术院校师生参加隆里艺术节的艺术创作，不断地完善作品与地方性的融合，挖掘古城的人文价值和历史遗迹，从而促进隆里的文化IP提升，探索如何把新媒体艺术资源转换成经济资源，促进古镇文化遗产保护与开发，达到艺术乡建的目的。艺术节的社会价值和意义高于经济价值，艺术创作要融入当地文化性和在地性，强调艺术家、政府、企业、农民等协同合作。最后，艺术节主要解决的是乡村文化的氛围与流量问题，是一种逆城镇化发展的衍生物，是城乡文化交流中一种非常积极的方式。❶

表4-4　黔东南隆里国际艺术节一览表

届数时间（年）	活动主题	主要内容
第一届 2016	黔岭新媒·秘境臾影	倡导把当代艺术融入日常生活，用"艺术+科技"相融合的发展模式，让隆里古城焕发新的生机
第二届 2017	共识·移觉·融通	通过新媒体艺术，以"互联网+文化+旅游"模式，使舞台美术走向更广阔的自然空间，为隆里乡村旅游文化注入活力。把艺术节办成田野上的新媒体艺术大舞台
第三届 2018	他乡·在场·转变	通过新媒体艺术激活隆里古城人文价值、地域特色，把新媒体艺术资源转变为乡村建设资源，促进当地文化资源与旅游产业相融合，优化隆里本地产业结构和文化扶贫

注　作者根据网上相关资料进行汇总。

二、广东东莞道滘艺术节

东莞道滘镇历史悠久，曲艺文化氛围浓厚，20世纪90年代末被评为"中国曲艺之乡""中国民间艺术之乡"等荣誉称号，2008年又被文化部评为"中国民

❶ 沈洁. 艺术节在乡村振兴发展中的联动机制[D]. 杭州：中国美术学院，2018: 15.

间文化艺术之乡"。东莞市委市政府一直重视文化名城建设，如何突出道滘民间艺术特色和传统文化，挖掘道滘本地文化和艺术价值是政府一直在深思和探讨的问题，"第一届道滘新艺术节"于2016年应运而生，道滘镇政府、企业、艺术家和民众等多方力量促成了本届艺术节的成立。道滘新艺术节的目标是希望通过举办艺术节，集聚艺术行业人才，以当代艺术介入乡村，吸引文化创意机构进驻乡村，促进当地经济发展，构建新的生态和秩序，从而把道滘打造成珠三角乃至全国有重要影响力的文化产业基地和艺术产业IP乡镇。李振华、范明正、李战豪等艺术家邀请国内外知名艺术机构、艺术家共同策划了第一届道滘新艺术节，以"光年"为主题，策划了"绘画与图像""装置与委托创作""新媒体建筑投影"与"放电影"四个展览板块，从新科技、新媒体和新艺术的"三新"突出道滘新艺术节的立意。首届道滘艺术节以建筑立面投影光影展最具特色，在旧粮仓工业建筑立面呈现当代影像艺术，突出古老与创新、全球化与区域化相互交融与和谐共生。

2017年举办了以"共建"为主题的第二届道滘新艺术节（图4-5），本次艺术节最大特点是联动道滘的旅游节、美食节，诸多当代实验艺术作品点亮了这个艺术小镇。第二届道滘艺术节强调艺术创作的在地性、互动性、公共性和实验性，以"生活"为切入点，艺术创作的作品具有草根性和大众性，艺术作品展示既有室内的也有户外公共空间的，同时将一些旧粮仓、旧学校、厂房等建筑改造成"小型美术馆"。道滘新艺术节希望通过文化艺术的复兴和转型，使原先的"世界工厂"转变为"艺术小镇"，既可保护当地特色建筑，又可展示当地民间艺术，促进道滘乡村文化和经济发展，艺术与乡村和谐共生。当信安喜文化产业集团负责人陈长春认为："在这里，它将使艺术遭遇生活，让世界汇聚东莞，让各行各业在这里看到，通过这样的平台，艺术是如何有机地融入了制造业的血液，从而使企业基业更加长青;而企业的蓬勃发展，又使得艺术界有了更加广阔的天空。"❶

---

❶ https://news.artron.net/20170531/n934764.html."第二届道滘新艺术节"启幕共建道滘特色艺术小镇。

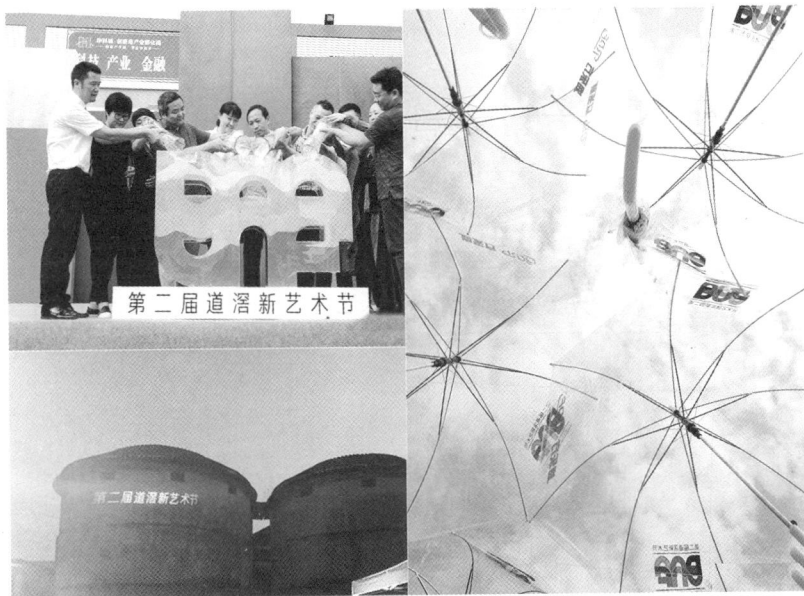

图4-5 第二届道滘新艺术节

三、陕西关中忙罢艺术节

2018年，西安美术学院实验艺术系主任武小川教授、张亚谦博士等人成立关中艺术合作社，在关中地区发起一系列艺术介入乡村建设实践，并于2018年6月在西安鄠邑区蔡家坡村创办第一届关中忙罢艺术节（图4-6）。忙罢艺术节试图使艺术与乡村相结合，通过"关中忙罢会"的现场艺术创作与村民互动，将乡村传统生活方式、文化价值、行为规范、乡村秩序与当代艺术、高科技和现代文明相融合，以合作互助、协商互动为根本，构筑城市与乡村、艺术与乡村相互成就的有机关系。这次活动共分为"关中忙罢艺术节表演""麦田大地艺术展""合作艺术展""粮食计划"四个版块，其中"麦田大地艺术展"以终南山为背景，以关中地域性、乡村性、生态性为依托，激活观众传统节庆。艺术家与村民一起合作利用当地材料将麦田变为艺术空间，将整个村庄变成合作艺术、社会艺术、大地艺术的空间载体，使艺术现场与麦地融为一体，传统文化与现代技术有机结合，

图4-6　第一届关中忙罢艺术节

乡村与艺术交融互动，实现艺术促进乡村经济、文化和产业发展，激发村民参与性和主动性，激活乡村内在价值和文化传承。艺术介入美丽乡村建设的意义在于：通过艺术复兴传统的中国"生活式样"，修复乡村价值，将"旧文化转变出一个新文化来"，推动"乡土中国"向"生态中国"的发展之路。❶

　　2019年第二届关中忙罢艺术节以"终南山下·享·关中忙罢艺术节"为核心目标，突出在地性、生态性和实用性原则，努力营建"艺术+自然+乡村"三者相融的文化IP。本届艺术节设立了终南戏剧节、麦田艺术展、合作艺术项目、关中粮作项目四个板块，活动日程丰富（表4-5），尤其是蔡家坡村村民自发组织与自演的"蔡家坡文艺之夜"庆典晚会，让村民们在欢快、热闹的艺术晚会中潜移默化地把关中儒家"关学"所倡导的"乡约""乡礼"等文化礼俗、乡规乡约牢记心中，实现乡村生活、乡村情感等并置同构，更让村民对自身文化感

---

❶　方莉李. 论艺术介入乡村建设——艺术人类学视角[J]. 民族艺术, 2018(1): 17-28.

到自豪和自信。本次艺术节的意义在于：以农业生态为根本，以终南自然景观为依托，以艺术节的丰富展演演示，坚持在第一束实践与设计服务，激荡明见文化活力，延续历史文脉，探索乡村文化振兴的关中模式。❶

表4-5　陕西第二届关中忙罢艺术节活动一览表

时间	项目	展演团队	地点
5月21日	第二届忙罢艺术节新闻发布会	主办单位、承办单位	乡剧场
5月21日	蔡家坡村美术馆揭牌仪式	主办单位、承办单位	蔡家坡艺术小院
5月21~30日	世界乡村电影放映季	西安美术学院实验艺术系、鄠邑区文化中心	蔡家坡村委会广场
5月29日	乡剧场（一期）揭幕	蔡家坡村	乡剧场
5月25日~6月20日	合作艺术作品展	西安美术学院实验艺术系本科二三年级学士、研究生	蔡家坡艺术小院
5月25日~6月20日	单车行	100辆单车	蔡家坡村委会
6月1~20日	瓜棚民宿	接受网上预订	蔡家坡A麦田
6月1~20日	美食一条街	—	蔡家坡四组
6月1日	蔡家坡村文艺会演	蔡家坡村	乡剧场
6月1~20日	麦田艺术展	刘庆元、王志刚、杨峰、赵海涛、傅强、武小川、张亚谦、王名峰等	乡剧场
6月3日	麦田戏剧之夜	西美实验艺术先锋剧社等	乡剧场
6月5~8日	鄠邑区摄影展	鄠邑区摄影家协会	乡剧场广场

❶ 武小川, 张亚谦, 曾宪洲. "艺术乡建"的关中探索[J]. 言之, 2019(1): 53–55.

续表

时间	项目	展演团队	地点
6月5~10日	鄠邑区农民画作者采风	鄠邑区文化旅游局	乡剧场
6月7日	麦田秦声之夜	鄠邑秦剧团、周至县秦剧团等	乡剧场
6月8日	麦田交响之夜	县音乐协会交响乐团	乡剧场
6月9日	艺术节媒体导览，村民艺术公教活动	西安美术学院实验艺术系	蔡家坡村史馆
6月9日	麦田守望之夜暨第二届忙罢艺术节庆典晚会	西安美术学院实验艺术系	乡剧场
6月15日	万邦·阅读大秦岭名家读书分享会	万邦书城	乡剧场

注　参考 https://m.sohu.com/a/315678451_460860 网上资料综合整理。

第四节　艺术院校项目实践模式

艺术介入乡村建设的第三类模式为艺术院校乡村实践项目的模式，这种模式大多数以艺术院校师生与当地乡村共同开展的多元化、艺术化、在地性等艺术创作为主，尊重当地文化价值，整合当地现有资源，利用艺术设计专业特点为乡村创作公共艺术作品，对乡村整体形象和农产品进行视觉设计，提升乡村公共环境品质和产品包装设计等，从而激活乡村价值和整体视觉形象，提升乡村生活品质和人居环境。它不仅具有灵活多变、自由组合的艺术参与形式，而且具有较高的学术研究价值和现实意义。随着艺术介入乡村建设实践越来越多，艺术院校也逐渐参与到美丽乡村建设中，当前我国艺术院校主要以环境设计、视觉传达设计、建筑学、数字媒体艺术、动漫设计、摄影、雕塑、绘画、公共艺术等专业积极参与到当地乡村建设与设计实践，目前以四川美术学院焦兴涛等人在贵州桐梓县羊磴镇发起的"羊磴艺术合作社"、中央美术学院吕品晶院长等人在贵州雨补鲁村举行的"雨补鲁艺术乡建"、中国人民大学陈炯等人在湖北孝昌县磨山村发起的艺术乡建、北京大学向勇教授等人在四川大巴山举行的艺术乡建、上海阮仪三城市遗产保护基金会的阮仪三先生等人发起的福建延平乡村艺术季等艺术乡建活动较为著名。据课题组调查我国东部地区高校的艺术设计学院都或多或少地参与了当地乡村建设的艺术设计项目实践，其中本课题组所在的嘉兴学院设计学院环境设计专业就是以"艺术介入美丽乡村建设"为专业特点，通过艺术设计、景观设计、公共空间设计等方式介入嘉兴当地乡村建设，实现服务嘉兴地方和长三角一体化协同发展的目标。

艺术乡建以艺术家在乡村从事当代艺术、公共艺术、装置艺术的艺术实验和实践，它拓展了艺术自律和我国当代艺术在世界艺术的话语地位，具有一定的艺术先锋性和批判性，同时它也为我国乡村振兴带来不可忽视的建设力量和贡献。这也许是艺术乡建在当下艺术语境里获得的建设成果和真正需要实现的目标。这些社会实践包括从乡村建设的讨论到如何建设新的乡村，多样化的探索为未来乡村找到了多种路径，所以当代艺术介入乡村也有可能成为改变乡村现有状态的一种新途径，为乡村的发展提供新的契机。❶

一、四川美术学院贵州羊磴艺术合作社

贵州桐梓县羊磴镇与全国其他90%的乡村相似，没有资源、毫无特色、平庸而平凡，如果非要说有点区别就是由于这里地理偏僻，山区生态环境较好，人们幸福地过着草根生活。2012年四川美术学院焦兴涛与一群年轻艺术家来到羊磴镇，他们在这里成立了"羊磴艺术合作社"，其初衷是让艺术家与当地村民共同开展综合性艺术项目与实践，以进入、观察与直面的态度去记录和践行，在中国社会最平常的民间区域中触摸交织、庞杂的日常与现实。他们提出"五

---

❶ 伍梓瑜. 中国当代艺术介入乡村的现象研究[D]. 上海：上海大学，2018, 3: 73.

个不是"原则，即羊磴艺术合作社不是采风、不是体验生活、不是社会学意义上的乡村建设、不是文化公益和艺术慈善、不是当代艺术下乡。这就明确地说明焦兴涛这群艺术家来到羊磴是以艺术的方式与当地村民一起合作，共同使羊磴的日常生活更具艺术性、丰富性和多元性，把艺术与生活融为一体，艺术家与村民共同参与适合当地村民的艺术项目和活动，使羊磴的村民日常生活更加快乐。德国当代艺术家博伊斯提出"人人都是艺术家"，焦兴涛也认为艺术应真正离开美术馆、艺术制度，它的核心是人与人的关系，不是一个具体的形式。

羊磴艺术合作社尝试将艺术还原为一种"形式化的生活"，并重新投放到具体的社会空间中，强调"艺术协商"之下的"各取所需"，意图在对日常经验进行的表达中"重建艺术和生活的连续性"。❶焦兴涛与四川美术学院的师生、青年艺术家按照他们自己的方式，以"艺术协商""有方向无目标""警惕意义"等核心词来定义羊磴艺术计划，他们非常注重当地的日常生活，不轻易地改变和转变村民的思想和表达，也不轻易地对艺术乡建的目的和意义做宏大构建，他们就像羊磴的远方亲戚，默默地以"他者"角度关注和帮助羊磴，因为羊磴永远还是属于村民自己的羊磴，村民们一如既往地生活在这片土地上，焦兴涛与艺术家们只是与当地村民协作一些"乡村木工计划""冯豆花美术馆""小春堂文化馆""羊磴十二景"等艺术合作项目和实验（图4-7），让这个所谓"没有历史""没有故事"的小镇百姓开始试着讲述自己。对于今天的艺术，它"也就不再仅是针对一个阶级、一个阶层、一群精英或者一个机构的客体了"，对于当下艺术身份如此的理解也就表明了其自身重点的转身，即其"重点从'艺术'这一客体自身往具体的生活形式移动"。❷羊磴艺术合作社为当代艺术乡建提供了一个较好的参考范式，并起到警示作用，那些打着以艺术之名试图快速激活乡村文化和经济发展的艺术乡建都是不可取的，因为艺术介入乡村建设的最终目的是要激活村民的主动性和参与性，不能陷入"乡建在动，农民不动"的局面，只有调动了乡村和农民的内生发展，乡村才能得到可持续发展。所以，艺术乡

---

❶ 焦兴涛. 寻找"例外"——羊磴艺术合作社[J]. 美术观察, 2017(12): 22-23.

❷ 尼古拉斯·布里欧. 关系美学[M]. 黄建宏, 译, 北京: 金城出版社, 2013.

建是一场持久的、缓慢的、柔和的修复乡村自身价值和激活农民共同参与的乡村建设运动。

图4-7　羊磴艺术合作社艺术实践项目

二、中央美术学院贵州雨补鲁村艺术乡建

中央美术学院的教学、社会实践在很大程度上是围绕着如何为乡村建设、修复乡村文化生态而服务，"乡兴艺润——雨补鲁"就是一个非常典型的艺术院校参与乡村建设的案例（图4-8）。2015年中央美院吕品晶教授及其团队受黔西南兴义市政府邀请参加"雨补鲁村村落保护项目"建设，提升雨补鲁村基础设施、村容村貌，推动乡村经济和产业发展，传承乡土文脉，修复村落文化生态，激活乡村内生动力，探讨艺术介入与激活乡村发展的新机制，促进雨补鲁村文化、经济、旅游和产业等方面发展。他们开始从雨补鲁村古村落建筑与环境改造入手，在单体建筑改造上采用合理改造、保护为先的策略，在村落环境改造上突出乡村特色，强调文脉。通过对古泉、古树、古道的保护与规划，保持了

雨补鲁依山势呈半环状的空间布局，主路以大榕树祠堂为中心轴，街道沿山脚向东西两侧自然伸展，其辐射范围内依然保持传统街巷的空间形态。❶

图4-8　中央美术学院艺术介入雨补鲁村乡村建设

经过三年的建设和发展，雨补鲁的村容村貌和公共空间得到了较大的提升和改善，尤其在2017年《爸爸去哪儿》节目到村里进行拍摄后，雨补鲁村名气大增，游客纷沓而至，乡村商铺、农家乐、餐馆等旅游业得到较好发展。2018年，吕品晶副院长邀请国内外专家在雨补鲁村召开"乡兴艺润——雨补鲁乡村建设研讨会"，与会专家集聚一堂共同探讨雨补鲁村未来发展的新思路与新的可能性。2019年，雨补鲁村被列入我国第五批中国传统村落名录，吕品晶教授及其团队一直为雨补鲁村的乡村发展做出努力。通过艺术乡建的实践，吕品晶教授认为村民最大的问题是观念，这种观念根深蒂固地刻录在每个村民的内心里，如果村民的审美和观念得不到提升和改变，做再多的硬件建设还是不能解决乡

---

❶ 吕品晶. 雨补鲁村传统村落保护实践[J]. 美术观察, 2017(12): 214–217.

村内生性发展问题。雨补鲁村艺术乡建使雨补鲁传统的聚落空间得到保护和恢复，改善了乡村的人居环境，通过外部力量的引进，最终成功实现雨补鲁村乡村振兴和文化复兴。

三、中国人民大学湖北孝昌县磨山村艺术乡建

中国人民大学艺术学院设计系主任、院长助理陈炯副教授与"艺乡建"团队一直致力于艺术介入乡村建设，通过近十年的努力探索，他们总结了一套艺术激活乡村扶贫和建设的系统性研究和艺术实践探索经验。陈炯认为艺术不仅对保护、保留乡村风貌发挥作用，激活传统村落特色，还能够助力精准扶贫，推动乡村生产生活生态的健康发展。2016年，中国人民大学艺乡建团队开始对湖北孝昌县磨山村樊家湾进行艺术乡建（图4-9），以艺术为切入点，创造性地探索艺术激活乡村的可能性和可行性。他们通过对樊家湾历史人文、村容村貌、景观生态和周边环境进行实地调研以及对村民进行访谈，结合磨山村独特的自然资源、石质资源，邀请村民共同参与艺术实验，首先从开发石材文创产品开始，提高石材的附加值，他们与村民一起设计了"叶""山水"茶台，随后又开发设计了相关文创产品，提高了村民经济收入。其次，利用当地手工针织杯垫、坐垫的工艺与村庄石头进行嫁接，创作了"心聚""毛衣"等公共艺术，从而产生新的公共艺术作品，在村民参与艺术创作过程中，艺术改变了村民的生活生产观念，改变了村民无所事事，只爱打麻将的习惯。最后，对磨山村进行总体

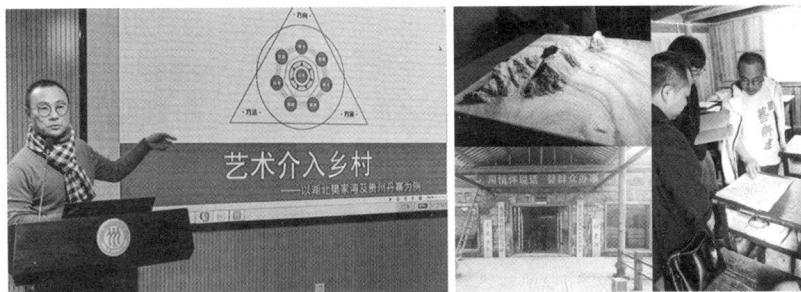

图4-9　中国人民大学艺术介入孝昌县磨山村乡村建设

规划，提升磨山村整个村庄的视觉效果和景观环境，他们从乡村历史文化和乡土价值出发，对磨山村进行顶层规划，为村民设计民宿、村史馆、石艺博物馆、石艺广场等公共建筑和空间，艺术乡建后人均收入达到8000元，比没有艺术介入磨山村建设之前提高了近2倍。总结起来，磨山村艺术激活传统村落的创新设计包括三个阶段：以文创促"非遗"走向市场；以文创促原生态发展、传统手工业形成良性发展；农村建设村庄规划先行，通过合理的村庄设计规划保证前两项目标的实现，并健康循环。❶

艺术院校参与乡村建设已得到社会、政府和村民的认可和肯定，尤其是一些知名美术院校通过艺术教育、艺术写生采风、艺术实验等方式参与到贫困地区进行艺术乡建、设计扶贫等实践中，提升当地传统乡村文化价值，激活村民参与性和自豪感，促进旅游开发和经济发展。但是不管今后艺术乡建如何发展，它都要遵循持续性、参与性、跨学科、批判性及对话性的发展方向，艺术介入乡村始终是围绕乡村出现的问题而展开的。

第五节 台湾艺术介入乡村建设经验与启示

我国台湾乡村建设一直受到日本社区营造的影响，"二战"后，台湾农村建设和发展随着台湾当局的政策转变而不断发生变化，1994年台湾推出"社区营造总体计划"，旨在提升地方社区营造发展，2006年和2008年分别提出"公共空间艺术再造辅助计划"和"艺术介入公共空间辅助计划"，大力支持台湾

❶ 陈炯. 艺术创作的社会性研究——以湖北磨山村为例[J]. 艺术评论，2018(3): 158–163.

社区营造的实施。随后将装置艺术、当代艺术、介入性艺术、公共艺术介入乡村建设中，台湾艺术介入乡村建设在亚洲形成了自己独特的乡村社区营造型模式，从"艺术介入乡村（社区）"融入"农村再生计划"到"地方创生"的乡村建设大致经历四个阶段。

（1）第一阶段，农业扶持工业（1946~1968年）。第二次世界大战后，台湾为恢复农业农村经济发展，积极推行农地改革，1949~1951年，台湾地区依次颁发了"耕地三七五减租""公地放领"政策和"耕者有其田"政策。1953年台湾当局提出"以农业培养工业，以工业发展农业"战略。至1963年，台湾地区工业生产总值超过农业生产总值，并在20世纪60年代完成了向以工业经济为主导的经济结构转变。❶

（2）第二阶段，农业与工业并重，当代艺术介入社会（1969~1990年）。1969年，台湾当局把"以农业培育工业"调整为"以工业促进农业"的平衡工农业发展政策。1970年和1972年台湾相继出台《现阶段农村经济建设纲领》和《加速农村建设重要措施》文件，开始有计划地推进农村建设。1987年台湾宣布"解严"，台湾艺术家通过前卫艺术对社会进行批判和反讽，推动了台湾艺术介入社会的发展和当代艺术运动。

（3）第三阶段，"三生"农业发展，公共艺术介入社区（1991~2009年）。20世纪90年代，台湾地区进一步推动"富丽农村"建设，其后，开始推进从简单生产到生产、生活、生态"三生兼顾"的建设理念。2002年，启动新故乡社区营造计划（2002~2004年），着重引导民众认同自己生活的所在，共同营造社区，创造"有质量、有尊严的生活"，把社区营造成"不是家乡亦成新故乡"。❷装置艺术、公共艺术直接进入城市、乡镇、社区等公共空间，当代艺术实践蔚成风气。同时，社区总体营造以及地方艺术节也反思过往偏向硬件之策略，转向以

---

❶ 梅怡明，马翼飞，窦营. 台湾地区农村再生计划发展历程及其经验总结——兼论对大陆乡村振兴的启示[J]. 世界农业，2019(10): 105–110.

❷ 魏登峰. 关键是激发乡村发展的内生动力——我国台湾地区乡村建设的探索、困境与启示[J]. 农村工作通讯，2018(22): 31–34.

"人"为主要关心重点，将艺术作为方法来联结与服务社群。❶

（4）第四阶段，农村再生计划，"艺术↔社会"转向"艺术/社会"（2010年至今）。2008年，台湾提出"推动农村再生计划，建立富丽新农村"的农业政策新主张，2010年通过《农村再生条例》文件，以法律形式有序推动"农村再生"建设。2017年开始以"农村再生2.0"升级版再造富有"活力、健康、幸福"的希望农村。2010年后，台湾地区当代艺术、公共艺术、社会参与艺术等艺术介入乡村（社区）实践案例越来越多，政府和艺术乡建团队注重乡村文化、社区内生性、村民参与性等多元发展，其中较为典型的艺术介入乡村（社区）建设有宝藏岩国际艺术村、台南土沟村、桃米村、南投竹山村、苗栗县三湾乡铜镜村等。

台湾地区艺术介入乡村的社区型营造模式伴随台湾乡村建设一起发展，它的一些有效做法和面临的困境，对我国正在全力推进的乡村振兴有一定的经验借鉴和启示作用。一是以艺术为手段，大力培育村民主体意识，增加对村民艺术文化科技方面的培训，同时结合在地性和本土性改善村落人居环境，加强地方文化、民俗、共同历史和传统技艺的保护和传承，并进行适当开发。二是积极开发农村多种价值，形成第一、第二、第三产业相结合，推动产业兴旺，促进产业和销售一体化发展。三是保护乡村生态、绿色、可持续发展，坚持"四态融合"协同发展，实现农村社区发展各美其美、美美与共。

一、台南土沟村艺术乡建

土沟村位于台南市后壁乡，是一个典型的"三无"传统村庄（无特色、无资源、无内涵），这里曾经是一个到处弥漫着臭水味和猪尿味的"垃圾村"。随着台湾从20世纪60年代不断推出社区营造计划，尤其在2002年台湾当局推出"新故乡社区营造"政策后，土沟村为重塑社区活力，开始积极探索自下而上的本村社区营造，大体上经历了两个阶段（表4-6）。

---

❶ 吕佩怡. "社会参与"艺术在中国台湾地区的发展脉络[J]. 艺术管理, 2019(3): 86–99.

表4-6　艺术介入土沟村建设历程

时间（年）	第一阶段：艺术介入土沟村初级阶段（2002~2011年）
2002~2004	成立土沟农村文化营造协会；建造搭乘五分钟车铁路；寻找老牛车；绿色隧道景观道路营造；中央公园营造；黄金稻田浪漫花海营造；大树公园营造；新故乡营造计划；改造农村文化学堂；石雕水牛公共艺术设置
2005~2007	凹仔满庭公园营造；无竹园厝空间营造；农村艺术季活动；水牛起厝行动
2008~2010	乡情客厅公共空间艺术改造行动；"水水的梦"环境运动；参访见习—冲绳H_2O环境探险；土沟艺术工寮—青年自立造屋行动；"水水的梦"环境运动2；土沟艺术踩街
2011~2012	农村再生先期规划；土沟牵手路艺术空间改造；田园艺攻队；耕耘艺术农田实践行动；环境教育经验
时间（年）	第二阶段：艺术介入土沟村发展阶段（2012年至今）
2012~2013	土沟农村美术馆正式开馆；优雅农夫田园；优雅农夫艺术农场；2013村之屋当代艺术展
2014年至今	文艺农场，农田观光；大学生、年轻人返乡创业；艺术介入乡村推动村落整体发展

（1）第一阶段：艺术介入土沟村初级阶段（2002~2011年）。2002年土沟村成立农村文化营造协会，以"水牛精神"为号召，带领居民开始本村的社区自力营造。在两三年时间内完成中央公园、活力公园、水牛公园、大树公园以及景观绿道等乡村改造（图4-10）。2004年台南艺术大学建筑艺术研究所社区营造组入驻土沟村，标志着土沟村艺术介入乡村建设正式开始，南艺团队、政府、村民、社会人士、非政府组织等多方组织从村落规划、乡村景观、公共空间、建筑改造、公共艺术等方面建设。

（2）第二阶段：艺术介入土沟村发展阶段（2012年至今）。2012年土沟村提出了"农村美术馆"概念，即美术馆是整个村，整个村庄也是美术馆。以"农村美术馆"概念整合艺术介入社区营造各方面的实践，是一个具备资源整合

图4-10　台湾土沟村艺术介入乡村建设公共艺术作品

功能的创新理念，同时也是地方经营艺术产业的地域品牌和平台，营造过程得以实现乡村环境的改善、经济的良性开端以及乡村社会的归属感塑造，是艺术与社区合作的一种乡村振兴模式，持续迈向乡村新艺术之路。❶土沟村社区营造目的在于重新唤醒人对土地的热爱，重新认识乡村的美与价值，通过在地资源与文化转化为明确的精神，以重建农村社会关系，提高村民的自我认同和乡土认同，重拾乡村原有的价值。❷

　　土沟村通过艺术介入乡村建设从而实现乡村振兴和经济持续发展，从"人、文、地、产、景""乡村即美术馆"以及"乡村点线面综合发展"等方面推进土沟村生态、艺术、可持续发展，为我国艺术介入乡村建设起到较好的借鉴和参考作用。土沟村通过艺术介入乡村建设实现了通过艺术传达农村价值的理念创

---

❶ 陈可石, 高佳. 台湾艺术介入社区营造的乡村复兴模式研究——以台南市土沟村为例[J]. 城市发展研究, 2016(2): 57–63.

❷ 洪仪真. 村即是美术馆, 美术馆即是村: 台南土沟农村美术馆的叙事分析[J]. 现代美术学报, 2013, 6(26): 5–35.

新，空间艺术化、艺术空间再现的手法创新以及地方自治、学生机构支持与根植地方力量的机制创新，从而实现了乡村生态、艺术、自然环境等改变，吸引年轻人、农二代、艺术家等社会人士返乡创业，拓宽农村农业观光、文艺田园、艺术农场等形式，从而促进第一、第二、第三产业的协同发展，创造就业机会。土沟村逐步形成村民主导的多元参与机制、充分挖掘本村本土特色、以永续发展为宗旨等实践和艺术介入社区营造模式，这种内生式发展模式对我国美丽乡村建设起到很好的借鉴和启示作用。

二、宝藏岩国际艺术村艺术乡建

　　宝藏岩国际艺术村位于台北市中正区，西南临新店溪，北依小观音山，背靠台北市自来水公园，整个村落面积将近10.9公顷。宝藏岩曾在2006年被《纽约时代》评为"台北最具特色的景点"（图4-11）。2004年这些建筑被台北市文化部门登录为"宝藏岩历史建筑"。2010年10月2日，22户宝藏岩居民迁回，"宝藏岩国际艺术村"正式营运，以"聚落共生"概念引入"宝藏家园""驻村计划"与"青年会所"等计划，用艺、居共构的做法活化保存宝藏岩，创造聚落多元丰富的样貌。❶艺术介入宝藏岩乡村建设主要有三支民间力量，一是都市改造组织（OURs）以"艺术介入"的方式从文化、艺术、社区营造、历史保护等方面进行营建，尤其他们认为艺术活动与应与社区生活相关联，进一步提出"artivism"（艺术与行动力）的理念，用以探索如何借由艺术创作和公民参与的有机融合来创造多元的社区文化认同。❷他们以一种激进的方式和价值植入的态度，通过艺术作品参与社区和乡村的各种议题。二是全球艺术行动者参与计划（GAPP）以当代艺术的美学异质性植入宝藏岩，以此培养村民意识，实现社会参与。它是将当代艺术与社会参与相结合的艺术实验。2003~2004年，经由

---

❶ 卓想. 在地活化策略研究——以台北宝藏岩国际艺术村城市更新为例[J]. 国际城市规划，2019(2): 126–135.

❷ 李丹舟. "文化转向"：都市空间治理的斡旋逻辑与民间路径——基于台北市宝藏岩历史聚落的对岸视角[J]. 都市管理，2015(3): 67–72.

图4-11 台湾宝藏岩艺术介入乡村建设

GAPP策划，包括建筑与地景装置艺术、纪录片展演、表演艺术、科学成果装置艺术、艺术家进驻项目、实验戏剧等9种形式在内的艺术活动相继在宝藏岩举行。❶三是"台北国际艺术村"艺术机构通过"艺术进驻计划"和"闲置空间再利用"对宝藏岩空间修复、驻村艺术家选择、文艺活动管理以及村落规划提供专业指导和艺术设计咨询，由于台北国际艺术村机构的整体规划与艺术作品创作都偏离村民的意愿，没有调动村民积极性和参与性，这就注定了宝藏岩艺术介入乡村建设与村民相脱离，两者之间形成隔膜和鸿沟。需要人们更要清醒地认识到艺术介入乡村建设不是一味地提高乡村硬环境，更应注重提升乡村软环境，发挥村民主动性和内生性。从社会科学角度来看，宝藏岩用"艺术介入农村"的方式，保存了建筑，在不侵害村民利益的情况下，艺术家入驻给村落带来新的文化元素，开启了村落的文化传播功能和内生发展动力。❷

---

❶ 林嘉芬. 艺术村作为文化保存实践之再思考: 以宝藏岩聚落 "艺居共生" 为例[D]. 台北: 台北艺术大学文化资源学院艺术行政与管理研究所, 2013: 99–102.

❷ 王孟图, 李研汐. 闽台两地文创村落的比较研究[J]. 社会探索, 2018(5): 104–108.

随着工业化、现代化和城市化快速发展，日本涌现出东京、大阪、京都、横滨等大城市，一方面城市化和现代化加速了城市的集聚效应和叠加效能，轻轨、城际交通的便捷性，城市就业与岗位的增加，使得城市经济、文化和社区快速发展，城市区域面积越拓越宽；另一方面农村大量人口外流到城市寻求更好的就业和个人发展，农村的产业发展缓慢，农村只剩下老人、妇女和儿童，农村持续衰退。日本政府开始重视城乡协调发展，注重激发农村社会、经济、产业、文化及农业的综合发展，日本振兴农业的历程大致分为三个阶段❶：第一阶段为1956~1962年的"新农村建设构思"。即国家提供政策与财政支持，积极调动农民的自主性和创造性，推进农民合作，提高经营水平；第二阶段为1967~1979年的"经济社会发展计划"。即国家继续加大对农业、农民、农村基础建设的投入，全面缩小城乡差距，提高农业和农村现代化；第三阶段始于20世纪70年代末的造村运动，通过发展农村产业，促进乡村经济发展，达到乡村振兴。学者张颖根据主体与目标不同，把日本当代乡村振兴运动划分为扶贫强国时期（1967~1975年）、保护活化时期（1975~2000年）、创造新生时期（2000年至今）三个阶段。其中由平松守彦于1979年倡导的"一村一品"运动是日本乡村振兴历程中取得最大成功的乡村建设，他提出"磁场理论"，主张在农村建立农村磁场以吸引人才，促进农村社会和经济发展，在亚洲各国形成较大影响力和知名度。主要从农产品开发

---

❶ 王习明. 美丽乡村建设之国际经验——以"二战"以来美、法、日、韩和印度克拉拉邦为例[J]. 长白学刊, 2014(5): 106–113.

与优势产业培育、突破1.5次产业与增加产品附加值、开发农产品市场与流通、开展多元化农民教育和人才培养、创设合理融资制度、提供农业低息贷款、以工艺运动为载体、促进农村文化建设等方面展开乡村建设。总而言之，农业、农村、农民观念的根本变革是日本"乡村振兴"之路成功的关键。当代日本开始将"农"作为整体化"生命产业"加以考虑，成为一种生命志向与生活方式的命题。❶日本政府注重国民文化与艺术素质的培养和塑造，从"美用一体"的日本艺术特质以及对文化遗产价值的重新认识中，把"美用一体"上升为一种文化自信。随着乡村振兴目标从扶贫、活化转向创生，"文化艺术"也成为社会再构建的重要抓手。同时由于西方国家的介入性艺术与当代艺术在日本的传播与发展，艺术介入社会、社区和乡村逐渐受到政府、艺术家和大众的关注，他们结合自身的"美用一体"文艺观和西方介入性艺术的批判、前卫精神，延展因"用"致"美"、以"业"立"艺"的理性之路，从艺术角度思考乡村建设与实践，逐渐形成了越后妻有大地艺术祭、濑户内海国际艺术祭等国际知名艺术介入乡村建设实践案例。日本艺术乡村建设以独特的美学观念，开拓出具有本土艺术特征的当代艺术样式，激发了日本乡村传统文艺内涵，产生了良好的公共效应和持久价值，被誉为当代乡村建设的"神话"，被世界各国争相效仿，成为艺术介入乡村建设的典范。

第二次世界大战后韩国经济衰败、国家贫困、人民生活在水深火热之中。20世纪60年代后，韩国积极推进工业化、城市化运动，并以出口为导向促进韩国经济快速发展，同时城乡二元结构分化更加明显，这给韩国国家健康发展带来严重的挑战。为进一步缩小城乡差距，提高村民生活水平，20世纪70年代，韩国政府开始实施"新村运动"，以期重振日趋衰弱的乡村。韩国新村运动以"勤勉、自助、协同"为基本精神，通过政府强有力的领导和居民自主的参与，推动了农业农村跨越式发展。❷新村运动大体上分为四个阶段（表4-7），韩国乡

---

❶ 竹中久二雄. 農を"生命"の産業として考える[M]. 東京：学陽書房，1990：14.

❷ 安虎森，高正伍. 韩国新农村运动对中国新农村建设的启示[J]. 社会科学辑刊，2010(3)：83—87.

表4-7　韩国"新村运动"不同阶段的政策

阶段	时间（年）	政策取向	主要内容
第一阶段	1971~1979	农业产业发展	实行有差别的农村贷款和各种优惠政策；加大农民教育培训力度；促进粮食连年丰收，增加农民收入
第二阶段	1980~1989	民众艺术运动、民族文艺复兴	政府鼓励文化艺术产业建设，艺术成了普通民众日常生活的一个内容
第三阶段	1990~1999	文化立国	文化面向全体国民；文化繁荣五年计划；扶持文化艺术产业，出台《文化产业振兴基本法》
第四阶段	2000年以后	艺术介入社区、艺术介入乡村	"2006城市中的艺术"计划、"2007城市画廊"计划、"2009村庄艺术"项目；政府支持艺术家以公共艺术介入社区（乡村）建设，促进乡村经济、文化、产业、旅游等综合发展，提升村民幸福感和生活水平

村经济、社会、文化、艺术、产业等发生了天翻地覆的变化，基本实现了农业农村全面发展，农民生活水平显著提高，尤其在20世纪80年代韩国爆发了"光州事件"，它拉开了韩国民族文化运动的序幕，使韩国人开始重新认识自己的传统文化，承认文化、艺术的重要性，改变了人们整个历史观和世界观。从这以后，艺术变成了普通民众日常生活的一个部分，民众开始普遍接受艺术，而不是像20世纪80年代之前那样认为艺术都是少数富人或贵族能享受的特殊的文化，不是民生的事情。现在，人们把艺术看成是日常生活的一部分，如果艺术离开了人们的生活、历史，这样的艺术就缺少了意义。❶ 20世纪90年代，韩国政府实行"文化立国"战略，"文化产业"一跃成为韩国文化政策的主要对象，韩国流行音乐、电影、公共艺术、服装等在亚洲刮起一阵"韩流"。1995年韩国对《文化艺术振兴法》第11条规定进行了修改，要求在新建或增建1万平方米艺术建筑物的情

---

❶ 金光亿. 艺术与政治：20世纪80年代韩国的民族艺术运动[J]. 广西民族大学学报(哲学社会科学版), 2009(1): 4-5.

况下，必须拿出1%的经费用于公共艺术项目，包括绘画、雕塑、工艺等美术装饰。❶2000年以后，韩国政府出台了"加强利用视觉艺术公共性""艺术城市"等通过公共艺术来改善城市与乡村环境的政策和项目，政府策划了一系列的公共艺术项目，提升公共空间的精神文化和城乡品质。从"2006城市中的艺术""2007城市画廊计划"到"2009村落艺术"等项目，韩国公共艺术介入社区，艺术介入乡村等建设不断得到政府支持和市民拥护，到2013年艺术村落共有69处，遍布全国各个地区。其中艺术介入乡村建设的成功案例有首尔梨花洞壁画村、甘川洞文化艺术村、东悬崖壁画村、蚂蚁壁画村、Kangfall漫画村、公兴里&仓垈里壁画村、寿岩谷壁画村、灯塔村壁画巷、太白上长洞南部村壁画、仁川富平区的十井洞、安城的伏虎村、釜山的门岘村、春川浪漫巷、全州滋满村等。韩国地方政府每年都与艺术家合作对乡村进行艺术项目的改造，促进乡村旅游、产业升级，传承地域文化、保护生态环境，实现艺术振兴乡村的目标。

一、越后妻有大地艺术祭

越后妻有地区地域广阔，位于日本本岛中北部新潟县，自明治维新时期后就一直远离日本政治、经济的中心，常年被大雪覆盖，交通闭塞，乡村贫困。川端康成在小说《雪国》一文有"穿过县界长长的隧道，就是雪国"的描述，透过文字可以感受到越后妻有地区群山厚厚积雪的寒气和满山遍雪点缀下三三两两的贫瘠乡村。20世纪70年代，日本产业结构转型，农业方面开始采取生产调整与减少农耕政策。年轻人在农村看不到希望，纷纷进城寻找更多就业岗位，随后，乡村年轻人越来越少，农村地区面临人口过疏和老龄化等问题。越后妻有地区虽然自然条件不好，却是日本重要的粮仓，长久以来保留着传统的农耕生活方式，由于交通闭塞，冬季雪季较长，与外界的连接与交流相对较少，反而保留了日本纯朴的乡土文化、习俗信仰及富有民间艺术的"里山文化"。1994年新潟县地区开始采取活性化政策"新千年发展计划"，以加强农村基础设施等

---

❶ 一木. 艺术再造社区——韩国著名壁画村[J]. 公共艺术, 2015(3): 20–33.

硬件建设，有学者从广域角度考虑未来合并的地区建设，提议优先发展软件建设。1996年，新潟县政府提出发挥地区优势，全民共同参与规划，再建地区魅力，并为乡村建设提供了"十年地方振兴基金"保障。在乡村建设道路上，越后妻有地区有成功经验也有失败案例，他们在反复探索和实践中逐渐形成统一思想，并邀请北川富郎作为总策划对越后妻有地区进行"越后妻有艺术链整备事业"总体规划和设计。从2000年北川富朗创立越后妻有大地艺术祭，如今已成功举办了七届艺术祭（表4-8），作为当今世界规模最大、水准最高、影响最广的当代艺术节，它是"艺术振兴乡村"的成功案例，更被联合国世界旅游组织（UNWTO）评选为"2019~2030世界旅游可持续发展全球示范项目"。从一开始他们就以"人类是自然的一部分"作为艺术介入乡村建设的主题，探讨人与自然的关系，希望通过当代艺术介入乡村，激发乡村内在价值和认同感，调动村民主动性、参与性、促进乡村产业发展，增加经济增收。北川富郎最看重的是艺术性，希冀通过艺术促进乡村振兴，提高村民的幸福感和认同感，可持续性地推动乡村产业发展，而不是通过艺术祭带动乡村房地产、土地、资本等的快速发展，这也是艺术介入乡村与其他乡村建设形式最大的不同之处。

表4-8　越后妻有大地艺术祭发展历程

届数和时间（年）	举办主题	建筑师、艺术家	效果	作品数量	资金来源
1994	新千年发展计划	新潟县政府	乡村振兴计划的开始	—	政府
1996	十年地方振兴基金	北川富朗、矶边行久	政府资金保障	—	政府
第一届 2000~2003	人类是自然的一部分	伊利亚与艾米利亚·卡巴科夫的"梯田"、蔡国强"龙现代美术馆"、James Turrell"光之馆"、Marina Abramovic"梦之家"	从批判中学习	146	政府

续表

届数和时间（年）	举办主题	建筑师、艺术家	效果	作品数量	资金来源
第二届 2003~2006	人类是自然的一部分	草间弥生"花开妻有"、原广司"里山美术馆"、Boltanski"影之教室"、张永和"稻米之乡"、田岛前家钵"绘本与木之实美术馆"、手塚贵晴与由比"森的学校"	发现独特性	224	政府
第三届 2006~2009	帮助大地、人与自然共处	Pascale Marthine Tayou"Reverse City"、内海昭子"为了无数失去之窗"、Christian Boltanski & Jean Kalman"最后的教堂"	转折点、高潮	329	政府、非营利组织
第四届 2009~2012	提升地方产业、增加就业	管怀宾"穿越时空的旅行"、Pascal Marthine Tayou"颠倒城市"	发现独特性	365	政府、非营利组织、培乐生集团和基金会
第五届 2012~2015	山林都是美术馆	矶边行久"泥石流纪念碑""空屋计划""废校计划"、MVRDA"农舞台：松代雪国农耕文化村中心"	新的开始与转型	367	政府、非营利组织、培乐生集团和基金会、门票
第六届 2015~2018	艺术是人类与自然、文明融合的产物	荣荣＆映里"妻有物语"、Bruno Mathon"六种美德的故事"、几米"Kiss and Goodbye"、蔡国强"蓬莱山"	校舍再生	378	政府、非营利组织、培乐生集团和基金会、门票、个人赞助
第七届 2018~2021	地球环境时代的美术	马岩松"光之隧道"、Leandro Erlich"Palimpsest"、田岛征三和Arthur Binard"蝮蛇"、邬建安"五百笔"、徐冰"里侧的故事"、矶边行久"河川去哪儿了"	拓展国际合作	380	政府、非营利组织、培乐生集团和基金会、门票、品牌合作、企业赞助

注　根据越后妻有大地艺术祭官网（https://www.echigo-tsumari.jp）历届"大地艺术祭总括报告书"及文献资料整理。

越后妻有艺术介入乡村建设主要由北川富朗和他的团队通过召集世界知名建筑师、艺术家们来到越后妻有地区，根据乡村地域文化和场域精神，与村民一起创造艺术作品，激发乡村内生价值和乡村活力，促进村民的认同感和自豪感，发展乡村产业和旅游业，增加村民收入，实现艺术促进乡村振兴。具体的措施包含以下几点。

（1）注重在地性和场域性。在"场域"概念❶阐述中，皮埃尔·布尔迪厄（Pierre Bourdieu）认为"场域是位置间客观关系的一个网络或一个形构，这些位置是经过客观限定的"。❷每个乡村均有自己的内在价值和文化习俗，越后妻有地区的介入性艺术作品必须符合里山自身的独特价值和艺术审美，否则就失去了介入性艺术作为当代艺术批判、审视乡村价值的作用，也凸显不出越后妻有里山自身的价值。在环境在地性方面，组织者、艺术家、村民根据实际场地和人文环境，按照"人类是自然的一部分"这一艺术祭主题进行艺术作品创作，以艺术形式将里山区的文化、信仰、美学等要素直接深入地传递给参观者。如俄罗斯艺术家伊利亚与艾米利亚·卡巴科夫（Ilya & Emilia Kabakov）的作品"梯田"就很好地结合了越后妻有地区梯田实际环境（图4–12），把农耕

图4–12　伊利亚与艾米利亚·卡巴科夫的"梯田"

---

❶ 场域的概念并非布迪厄首次提出的新概念，梅洛·庞蒂（Merleau Donty）在《辩证法的历险》中就使用过"场域"概念。将场域概念系统化的是布尔迪厄，他在1966年著作《论知识分子场及其创造性规划》中最初使用这一术语，但是直到20世纪70~90年代，"场域"概念才在其后续著作中不断发展，且重要性逐渐超过了惯习等概念。

❷ 皮埃尔·布尔迪厄.实践与反思——反思社会学导引[M].李猛，李康，译.北京：中央编译出版社，1998：134.

的场景用当代艺术形式呈现出来，使参观者、农民都被感动。

（2）激发民众参与性与主动性。尼古拉斯·布里欧（Nicolas Bourriaud）认为在关系艺术中"当今的艺术已成为艺术家与观看者之间交换的信息，艺术家的角色变为了促进者，而不是'创造者'"。[1]观众参与是介入性艺术的重要表现形式，它改变了传统艺术只有艺术家为主的艺术创作，改变了艺术家与观众的艺术关系，引发了观众的主体意识，从而改变了艺术创作话语的权力结构。如艺术祭最近几届推出的"空屋计划""废校计划"都是由艺术家、建筑师、村民、组织者甚至观众一起参与的，从第一届艺术祭村民对艺术作品创作的漠不关心和不理解到后续逐渐接受，再到主动参与，艺术正以温和、柔性的方式改变着越后妻有地区的村民，使他们脸上洋溢着笑容和幸福感。如矶边行久的作品"河川去哪儿了"（图4-13），从2003年就有设计理念与艺术主张，但是村民们不同意他把作品安置在田地里，直到2018年，村民们参与性和主动性得到较大提高，他们一起与矶边行久进行创作。刚开始矶边行久只在农田里插入黄色的铁杆，标示出越后妻有母亲河的河川位置，村民们让艺术家在铁杆上绑上旗帜，起风时可以增加动态，人们还可以根据旗帜的飘动方向辨别风向。这种汇

图4-13　矶边行久的"河川去哪儿了"

---

[1] Bourriaud Nicholas. Relational Aesthetics[M]. Dijon: Les Presses Du Reel, 1998: 25.

集民众智慧的艺术思考，不仅提升了艺术作品的质量，而且提高了民众的自豪感和参与性。

（3）可持续的组织与运行机制。越后妻有大地艺术祭采用民间与政府协力合作的形式，推动区域文化复兴和经济发展的运行机制，这是它的成功之处。民间组织主要来自村民委员会、跨区域协作和全球招募的"小蛇队"志愿者、艺术家、建筑师等，政府主要来源于十日町和津南町下设执行委员会事务局、新潟县政府以及基层政府。越后妻有艺术祭的总体策划、组织和运行由北川富郎专业团队主导，此外世界著名策展人、艺术家也被邀请参与策划。而艺术祭的运营、财政支出以及对外推广宣传，基本由执行委员会统筹。资金来源从开始的单一依靠政府财政支持转变为培乐生集团和基金会、民间财团、企业赞助、艺术基金、门票收入及品牌合作等多元形式，尤其从2008年设立非营利组织法人后，越后妻有里山协作机构迈出了品牌化建设之路。如今，越后妻有的地方特产销售已经形成产业链，销售区域不限于本县内，同时还形成了新的销售网络，新市场逐渐萌芽，越后妻有的品牌也在这个过程中逐渐形成。❶由于品牌化建设，越后妻有艺术祭作为长期实施的艺术产业链具备自体的稳定性和效益多样性，它从传统的农业模式转化为基于农业生产全面稳步展开观光产业的模板。❷它已成功把艺术祭推向国际舞台，使越后妻有里山地区成为世界艺术介入乡村建设的胜地和典范。

二、濑户内海国际艺术祭

北川富朗和他的艺术乡建团队自2000年成功策划了越后妻有里山地区艺术介入乡村建设，从而促进了里山地区乡村文化、经济、社会、环境、人才等振兴后，又开始着手对濑户内海地区进行国际艺术祭策划，不断地推动日本艺术

---

❶ 北川富朗. 北川富朗大地艺术祭：越后妻有三年展的10种创新思维[M]. 张玲玲，译. 台北：远流出版事业股份有限公司，2014: 266-269.

❷ 任亚鹏，崔仕锦，王江萍. 日本浅山区振兴策略调查研究——以越后妻有艺术节为例[J]. 风景园林，2018(12): 41-46.

介入乡村建设。国际艺术祭展览主要通过邀请国内外知名建筑师、艺术家、设计师等人士根据濑户内海各个岛屿各自的自然环境、传统技艺、场地精神进行创作和设计，产生国际影响而吸引世界各地的游客，从而激发乡村内在活力和价值，激活村民参与性与主动性，以当代艺术力量重塑地方精神家园。濑户内海国际艺术祭从2010年开始，每隔三年举办一次，到今天共举办了4次（表4-9），每次的主题均不同，参观人数逐年递增，随着艺术展览和艺术设计创作的快速传播，逐渐产生了国际性影响力。2019年"濑户内国际艺术祭"访客人数高达117.8万人（外国访客数占23%），是同年威尼斯双年展参观人数（59.3万人）的两倍多，拉动香川县内经济180亿日元。[1]作者和课题组团队成员于2016年对直岛、小豆岛、丰岛、本岛、犬岛及高松港等岛屿和港口进行了一个多月的实地调研和访谈，从而更进一步地感受和了解到濑户内海国际艺术祭的艺术创作和运行机制，我们认为濑户内海艺术祭的成功之处有以下几点值得学习和借鉴。

表4-9　濑户内海国际艺术祭基本资料

届数	艺术祭的举办主题	举办时间	参观人数（万人）
第一届	围绕艺术与海的百日冒险	2010.7.19~10.31	94
第二届	未来艺术与岛的四季	春 2013. 3. 20~4. 21；夏 2013. 7. 20~9. 1；秋：2013. 10. 5~11. 4	70
第三届	海的叛乱	春 2016. 3. 20~4. 17；夏：2016. 7. 18~9. 4；秋：2016. 10. 8~11. 6	107
第四届	海底生物	春 2019. 4. 26~5. 26；夏：2019. 7. 19~8. 25；秋：2019. 9.28~11. 4	117.8

注　根据韩凝玉，等. 艺术唤醒乡土：传承农业文化精神的智慧之路——以日本乡村振兴模式之濑户内国际艺术祭为例 [J]. 城市发展研究, 201(4): 103–109. 等资料综合整理。

[1] 濑户内国际芸術祭实行委员会. 濑户内国际芸術祭2019重括报告书[M]. 東京：美術出版社, 2020: 3, 56.

（1）多元主体的治理参与。濑户内海国际艺术祭的媒介人物主要包括策展人、建筑师、艺术家和当地村民。福武总一郎和北川富朗作为策展人起到顶层规划和幕后推动作用，他们认为艺术的魅力在于其具有提升生活方式的可能性。草间弥生、安藤忠雄、妹岛和世、西泽立卫、藤本壮介、大竹伸朗、Jaume Plensa、Tobias Rehberger、Christian Boltanski、Esther Stocker等一大批知名建筑师、艺术家都参与艺术、建筑设计，濑户内海凭借这些艺术作品和建筑设计成为人们的朝圣之地。当地村民积极参与到艺术创作和建筑设计项目中，艺术介入乡村也潜移默化地影响了当地居民的生活与行为。

（2）循序渐进的柔性介入乡村建设。在具体策略上引入艺术作品渐进式地推进微细更新，避免大规模空间更新时的矛盾激化。同时在艺术作品创作上从零星的艺术作品、单一的建筑，到如今建筑、景观、艺术作品成群，诸岛屿艺术作品连成一片，从而达到濑户内海地区整体有机融合为一体。佐佐木雅幸认为，乡村振兴无须重复大规模资本与人力资源注入的传统城市开发模式，若以村民自治与创意为基础，导入艺术和科学技术，可在保留固有文化与传统技艺的前提下，打造出自循环的地域经济。❶

（3）系统性乡村振兴的局部干预。乡村振兴是一个综合的复杂系统工程，它需要各个部门根据顶层规划对各个时间阶段进行有效干预和执行，而艺术介入乡村建设不能一蹴而就，需要经过不断地探索和局部干预，从而推动乡村振兴。艺术祭的行动目标不是"为了社会"，也不是"为了艺术"，而是在日常生活中创造准备"非日常庆典"的另一个日常性行为（图4-14）。可以看出，当岛上的日常生活变为作品才能发现艺术的真正价值与魅力，塑造出各式各样的可能世界。❷艺术祭将海岛作为舞台，连接了艺术家、建筑师和当地村民，从而赋予当地岛屿内在活力和乡村价值，这也许就是濑户内海国际艺术祭促进乡村振兴的目的。

---

❶ 佐々木雅幸. 創造農村とは何か、なぜ今、注目を集めるのか[M]. 東京：角川学芸出版社，2014: 10.

❷ 尼古拉斯·伯瑞奥. 关系美学［M］. 黄建宏，译. 北京：金城出版社，2013: 4.

图4-14　濑户内海地区实地调研图片

三、京畿道坡州市Heyri艺术村

Heyri艺术村自1997年开始筹建以来，经过20多年的发展和经营，如今已成为韩国最为著名的艺术介入乡村建设典范和文化艺术天堂，也是世界十大创意艺术区。Heyri艺术村位于韩国京畿道坡州市，靠近首尔，处于重要的政治地缘地区。1997年之前的Heyri村是一块荒芜之地，随着亚洲金融危机消除，韩国提出"文化立国"国策后，坡州市政府开始重视对文化、艺术产业的政策扶持和经济支持，政府对乡村道路、基础设施和景观绿化等方面投入一定的资金，进一步提升乡村基础设施建设和景观风貌。Heyri村由于地处韩国京畿道坡州市，比较偏僻，地价实惠，租金廉价，最初由十几家印刷行业的人员组建企业并向政府购买建设用地，根据村落地貌、山势地形、场地形式，坚持原生态自然和景观风貌，自发联合艺术家、建筑师、规划师、文艺爱好者等进行建造，逐渐形成了现在集文化艺术、创意社区、文创产业链、艺术旅游等于一身的Heyri国际艺术村。它的成功之处主要体现四个方面。

（1）成员之间都是自愿、自发地为Heyri艺术村贡献自己的力量，成员具有村庄所有权，并以乡村利益为己任进行协助共进。他们以委员会的形式进行组织和管理，完全属于民间化和非政府化，对艺术村入村人员要求较高，主要由两类人组成：一类为各类文艺工作者，如雕塑家、画家、建筑师、设计师、影视制片人等；另一类为文艺相关的管理者，如博物馆、美术馆、艺术机构策展人等。同时对入村艺术家进行考核，要求入村艺术家每年要举办一次展览，发表新作品，从而形成较好的创新性和内在推动力。因此，每一幢建筑不仅是艺术家生活和工作的地方，同时也是艺术展览、文艺演出的场所。

（2）尊重地域和自然、控制未来发展的多变性的整体生态规划。Heyri艺术村整体规划由延世大学城市规划与设计工作室、建筑师及部分社区成员共同编制。❶艺术村在规划之初就摒弃了现代主义都市规划模式，而是注重从乡村地域、生态环境、自然风貌出发，以朴素的生态自然观为审美基础，高度尊重自然和生态环境，以韩国传统乡村自然形态、村落形式、空间构成进行设计，相互独立、以山势而建，保持Heyri艺术村的自然性、乡土性和"野趣"性（图4-15）。

图4-15　Heyri艺术村的公共艺术作品

❶ Heyri Design Committee. Heyri architecture guidelines[M]. Seoul: Heyri Design Committee, 2001.

为保证 Heyri 艺术村生态环境及自然景观不受破坏，社区总体规划规定：30% 的社区土地留作自然空间，15% 的社区土地作为道路及公园等公共空间，而超过 50% 的私有土地则留作绿地。❶在景观设计上保留村庄原来的水系、湿地、森林、草地、芦苇丛等，公共设施也是采用砂石铺装，使用透水材料、细砂、木板等以确保乡村生态建设。

（3）共建社区精神。每个乡村都应有自己的精神文化和信仰，这也许就是其区别于其他乡村的最大不同点，因为，同一个乡村的村民都有自己的文化和习俗。Heyri 艺术村的宗旨和目标也很明确：一方面，艺术村希望最终能够成为艺术家的世外桃源，成为艺术家共同的创作基地；另一方面，作为一种艺术的集聚形式，艺术村又必须为孕育、展示和传播文化艺术尽到自己的责任。❷Heyri 艺术村的每个村民都为这个目标而努力，每年春季和秋季都会举办 Heyri 潘节和 Heyri 乐队音乐会，提高村民、艺术家、管理者的凝聚力和自豪感，突出乡村人员团结、奉献、可持续发展的内生文化和精神信仰。

（4）乡村高效管理与有效运营。Heyri 艺术村每幢建筑都不同，形成了露天建筑博物馆，艺术村内部业态主要以文化艺术产业为主，同时辅助增设了咖啡馆、图书馆、书店、餐厅等业态，形成主题统一、多元组合的经营模式。乡村运营管理采用三分法，即建筑以外的道路、公园和厕所等公共设施由坡州市政府负责管理和养护；艺术村展览门票、观光电瓶车销售以及村内部分商业设施的经营由 Heyri PAS 管理公司负责；艺术村总体规划、建筑设计以及文创等业态发展均由艺术村的社区委员会管理。这种"三权分立"的管理有效地避免了艺术村由于快速发展成以资本为主的城市开发从而变成商业中心的情况。这也许就是 Heyri 艺术村能够 20 多年经久不衰，得到可持续发展的原因所在，它在多维度管控和文旅融合产业发展上超越了许多由政府主导、巨资投入的文化创意产业园区，Heyri 艺术村做到了城市与乡村、环境与消费、开发与保护、艺术与

---

❶ 金道沿，翟宇琦. 关于创意社区的发展机制研究——以韩国 Heyri 艺术村为例[J]. 亚洲城市，2015(6): 44–50.

❷ 杨志疆. 艺术的世外桃源——韩国 Heyri 艺术村的规划与建筑设计[J]. 新建筑，2010(1): 96–100.

信仰、产业与商业、投资与管理等的平衡。

当然，Heyri艺术村也会和其他乡村一样面临着发展过程中的内在冲突和外在诱惑，尤其是随着文创产业增多，旅游收入提高，经济利益分配不均等情况出现，但是Heyri艺术村一直坚持尊重生态环境建设并实行乡村"三权分立"管理模式，努力维持乡村成员与乡村环境之间的平衡。这种由艺术家组成的团体"自下而上"自发自愿地以艺术介入乡村建设的模式值得我们学习和借鉴。

第七节　欧洲艺术介入乡村建设经验与启示

第二次世界大战结束后，欧洲各国开始注重乡村建设和发展，实现乡村全面振兴，如德国通过在乡村实行法律法规，通过"自下而上"的乡村更新、传统与现代的融合创新、建筑遗产保护与景观艺术有机融合共同促进乡村发展，形成第一、第二、第三产业协同发展的"农村工商化模式"。荷兰通过"土地整理"和"土地开发"政策，通过乡村景观规划、公共艺术介入乡村土地整理和土地开发，推动荷兰乡村建设和发展，从而形成了具有荷兰特色的泥炭圩田、滨海圩田和湖床圩田的美丽富饶、独特魅力的乡村景观。英国注重乡村生态环境与历史文化的保护，始终坚持以英式乡村、文化景观为主进行乡村建设。

1990年10月，两德的统一，艺术发挥了很大的作用，德国政府在多个地区举办了艺术展览，以庆祝"自由的极端"统一，用艺术表达他们对自由的渴望。早期卡塞尔文献展构建了一种宣传艺术与文化的方式，并通过艺术展览成功地植入新德国的国家形象。艺术家通过艺术介入政治、介入生活，艺术反对、观察甚至挑战政府的权威。[1]德国艺术家和艺术史学家阿诺德·博德(Arnold Bode)和沃纳·格罗曼(Werner Grohmann)在德国废墟小镇举办了国际展览,他们在推动抽象主义和恢复德国现代主义方面发挥了突出作用,成为国际现代艺术和德国当代艺术之间的纽带。德国艺术介入乡村建设的核心是培育乡村内生发展动力,实现乡村可持续发展。即全面构建以城乡全域规划、土地有效整理、地方产业创新、景观建筑修复、艺术美化乡村、发挥政府与农民协会作用、保护生态环境等内生发展的共振型模式。例如,德国制定了以"发展构想与经济创新、社会文化活动、建造构成与发展、绿色构成与发展、景观中的农村"为核心的乡村竞赛审核制度,以激发乡村自主性发展的潜能,增强村民乡村文化振兴、生态保育的意识。德国通过乡村竞赛有效地推动了乡村文化传承、农民参与建设、生态环境保护以及景观多样性等维护,进而推动了乡村永续发展。他们一直以来都非常注重对传统文化的保护与传承,对传统艺术组织的支持和继承,以及让民间传统艺术组织加强自我维持并提升竞争力等。

荷兰景观规划设计介入乡村建设的成功经验对江浙地区的圩田地区并圩、联圩等水乡建设具有较好的借鉴和启示,一是荷兰政府注重乡村土地整理与开发的系统创新与"内部造血"实践,注重乡村规划政策的连贯性和继承性;二是不同阶段颁发《土地使用法》和土地权属变革探索;三是注重协商合作,积极构建"荷兰乡村网络",为各地"领导+"项目提供良好的交流平台,促进各地方组织间的合作。[2]四是注重景观过程和弹性策略、功能主义与历史文脉的结合。综上所述,荷兰乡村建设几乎是与乡村景观规划与《土地使用法》的制定与修改一起融合发展的结果,从而形成别具一格的荷兰圩田乡村景观。

英国乡村建设一直注重乡村生态环境与历史文化的保护,从15世纪末至16世纪初的圈地运动到生产主义阶段、分化重组阶段、新发展阶段等历程,英国乡村建设虽然发生过一些偏离,但始终坚持以英式乡村、文化景观为主进行乡村建设。英国

---

[1] Kim, Hyangsook. Art And Politics: the Hegemony of Germany's Modern Art And Politics, Reflected on Its Unification [J]. Art History, 2008, 385–415.

[2] 叶齐茂. 那里农村社区发展有四条值得借鉴的经验——欧盟十国农村建设见闻录四[J]. 小城镇建设, 2007, 1: 43–44.

艺术介入乡村建设主要是以可持续乡村景观规划和历史文化动态保护为主的"如画"式、居留型模式，正如英国前首相斯坦利·鲍得温爵士（Sir Stanley Baldwin）曾说："对我来说，英格兰就是乡村，乡村才是英格兰"，❶它很好地阐述了乡村是英国民族文化的灵魂所在。英国保留了乡村典型的风景特征和田园风光，并且将乡村景观提升为英国民族文化的象征。综合来看，英国乡村建设是以乡村景观介入乡村，注重乡村景观多功能、多元化发展，乡村景观资源协同管理，尊重历史文化以及村民参与乡村建设等方面推动乡村建设，从而形成了闻名于世的风景如画式的英式乡村。

一、巴伐利亚韦亚恩村艺术乡建

巴伐利亚是一个共和主义的自由州，历史悠久、文化历史遗产丰富、艺术形态多样、自然风光迷人、生态环境优美等使巴伐利亚成为旅游胜地。这有世界著名的新天鹅堡、林德霍夫皇宫等城堡建筑，世界顶级交响乐团，最具特色的Ledehose皮革裤和Dirndl长裙服装艺术，同时拥有七处世界文化遗产，大量的历史性建筑、艺术博物馆以及巴伐利亚民居艺术建筑。巴伐利亚有33座室内剧场和34处露天剧场，每年举办拜罗伊特文化节、莫扎特音乐节、富尔特风筝节、"百鬼夜行"万圣节、啤酒节等，更为重要的是巴伐利亚每年都要投入大约1亿马克的资金维护民间习俗和文化遗产，这里的人们早已把音乐、舞蹈、美术、雕刻、建筑等艺术融入内心深处，不管是家园营造、社区建设还是乡村更新都用艺术的方式进行，从而形成了乡村环境优美、乡村景观秀丽、艺术文化产业多样、建筑别具特色、旅游可持续发展的共振型乡村建设模式。德国韦亚恩（Weyarn）乡村一开始就遵循德国"城乡等值化"理念，从生活、交通、公共服务、生态环境等方面进行乡村改建，同时以欧盟"LEADER"项目促进韦亚恩乡村综合发展。政府注重乡村整体规划，从整理土地结构、提升基础设施、保护历史遗迹、保护自然环境、翻新乡村传统建筑、更新传统景观、延续地方文化与艺术等方面深入乡村建设。韦亚恩从20世纪90年代起，在建筑、艺术、文化、产业、生态、旅游等乡村更新建设方面，取得了较大的成绩。2000年获

---

❶ 苗向东. 英国的灵魂在乡村 [J]. 思维与智慧, 2016(25): 30–33.

得德国乡村社区的"宜居乡村奖",2004年获得"欧洲乡村更新奖"。

韦亚恩经过逐年发展,已成为德国"整合性乡村地区发展框架",同时由于"LEADER"项目支持和跟进,充分调动了当地农民的积极性和参与性,这种"自下而上"的方式激活了韦亚恩乡村建设成效,提升乡村生活品质和艺术气息,达到艺术、产业、乡村、生态、环境等共振式发展,其主要做法有以下几种形式。

(1)乡村更新总体规划。韦亚恩注重整合性乡村更新,遵循联邦州的州发展规划和区域规划,根据联邦政府规划制订乡村发展专业规划和乡村发展计划。在建筑指导性规划层面上,整合性乡村更新规划更为具体,包括根据《建筑法典》《建筑利用条例》《州规划法》《州建筑条例》以及《土地整理法》等制定的建设规划。❶韦亚恩结合联邦、州和区域发展,制定了自己的规划体系和流程(图4-16)。韦亚恩村民提出了共同的愿景:"我们希望成为农村",他们改善乡

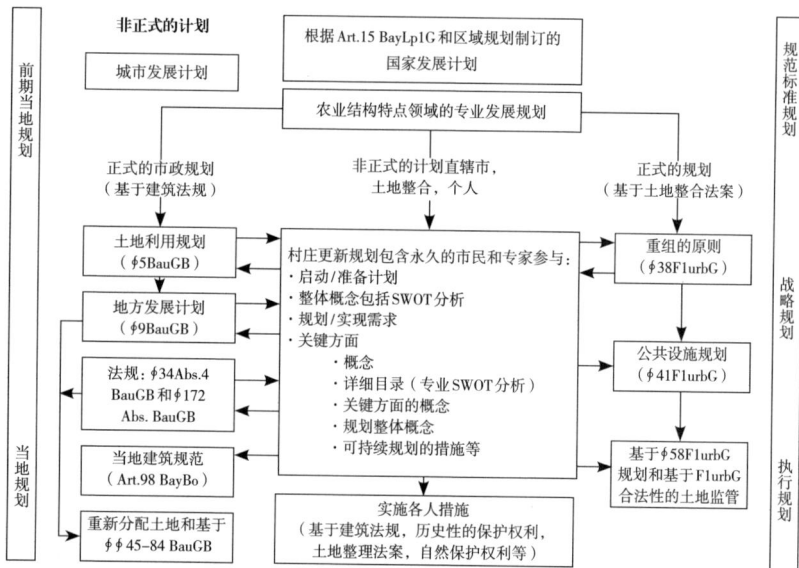

图4-16 规划体系与流程

资料来源:张俊杰,欧阳世殊.整合性乡村更新实践及其对中国新型城镇化的启示——以德国韦亚恩为例[J].热带地理,2016(11):985-994.

❶ 曲卫东,斯宾德勒.德国村庄更新规划对中国的借鉴[J].中国土地科学,2012,26(3):91-96.

村街道、外联道路、房屋和基础设施，为乡村居民创造便利、舒适的生活条件。

（2）村民"自下而上"参与乡村建设。斯威尔（Swell）和科波克（Coppock）认为，公众参与是通过一系列的正规及非正规的机制直接使公众介入决策。韦亚恩村民广泛参与乡村更新及相关项目决策、规划设计和自主改造，同时引入专业机构提供设计、评估、认证、促进合作等帮助，形成市政人员、建筑师、设计师、艺术家、企业、村民等多方联合推进的乡村建设模式。乡村更新资金50%来源欧盟，25%来源联邦政府，25%由市级政府筹集，韦亚恩乡村改造保留当地建筑风貌和生态环境，重视历史文化遗迹和自然环境的保护，一个村庄的改造，一般经历10~15年的时间才能完成。

（3）创新推动乡村再振兴。村民在乡村更新的不同阶段都有不一样的需求，为保持乡村活力，韦亚恩政府提出乡村"再振兴"规划。2014年10月，德国联邦农业与食品部提出了新的农村发展计划，即从未来导向的创新战略样板和示范项目、乡村提升项目，开展"活力村庄"和"我们的村庄有未来"竞赛奖励并让乡村能获得创新资源，支持乡村发展领域的创新研究，最终使韦亚恩农村成为具有乡村旅游、生态环保、环境优美、独具特色的宜居、宜游、宜人的美丽乡村。

（4）土地管理的有效运作。德国通过颁布《土地整治法》《联邦空间规划》《农业法》等法律和政府文件，在经历"逆城市化"和"城乡等值化"发展阶段，通过政府对土地有效管理后，使地方政府能够控制土地销售和增长，并规范调控农村土地市场，保证土地供应的可持续发展。土地实现增值保值。总体来说，整理土地结构不仅可以提高农业产量，还为自然环境的修复、基础设施的建设和交通线路的规划创造了空间，使乡村的功能布局更加合理完善。❶

（5）艺术与景观有机融合。韦亚恩乡村更新非常注重对当地独特建筑艺术、历史文化遗迹、纪念碑、农民花园、农田景观、公共空间等进行修复或改建，从而达到保护和传承德国社区文化历史，提供可参观游览的历史文化传播渠道，

---

❶ 王长悦，林箐. 德国乡村规划方法与我国的对比及启示——以韦亚恩社区为例[J]. 北京规划建设，2018(3): 96–99.

增强乡民对当地文化的认同和自信的目的。

（6）生态环境修复和绿色发展。韦亚恩乡村更新坚持生态环境修复和绿色环保实践，德国绿色环保理念深入人心，他们以绿色、生态理念重新整理土地，推行生质能源计划，发展绿色有机农业，对具有生态价值或特有物种等地区，禁止开发成农田。绿色环保实践中采用雨水进行循环回收，建筑顶部装有蓄存雨水导管，保育水源、复育当地动植物、闲置空间新利用等。

二、荷兰桑斯安斯风车村艺术乡建

风车在荷兰具有标志性的作用，它的出现将荷兰从海洋的围困中解救出来，直到现在荷兰人仍骄傲地说"上帝创造了人类，荷兰风车创造了陆地"。桑斯安斯风车村位于阿姆斯特丹北面的赞河河畔，这里保留了17~18世纪的荷兰生活和世界最大的露天风车博物馆（图4-17），古老的建筑、钟表博物馆、面包作坊、木鞋作坊、奶酪作坊以及不同时代的风车陈列在桑斯安斯风车村。这里原先没有人烟，只有海潮的湿地和湖泊，直到12~14世纪才逐渐有人来这里发展，16世纪起逐渐形成聚落。随后随着风车广泛应用，桑斯安斯风车村相继发展起来。17世纪，赞河河畔曾有1000多座风车，一度风靡整个欧洲。工业革命后，风车慢慢退出了历史舞台，保留下来的风车仅仅作为荷兰传统文化的象征。如今，桑斯安斯风车村在政府扶持下开发绿色生态和传统民俗文化可持续旅游，主要有以下几种做法：①坚持发展绿色生态环境。整个村庄水系整治、绿地开垦、土地开发等都以绿色、生态为主，经过多年的努力逐渐形成了现在风景如画、恬静优美的乡村面貌。②积极开展传统民俗文化系列活动，促进交流与互动。政府有组织地开展荷兰传统民俗文化活动，如制作巧克力、蛋糕和蜡烛的传统工艺，制作风车、木鞋、奶酪等庆典活动。村民往往一身四任，既是生产者，也是销售者，同时又是传统文化的保护者和宣传者。❶尤其是每年5月的第二个星期六这天被定为"国家风车日"，村民会举办盛大的庆祝活动，所有风车

---

❶ 陈洪澜 . "风车王国"与风车村[J]. 世界文化，2018(4): 50–53.

都会开动起来，村民、演艺人员、工艺美术师、学者都会根据风车主题进行表演和创作，就像过年一般热闹非凡。③提升公共艺术品质，丰富村民日常生活。村里不同的场地和路口设计了相关的公共艺术，如大小不一的木鞋以公共艺术的形式在村里展示（图4-18），让游客可以打卡拍照留念，精美的栏杆、喷泉、花坛、公共桌椅、指示牌、雕塑等公共艺术安放在村里不同场地，增添艺术性和趣味性。

图4-17　荷兰桑斯安斯风车村建筑风格　　图4-18　荷兰桑斯安斯风车村木鞋公共艺术作品

三、英国波特梅里恩村艺术乡建

波特梅里恩村（Portmeirion Village）是英国威尔士北部格温内德（Gwynedd）区的一个小村庄，它于1925年由英国建筑师克拉夫·威廉姆斯–埃利斯爵士（Sir Clough Williams–Ellis）根据村庄地形地势和自然风貌运用建筑设计手法巧妙地建造了不同时代的风格建筑，克拉夫为实现自己"珍惜过去，美化当前，构建未来"的建筑理想，运用各种建筑手法和营造技术结合波特梅里恩村依山傍海的自然景观，因势导利、因地制宜地进行各种建筑风格的营建，表达一种怀旧的情绪，从而波特梅里恩村形成了一种所谓的"建筑大杂烩"式的世外桃源村落景观（图4-19）。由于克拉夫对每栋建筑的设计都不同，并且他很注重建筑细节、街道、景观和色彩的设计，经过50多年的努力建造，波特梅里恩村成为威尔士最著名的旅游乡村。今天，人们一如既往地以建筑和艺术的形式介入波特梅里恩村进行乡村建设，主要表现在以下三个方面：①提升波特梅里恩乡村环境建设。当地政府和村民一起为乡村景观和人文环境进行可持续建设和开发，根据克拉夫的乡村规划和建筑理念进行村落规划和景观设计，让人们在如画的乡村田园里生活。②加强公共艺术活动，提高乡村旅游活力。波特梅里恩村每年举办音乐节和狂欢节，政府邀请艺术家和村民设计公共艺术作品，提高乡村公共空间品质和艺术魅力，尤其在音乐节和狂欢节期间，当地村民自己动手制作和设计相关艺术作品，搭建舞台，设计服装等。③拓展文化艺术产业。克拉夫的女儿苏珊与丈夫一起合办了波特梅里恩陶瓷厂，通过不断努力和发展成为村里重要的文创产业，如今已成为英国家喻户晓的瓷器品牌。

图4-19　英国波特梅里恩村建筑与乡村景观

第五章

江浙地区艺术介入乡村振兴秉承逻辑与困境

第一节 江浙地区艺术介入乡村振兴秉承逻辑

江浙两省处于我国长三角东部地区，农业现代化生产水平较高、农村生态发展态势良好、农民生活比较富裕、城乡融合水平较高。但是江浙地区农村发展不平衡和乡村发展不充分等问题同样制约着江浙人民对美好生活的追求，因此，新时代的乡村发展迫切需要通过重塑城乡关系，巩固和完善农村基本经营制度、深化农业供给侧结构性改革、坚持人与自然和谐共生、传承发展提升农耕文明、创新乡村治理体系等对策措施，扭转乡村发展长期以来面临的突出问题和矛盾，破除城乡二元结构体制束缚，完善城乡融合发展的政策体系，从而实现城乡要素的合理有序流动和城乡基本公共服务均等化。❶ 艺术介入乡村建设的宗旨和目的是激活乡村内在价值和文化复兴，激发农民的参与性和主动性，进而促进乡村振兴。它通过景观、文化、社会等资源为基础，遵循"艺术介入——文化复兴——地域认同——共同体唤醒——乡村内生动力激活——乡村振兴"的柔和、渐进的路径进行大胆尝试。从本质来看，艺术介入是手段，乡村振兴是目的，农民参与是核心，乡土文化是灵魂，地域认同是内涵，乡村风貌是载体。

伴随工业化、现代化和城镇化的快速发展，江浙地区社会、经济、文化、政治、生态等各个方面均发生了一定的变化，尤其江浙地区农村产业兴旺、生态宜居、经济高速发展等客观因素为艺术助推乡村建设提供了一定保障。从艺术介入视角来看，艺术介入乡村建设是以一种柔和的、渐进的方式从自

---

❶ 郭远智，刘彦随. 中国乡村发展进程与乡村振兴路径[J]. 地理学报，2021，76(6): 1408–1421.

下而上的外界力量推动乡村建设，而不是大建大拆、短平快、自上而下的政府行为。从系统的角度来看，乡村转型发展是乡村地域系统构成要素变化及其与外部环境相互影响、相互作用的综合结果。❶从乡村自身发展与演绎来看，乡村随着历史演变发展过程呈动态演进之态，它与乡土文化景观、乡村自然风貌、乡村传统习俗、民间信仰、村落空间、邻里关系等相关。从当代艺术视角来看，当代艺术已不再是单一的架上艺术和传统美学的表达，而是介入社会、介入社区、城市和乡村，它作为一种社会活动，激发人们对社会、城市和社区的营造和建设，引起人们对社会的关注和事件的重视。因此，艺术介入乡村振兴表现为乡村文化复兴、农民主动参与意识觉醒、乡村产业较为兴旺、乡村生态宜居、环境优美、乡风文明、乡村特色较为凸显。"艺术介入"是颇具潜力的新乡村振兴理念，它有别于以往大手笔、大规模的自上而下规划，真正通过小事件、小细节、小插曲的方式，准适于乡村自下而上的生长模式，蕴含了乡土特色提炼和空间情感整合的内在秩序。❷乡村振兴战略提出按照"产业兴旺、生态宜居、乡风文明、治理有效、生活富裕"的总要求进行乡村建设，艺术介入乡村建设的目的也是凸显乡村特色，促进乡村文化和经济发展，提高农民收入，推动农村生态环境发展。由此可知，艺术介入乡村振兴本质上是激发农民参与乡村建设，激活乡村文化和内生价值，凸显乡村特色，艺术介入乡村振兴战略是乡村发展到一定阶段后，为系统解决乡村突出问题和文化复兴等难题的战略选择。因此，艺术介入乡村振兴所秉承的内在逻辑必定与乡村自身历史演变的层积机制、景观风貌秉承适应性循环机制、文化习俗本土机制、艺术协同联动机制等有关（图5-1）。乡村振兴是一个系统工程，要遵循乡村发展规律，尊重广大农民积极性、参与性和主动性，提高农民收入，推动乡村文化复兴和产业发展，让广大农民有更多的幸福感和获得感，推动乡村振兴不断取得新成效。

---

❶ 刘彦随.中国新农村建设地理论[M].北京:科学出版社,2011.

❷ 刘东峰.设计助力美丽乡村建设路径研究[M].北京:中国纺织出版社有限公司,2020: 109.

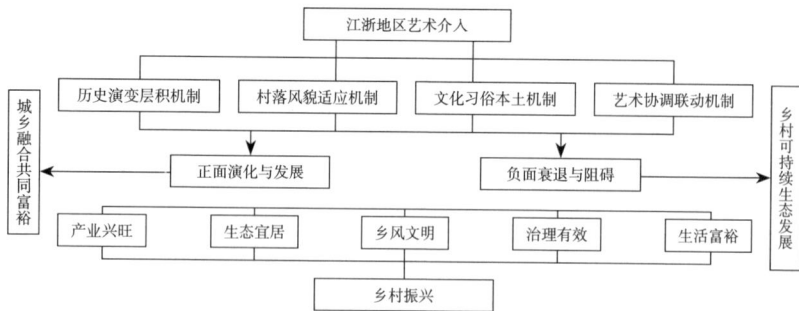

图5-1　江浙地区艺术介入乡村振兴秉承逻辑

一、江浙乡村发展秉承历史演变的层积机制

乡村发展是乡村地域系统循环累积与动态演化的结果，它是一个一直在发展的、不断被修正的概念，不同的历史时期和学术语境中有着不同的解读，很难对其进行清晰的界定。中国历来都是农业大国，传统村落作为乡村中具有价值的文化代表，它不仅是中国农耕文明的集中承载地，更是凝聚了中华民族的历史礼记、文化认同和生活智慧。乡村具有独特的历史价值、文化价值、社会价值、艺术价值和礼仪制度，以家、国、天下的层次关系作为自身约束。江浙地区自古以来文人辈出、艺术繁荣，具有代表性的如浙东学派、宁波四明学派、吴越文化、苏州园林、江南水乡、昆曲、紫砂、青瓷、越剧等，江浙地区人民耳濡目染，沉浸于文化艺术中，总体给人儒雅、朴素之感。浙江浦江"江南第一家"郑家历经宋、元、明三个朝代，从未分过家，恪守儒家礼仪制度，尊老爱幼，各司其职，族人按照《郑氏规范》对祖宗祭祀、婚嫁安葬、家庭管理、邻里关系等进行执行和实施。乡村发展是一个循序渐进的动态过程，每一个阶段都是前一个阶段的延续，而前一个阶段亦是后一个阶段发展的基础。❶ 江浙地区自古水系发达，湖河交织，呈现出"小桥、流水、人家"独特的空间意象和江南水乡风景。江浙地区乡村发展也是遵循乡

---

❶ 郭远智，周扬，刘彦随. 贫困地区的精准扶贫与乡村振兴：内在逻辑与实现机制[J]. 地理研究，2019, 38(12): 2819–2832.

村内聚力和外在力的融合、演替的发展，逐渐形成较为独特的江南水乡文明。乡村，尤其是传统村落，它们是一种极其特殊的文化景观，与有机生命体一样处于动态演进的过程中，其变化着的物质空间形态是各发展阶段功能关系演替的可见标志。❶乡村逐步从单一走向多元、从被动转为能动、从静态特征深入动态过程。"小桥、流水、人家"的江南文化景观已深深地印刻在人们的脑海里，江南古镇民居临水而建，前铺后院。江南古镇人们长期以来从事治水活动，开凿塘浦，古镇空间格局根据不同水系特征构成五里七里一纵浦、七里十里一横塘的水网体系。如乌镇、西塘、周庄、同里、南浔、角直江南六大水乡名镇，同时京杭运河贯穿江浙地区，市镇内的水巷、河道均与周围各个乡里村落的河道相连。江浙水乡村落历经唐、宋、元、明、清各个朝代历史演变，不断演绎和发展，不断形成乡村自身发展和外在推力的历史层积。水乡因水而兴、村落四通八达，河道纵横，形成了三里一村、十里一镇，村村临河，镇河相连的水乡奇异景观。

传统聚落是历史时期人类活动和自然环境相互作用的结果，主要受到水源、土壤、地形、资源、气候等影响。我国传统聚落以"天人合一""道法自然"为核心营建理念，注重人与环境生态、可持续的和谐发展。文化景观遗产在漫长的历史进程中，随着时间的推移会产生变化，不同时期和不同形态的城市空间结构和文化景观共同构成了城市复杂的文化景观生态，关注城市历史文化景观演变发展的动态过程，使文化景观的分层结构更加清楚、发展脉络更加清晰，也为其作为文化资源进行整合利用提供了契机。❷苏格兰社会学家格迪斯（Patrick Geddes）说："乡村特色景观风貌的形成是文化与地景交互作用的结果，它以文化为基础，通过在不同地域区划和单元类型间的扩散、渗透，最终形成一种'聚居特质综合体'（Trait Complex of Human Settlement）。"正是由于这种独特的景观风貌形成机制，联合国教科文组织在2011年正式通过了《联合国教科文组织关于历史性城市景观的建议书》，从历

❶ 刘东峰. 设计助力美丽乡村建设路径研究[M]. 北京：中国纺织出版社有限公司, 2020: 105.

❷ 杨俊, 张青萍. 南京钟山历史文化景观层积认知研究[J]. 城市发展研究, 2018, 25(11): 86–92.

史层积、价值关联、景观保护等方面认知历史村镇文化景观和遗产保护。张兵教授认为"城市历史景观"不是一种遗产品类,而是一种方法,并将这种方法归结为"关联性"。乡村文化景观是乡村土地表面文化现象的综合体,不仅反映了一个地区的人文地理特征,同时也记录了乡村人类活动的历史,体现了特定乡村地域独特的精神文化。江浙地区乡村发展以整个乡村风貌的动态发展演变为对象,关注乡村历史层积性、自然风貌连续性及乡村内生价值关联性,从时间角度的"文化层积模型"与村落空间视角的"文化连续性"纵横两个轴向解剖乡村历史演变的层积机制。由此可见,艺术介入乡村振兴的方式和过程,应首先满足对村落、地域原生时空逻辑的承启,必须基于对固有肌理图底关系和功能因果的衔接,实现对空间、资源的合理"拆解"与再现。❶艺术介入江浙地区乡村振兴也必须秉承江浙乡村历史发展的层积性,激活乡村自然风貌和文化景观的视觉连续性,激活乡村文化复兴、礼仪制度、民间信仰、民俗风情、乡村空间传承与延续等价值关联性,从而凸显出当地乡村特色、在地性和乡土性。

二、江浙乡村景观风貌秉承适应性循环机制

乡村景观是自然、地理、人文和历史等特征的外在反映,是历经千百年后地域自然环境条件和人文生态需求的双重选择结果。我国乡村景观风貌呈现出不同的风貌特征和文化个性,主要由地域特色、场所景观、田园环境和社会人文四大要素构成。相对乡村景观而言,乡村风貌的含义不仅包括乡村环境的外在表征,同时也暗含了乡村社会结构、文化传承和宗族信仰等。风貌中的"风"是对村庄文化系统的概括,是传统习俗、风土人情、戏曲、传说等文化方面的表现;"貌"则是村庄物质环境中相关要素的总和,是"风"的载体和村庄风貌的外在构成。❷乡村风貌的维护、培育、建设和管控一直都是

---

❶ 刘东峰. 设计助力美丽乡村建设路径研究[M]. 北京: 中国纺织出版社有限公司, 2020: 105.

❷ 董向平. 新农村视域下的村庄风貌规划研究[J]. 安徽农业科学, 2012, 40(26): 13011–13013.

国际性议题，尤其是进入工业化、现代化、城镇化进程后，西方乡村风貌建设遭遇灰色基础设施建设、乡村景观同质化、传统乡村风貌丧失等现象。我国乡村建设随着城镇化快速发展也面临着千村一面、传统文化断裂、乡村风貌衰退、地域特色渐失、场所景观杂乱化和人工化、田园环境去乡土化和去生态化等情况。随着人们对生态环境重视和传统文化保护观念的深入，承载了乡村文化、村落记忆、传统观念及自然变迁历史的乡村独特景观物质符号引发了专家学者的关注，成为当下乡村振兴展现本土特色价值的重要研究课题。江浙地区乡村景观风貌大体呈现为水网密布的平原水乡风貌和山地丘陵状的山水田园型地理环境，山、地、水等自然环境形成了一定的乡村景观风貌的适应性和延续性。

适应性的概念最早由Simpson提出并应用于生物进化表型特征研究，1999年Smit基于气候变化的适应性研究框架，从适应客体、适应主体、适应过程三个内容进行论述。2001年，联合国政府间气候变化专门委员会将适应性定义为："对实际或预期的气候及其影响进行调整的过程，在人类系统中，适应旨在通过预期的、自主的和/或有计划的行动减缓或减轻有害影响或利用有利的机会。"[1]我国乡村聚落发展历史悠久，一直秉承"天人合一"的思想，即人、建筑、景观、聚落都应与自然环境和谐共生，乡村要适应自然法则，遵循自然规律。江浙乡村聚落景观的历史层积，是在特定地域环境和漫长演化进程中逐渐形成的，尤其水环境在村落形态、景观风貌中得到较好的应用，江浙水网密布，村落常被河流穿越，产生一字型、丁字型、十字型、Y字型等村落形态，同时造就了与水环境相适应的生产方式和生活方式。其中江浙地区生活性景观最具代表性的有河道景观、湖泊景观、园林景观和人文景观，水环境作为江浙地区乡村景观风貌中最具特色的景观，不仅具有生产、生活、娱乐的作用，更具有精神和审美的作用。适应性体现了对自然的尊重，对江南人文的关怀，更展现出对未

---

[1] IPCC. Climate Change 2014: Impacts, Adaptation, and Vulnerability. Part B: Regional Aspects. Contribution of Working Group II to the Fifth Assessment Report of the Intergovernmental Panel on Climate Change[R]. Cambridge: Cambridge University Press.

来乡村风貌的应变能力。

过程性是适应性与乡土景观研究结合的认知基础，对于乡土景观来说，景观的表达同样是长时间人地关系相互作用下的阶段性产物，也是经过了长期自然选择与人工适应的结果，这种适应性的阶段性特征也是处于乡村整体性的动态适应过程中。形态与行为构成了适应的主体，乡土景观空间形态包含山水格局、聚落分布、乡村肌理和田林湖地斑块，而影响景观形态生成的行为则是人的观念、制度、营建技术和社会经济关系等。文化与功能是乡土景观适应性的内在机制，乡土景观作为人地关系相互作用下的景观系统，长期的动态演变使得这一系统衍生出了独特的乡土地域文化，文化作为一条无形的纽带将系统的各个部分进行连接，从而产生一种内在的运行响应机制，使乡土景观自身成为一种活的"文化生命体"。❶ 文化是推动乡村景观风貌变革的最大动力，在文化动因的驱使下，江浙地区传统村落表现为"原型——文化——肌理"的风貌构建层次和动态演进。文化连接着村落原型和乡土肌理，它以习俗风情、聚居理念、艺术美学、营建技术等反映江浙地区乡村景观风貌。艺术介入江浙地区乡村振兴势必考虑乡村景观风貌适应性机制，应综合考量"空间——文化"的关联机制，力争实现"景观文本"可读性与价值构成、建设逻辑和文化模式的一脉相承。

三、江浙乡村文化秉承文化习俗的本土机制

20世纪50年代以来，西方发达国家在近代科学技术飞速发展下经历了环境污染、资源枯竭、生态恶化等危机，伴随环境工程学、生态学、现代地理学、系统论等学术发展，西方国家政府开始重新审视人与自然的关系。同时随着西方建筑思潮、景观学、人居环境学的发展，西方学者不再像过去那样把人与环境对立起来，开始反思，注重人与自然的和谐共生。因此，热爱自然，关注环境质量和生态环境成为生活风尚。此外，西方不少学者把目光转

---

❶ 张晋. 基于适应性的乡土景观认知与研究视角探讨[J]. 中国园林, 2020, 36(3): 97–102.

向于中国传统文化，高度关注中国传统风水学、天人合一、朴素的生态理念等思想，其中"风水学"不仅富有西方环境评价思想以外的智慧，而且承袭了中国传统的有机自然哲学思想，它所体现的是对"人——建筑——环境"的整体观。英国剑桥达尔文学院的唐通（Tong B·Tang）在其《中国的科学和技术》一书中指出："中国的传统是很不同的，它不奋力征服自然，也不研究通过分析理解自然，目的在于与自然订立协议，实现并维持和谐，学者们瞄准这样一种智慧，它将主客体合而为一，指导人们与自然和谐相处，中国的传统是整体论的和人文主义的，不允许科学同伦理学和美学分离，理性不应与善和美分离。"❶李约瑟、普里高津、卡普拉等西方学者也持有相似的观点。美国著名的生态伦理学家卡利科特把堪舆文化的元理论，即"天人合一"的自然观称为"传统的东方深层生态学"。❷从某种意义上讲，深层生态学理论把人视为整个生态系统中平等的一员，个人与整体是密不可分的，强调人与自然的和谐相处。当代国外学者的评价或许有助于我们从另一种文化和"他者"的角度认识这份特殊的民族文化现象。

农耕社会下村落的风水景观模式，把人类聚居场所视为整个大自然生态系统的一部分，考虑到自然生态环境的结构功能和对人类的各种影响，从而合理利用、调整改造和顺应了其建筑生态环境。❸江浙地区位于中国的东部，地居长江下游，是我国典型平原河网地区，水系十分发达，芦荡密布，江滩、河滩和湿地众多，河流纵横交错。江浙人民历来重视教育，重文传统铸就了江浙人民的文化性格。浙江地势自西南向东北呈阶梯状倾斜；江苏地处江淮平原，地形以平原为主。江浙传统城镇注重整体布局，以水为街，依水而居，突出古桥意象，水乡古镇街巷林立，同时注重细部空间，如对门廊、过街楼、骑楼、弄堂、照壁、天井、廊棚、埠头等细部结合江南水乡特色进行布置和

❶ 刘沛林. 风水·中国人的环境观[M]. 上海：上海三联书店, 1995.

❷ J. B. Callicot. Earth's Insights[M]. Berkeley: University of California Press, 1994: 67–86.

❸ 王娟, 王军. 中国古代农耕社会村落选址及其风水景观模式[J]. 西安建筑科技大学学报 (社会科学版), 2005(3): 17–21.

设计，尤其是利用"灰空间"把古镇内部与外部连接起来，起到空间串联作用，同时避免雨淋日晒，让人们心理上有安全感。江浙地域乡镇选址和村落规划均对照地质、水文、日照、风向、气候、景观等一系列自然地理环境因素，结合本土文化习俗，从而实现趋吉避凶、祈福纳祥的目的，创造适宜于江南地域特色的居住环境。

但是近年来，江浙地区经济、产业和城镇化快速发展，曾经以GDP为主要评价指标深刻地破坏了江浙地域特色和水乡古镇的景观意象，功利思维和经济为主的政策屏蔽了传统的因地制宜、天人合一的文化价值观，使得一些乡村建设面目全非，这也是对我国传统的人与环境和谐共生理念的亵渎或敷衍。2005年，时任浙江省委书记习近平在浙江安吉县余村提出"绿水青山就是金山银山"的发展理念，生态本身就是经济，保护生态就是发展生产力。2015年，习近平总书记在江西代表团参加审议时提出："环境就是民生，青山就是美丽，蓝天也是幸福。要像保护眼睛一样保护生态环境，像对待生命一样对待生态环境"。如今这一理念已成为全社会的共识和行动，成为新发展理念的重要组成部分。中国台湾学者陈碧琳从艺术介入宜兰社区实践案例分析，认为艺术介入社区及社区艺术化成为许多社区提升在地文化能力，作为抵抗空间异化之具体实践。❶艺术介入江浙地区乡村振兴势必要秉承我国传统文化习俗的本土机制，即在天人合一、道法自然的生态理念下积极推进乡村振兴，这也是"乡土中国"向"生态中国"的发展之路。今天的艺术乡建促使人们对现代化进行反思，并以艺术的形式及手段重建传统文化的符号和生活形态，如果中国能率先进入生态社会，并能在中国传统文化复兴的基础上提出一套新的价值体系，中国就将能成为世界率先发展之国。❷

---

❶ 陈碧琳. 空间优化与文化抵抗：宜兰社区艺术空间之理念与实践[J]. 台湾南艺学报，2012(4)：1-18.

❷ 方李莉，李修建，王永健. 艺术介入美丽乡村建设——人类学家与艺术家对话录[M]. 北京：文化艺术出版社，2017：34.

四、江浙地区艺术乡建秉承协同联动机制

当代中国乡村在新一轮的"乡建热潮"下如火如荼地进行着各种乡村建设和实践实验,从国家到地方,从政府到农民、从企业到资本,从社会精英到普通民众等多方面、多层次、多维度地促进乡村建设,其内在深层原因是乡村衰败愈加凸显、三农问题日益严重、乡村文化遭遇危机、城乡关系不够协调。因此,党中央、国务院提出乡村振兴战略,推动现代化发展,不断提高农民生活水平。实现共同富裕是我国社会主义国情决定的,更是我国人民的共同愿望。艺术介入乡村不是重视艺术本身,而是艺术与乡村建立一种新的关系,通过艺术实践和实验寻找解决乡村实际问题的方案,它不再是传统意义上的艺术,而是一项艺术实验、一种社会运动。渠岩、方李莉、左靖和欧宁等艺术家认为乡村最大的问题是乡村文化凋零、乡村精神缺失。由此,在艺术介入乡村建设中既要推动乡村物质建设,更重要的是重拾村民的乡村精神信仰、促进乡村文化复兴。艺术融合乡村的意义价值在于,第一是"去遗产化",第二是在地文化主体性的尊重和确认,第三是多主体联动的实践方式。❶渠岩认为艺术乡建是中国乡村建设的第三条路径,他指出艺术乡建的初衷不是仅仅满足温饱或发财致富这类单一的经济目的和愿景,而是在尊重乡村在地传统及村民诉求的基础上,用情感融入和多主体互动的温和方式,使乡村社会整体复苏,以修复乡村完整的天地人神世界。❷因此,艺术介入乡村建设不仅仅是促进单一的经济发展,而是要创建一个多主体协同联动机制,激发农民的积极性和参与性,促进乡村文化复兴,使乡村社会整体复苏,从而达到乡村振兴的目的。纵观国内外成功的艺术乡建都不是以单一的团体为主的,而是以政府、艺术团队、社会精英、企业、村民等构建多主体互动和协同发展,如日本越后妻有、濑户内海、韩国釜山甘川洞文化艺术村等艺术乡建均是构建了多主体互动、协同联动发展机制,从而良性地、可持续性地

❶ 邓小南,渠敬东,渠岩,等. 当代乡村建设中的艺术实践[J]. 学术研究, 2016(10): 51–78.

❷ 渠岩. 艺术乡建: 中国乡村建设的第三条路径[J]. 民族艺术, 2020(3): 14–19.

推动艺术介入乡村建设。

　　江浙地区一方面政府具有担当精神和较高公信力，政策开明、公平公正，整个江浙地区政治、社会、经济繁荣稳定，为艺术介入乡村建设提供了较好的政策保障和经济支持。另一方面江浙地区自古以来经济、文化、艺术发达，大禹治水、梁山伯与祝英台、白蛇传、杨乃武与小白菜等民间文艺作品流传至今，当代江浙地区城乡融合相对较好，城乡居民收入差距较小，农民生活幸福度、安全度和满意度等指数较高。2021年中共中央出台了《中共中央　国务院关于支持浙江高质量发展建设共同富裕示范区的意见》，意见指出到2035年，浙江省高质量发展应取得更大成就，基本实现共同富裕，人均地区生产总值和城乡居民收入争取达到发达经济体水平。此外，江浙地区艺术乡建已取得了一定的成绩，已形成一定的规模，如莫干山计划、松阳经验、乌镇模式、昆山模式、宜兴实践、苏州经验等。伯瑞奥德和朗西埃均认为介入性艺术实际上通过"关系"建立了一个"艺术共同体"，而这种"艺术共同体"某种意义上接近于一种"知识共同体"的概念。沈洁认为只有通过在艺术节的定位、内容、多元主体、环境资源四个方面进行的有效联动机制作用下，才能真正实现艺术节促进乡村振兴、各方共享共赢的最终目标。每位艺术家、每位观众，每位参与者，都将在艺术节整个过程的联动中，感受到中国乡村文明中最有价值的部分，在每件艺术品、每次艺术活动中传承、延续、重构和更新。❶江浙地区艺术介入乡村建设不仅需要政府引导、经济支持，更重要的是要激活农民的参与性和积极性，构建以农民、政府、企业、地方和社会精英等多主体互助、协同联动机制，注重城乡融合、城市反哺农村、乡村内外协同、多主体互助联动发展。这是江浙地区艺术乡建最核心的内容，因为村民才是乡村的主人，其他多元主体是引领和帮助村民，促进城乡融合发展，实现共同富裕，这也是江浙地区艺术乡建秉承的内在逻辑。

---

❶ 沈洁. 艺术节在乡村振兴发展中的联动机制[D]. 杭州：中国美术学院，2018: 69.

一、村落规划缺乏科学性和前瞻性

近年来，规划与建筑学界、艺术与设计学界对乡村建设的关注程度逐年递增。从十六届三中全会"统筹城乡发展"到十六届五中全会提出的"建设社会主义新农村"，从2013年中央城镇化工作会议的"望得见山、看得见水、记得住乡愁"到党的十八大提出"美丽乡村"，从党的十九大"乡村振兴战略"到2021年中央一号文件提出"民族要复兴，乡村必振兴"等表述，无不说明乡村振兴已成为国家政府工作的重点。江浙两省通过"万村整治、前村示范""美丽乡村""现代化新农村建设""特色田园乡村""共同富裕示范区"等方式积极开展乡村建设，取得了较好的成绩。由于我国实行城乡二元经济结构，城市建设和城市规划发展迅速，乡村建设与规划发展相对缓慢，并且没有统一的乡村规划法律法规，不能给乡村建设和乡村规划给予科学性、前瞻性指导。从《村镇规划编制办法》（2000）、《城乡规划法》（2008）、《村庄整治规划编制办法》（2013）、《乡村建设规划许可实施意见》（2014）、《国家乡村振兴战略规划（2018—2022年）》等规划法规文件的出台，为我国城乡规划实践提供了基本指导。江浙两省也出台了《浙江省农村宅基地管理条例》《浙江省乡村振兴战略规划（2018—2022年）》《江苏省村庄规划导则》《江苏省农村宅基地管理条例》《江苏省城乡规划条例》等文件，为乡村规划提供了一定的指导，但是目前没有具体的乡村规划法律法规，乡村规划的概念和内容没有权威定义，相关规划名称和内容也较为混乱，因此，江浙地区政府根据《国家乡村振兴战略规划（2018—

2022年）》等国家文件和省里相关城乡规划和乡村振兴等文件开展乡村建设和村落规划。

目前，国内一些学者对于乡村规划大体上有综合发展规划论、乡规民约论、乡村治理论三种观点，规划内容上强调乡村问题或需求导向，鼓励以村民为主，自下而上的村民参与。乡村规划，是在全面把握社会发展的基础上，根据目标乡村的社会经济、产业科技、文化教育等现状条件和未来可持续发展所做出的总体安排，它是指导乡村建设与发展的基本依据。❶ 一些专家学者尝试从纵向、横向等方面探讨乡村规划的编制体系和工作内容。江浙地区乡村治理和规划与其他省市一样存在规划编制体系性不足、对乡村文化和生态关注不够、村民参与性和积极性不够、缺乏乡村建设长效机制等情况。首先，传统乡村自上而下的政府管理和乡村建设行为未能适应现代化农村发展，尤其是"间歇式"的政府干预并不能给乡村带来实惠和持续发展，反而会因为政府管理机制、乡规民约不健全在乡村规划中陷入消极被动局面。其次，乡村规划缺少真正的乡村规划人才。大部分乡村规划都是由政府牵头，联合城市规划师、建筑师和设计师等专业人士按照城市规划的模式和方法进行乡村规划，未能从乡村、土地、农民、老人等实际出发，规划图纸往往流于形式，中看不中用，同时乡村规划又可能陷入千村一面的规划模式。最后，乡村规划缺乏体系建设。现行规划编制体系是以城镇规划为基础的，重视村庄建设规划而轻视体系规划。同时缺乏对乡村地域功能的有效管控机制，乡村地区的建设管理法规体系严重缺位，面对量大分散的乡村建设行为、风貌管控，怎样的规划管理方式更行之有效，是采用控制性的规划图则，还是技术管理规定，抑或是村规民约，等等问题，都需要结合地方实践加以研究。总之，目前我国乡村规划由于没有统一的法律法规，各个省市根据自身实际情况出台相关政策文件规范乡村建设和乡村规划，总体上还是缺乏科学性和前瞻性，随着美丽乡村建设快速发展，我们坚信未来肯定会出台有关乡村规划的法律法规，促进乡村振兴和共同富裕。

---

❶ 文剑钢，文瀚梓. 我国乡村治理与规划落地问题研究 [J]. 现代城市研究，2015(4): 16–26.

二、基础设施建设有待加强

农村基础设施建设包括农田水利基本建设、道路修建、植树造林、农业综合开发、教育及医疗卫生等方面内容，由于建设周期长、涉及领域多、范围广，政府在建设过程中必须要综合考虑各方面的因素，在整个建设过程中要充分发挥自身职能，统筹、协调、管理好整个建设过程，以实现农村基础设施的结构性平衡和资源的最优配置。❶农村基础设施是农村社会至关重要的一种公共产品，具有公共产品的一般性和特殊性，同时也是产业兴旺的"先行资本"、生态宜居的"必要条件"及生活富裕的"重要保障"，它对乡村振兴具有非常重要作用。江浙地区农村基础设施相对中西部来讲，整体水平较好，但也离实现乡村振兴战略的要求还有较大的差距，还存在诸多问题。根据世界银行对基础设施的划分方法，将农村基础设施划分为农村经济基础设施和农村社会基础设施❷。农村经济基础设施主要包括农田水利、农村交通、电力、供水、数字网络、环卫等设施，江浙地区农村水利建设投资结构不合理、水利建设质量和技术含量为中等，农村交通设施存在"重建设、轻养护""重速度、轻质量"等情况，农村电力、供水设施普及率低于90%，未能建成覆盖全省的农村供水安全保障体系，农村生活污水、生活垃圾、厕所改建等处理未能全面落实完成，农村数字网络建设与城市相比较仍存在相当的差距。江浙地区农村社会基础设施存在教育、医疗、文化娱乐等问题，乡村教育、医疗、文化娱乐总体低于城市水平，尤其是教育和医疗存在较大的差距，农民就医经济负担距离中国2020年的卫生发展目标"人人享有基本医疗卫生服务"仍有一定的差距。最后，江浙地区各级政府在履行农村基础设施建设方面仍存在缺位、越位和错位等现象。

（1）政府重绩效轻实效，农村基础设施建设项目总体投入较少。由于我国

---

❶ 邓研华.乡村振兴背景下农村基础设施建设[J].市场周刊，2019(12): 1-2.

❷ 世界银行把经济基础设施定义为"永久性的工程构筑、设施、设备和它们所提供的为居民所用和用于经济生产的服务"，此类基础设施包括这样几个方面：第一，公用事业，电力、电信、管道煤气、供水、卫生设施以及排污、固体废弃物收集与处理系统；第二，公共工程，道路、大坝和灌溉及排水渠道工程；第三，交通设施，铁路、城市交通、港口、水运和机场。并将经济基础设施以外的基础设施包括文化教育、医疗保健等称为社会基础设施。

现有的地方政府绩效评价机制和管理体制等问题，地方政府一般会根据上级命令和指标体系对能彰显自己政绩、业绩的方面进行建设，对改善农村教育、医疗、数字网络、农田水利等方面项目总体投入较少。

（2）政府决策不当，农村基础设施供求失衡。一些美丽乡村基础设施项目与农民实际需求相悖，一些体育、医疗、文化设施陈旧。

（3）政府监管不到位，农村基础设施建设进度慢、质量差。数字乡村建设还是处于初级阶段，有些项目只停留在口头上，尤其是山地、丘陵地带农村的电力、数字化、互联网建设相对较落后，一些工程项目存在招标不规范、偷工减料等情况。

《国务院办公厅关于创新农村基础设施投融资体制机制的指导意见》提出农村基础设施建设的主要目标为：到2020年，主体多元、充满活力的投融资体制基本形成，……农村基础设施条件明显改善，美丽宜居乡村建设取得明显进展。国家对于基础设施的建设总是不遗余力。一方面，民众对于国家参与地方事务的期望，使得基础设施的建设和维护被视为政府工作的组成部分，否则的话政府就可能失信于民；另一方面，基础设施的建设被认为是国家力量介入人们的日常生活中，从而有利于国家开展社会治理并实现政治意图。❶江浙地区艺术介入乡村振兴势必要加大农村基础设施建设，践行"绿水青山就是金山银山"的发展理念，为"生态乡村"建设而努力。浙江省作为全国共同富裕先行示范建设地区，农村基础设施具有劳动替代、成本节约、包容性增长及催生新产业新业态等效应，是江浙两省实现共同富裕的"重要保障"。

三、乡村文化遭遇危机

乡村文化自信是乡村文化振兴之根本，在"五个乡村振兴"的科学论断中，文化振兴是乡村振兴的灵魂，文化是乡村振兴最强大的精神动力。正如梁漱溟所说："中国文化以乡村为本，以乡村为重，所以中国文化的根就是乡

---

❶ 罗士洞. 基础设施、国家工程与乡村振兴——基于美丽乡村建设项目的田野调查[J]. 贵州大学学报(社会科学版), 2020, 38(4): 54-64.

村"。乡村文化具有凝聚认同价值、治理价值和兼具多种价值三个属性，乡村文化的价值是乡村得以存在和延续的核心和精髓。然而，经过几十年的乡村发展，乡村文化仍然日趋衰落。当前我国农村文化陷入边缘化、原子化、去农化、虚无化等状况，江浙地区农村伴随社会主义市场经济快速发展，消费主义、享乐主义、金钱主义等不良文化渗透到乡村生活和文化中，乡村文化认同日益显得焦虑和困惑。主要体现以下几个方面：一是城乡一体化建设，乡村文化逐渐消失。江浙地区农村随着城乡一体化快速发展，棚户区和城乡接合带改造、特色小镇建设，许多乡村被撤掉，合并到城镇建设中，导致农村逐渐消失，乡村文化在城市主流文化影响下逐渐消亡。二是照搬城市文化建设模式，江浙地区乡村文化同质化、均质化现象严重。江浙地区农村建筑是典型的江南水乡和江南平原风格，用城市现代建筑美学和文化代替乡村民居建筑文化，导致乡村建筑和文化出现同质化、均质化等现象，失去了江南水乡建筑和文化的特色。在乡村规划和旅游等方面也是简单地照搬和复制城市规划和旅游模式，形式单一、缺乏江南特色，江南乡村风貌和历史文脉遭到破坏。三是农民传统价值观日益滑坡，金钱主义、享乐主义抬头。当前，乡村文化在与城市文化的交流和碰撞中明显处于劣势地位，原来的文化并不能有效地带来生活上的满足时，农民的价值观就会逐渐发生改变。江浙地区经济、网络、交通等发达，农民的思想观念随着金钱主义、消费主义等当代经济社会理念冲击下，对诚实守信、勤俭节约、礼义廉耻等传统优秀价值观抛之脑后，一致向钱看。纵观农民价值观的现状，从表面上看是农民价值观念日益淡薄，但究其深层原因，是农民对自身生活方式与农民身份的否定，是对乡村文化自信的丧失。❶ 四是乡村"三生"空间逐渐萎缩，传统文化日渐式微。乡村生活、生产、生态空间随着城镇化、城乡一体化的发展，不断受到挤压和入侵，同时在西方文化、现代主义、网络文化等外在因素影响下，乡村"三生"用地空间矛盾日益显著，生活空间越发萎缩。乡村文化遗

---

❶ 孙喜红，贾乐耀，陆卫明. 乡村振兴的文化发展困境及路径选择[J]. 山东大学学报(哲学社会科学版)，2019(5): 135–144.

产、文化景观遭到破坏，历史传统、文化习俗和乡村认同等难以维系，乡村文化的传承与保护日渐式微。

浙江从2013年开始积极开展农村文化礼堂建设，从丰富"农民群众的精神家园"实际需求出发，注重乡村传统文化和乡风文明建设，注意乡土味道和乡村风貌，积极开展乡村文化建设实践。江浙两省以"美丽乡村建设""田园特色乡村建设"为抓手积极开展乡村文化建设，主要从社会良风、文明乡风、教育文风、良好家风等方面促进乡村文化建设，做到保护和传承乡村传统优秀文化，先进文化对乡村文化社会化的引领。文化兴则国运兴，文化强则民族强。

四、艺术乡建缺乏复合型人才

乡村振兴，人才是关键，人才是乡村振兴的根本，它是"五个振兴"中的核心要素，人力资源和人才振兴是乡村振兴中最需迫切解决的短板问题。2018年颁布实施的《关于实施乡村振兴战略的意见》强调，"实施乡村振兴战略，必须破解人才瓶颈制约。要把人力资本开发放在首要位置，畅通智力、技术、管理下乡通道，造就更多乡土人才，聚天下人才而用之"。2020年中央一号文件提出了推动人才下乡的政策，并且对各类人才的支持政策进行了详细部署。国家多次发文强调人才振兴方面所采取的举措，主要从引入、培育、重用等几个方面促进乡村人才振兴（表5-1）。江浙地区属于长三角地区，江浙两省乡村经济、社会、产业均较发达，但乡村人才总体水平偏低，乡村人才建设面临较多挑战，主要有以下几个方面。一是城镇化和现代化建设，乡村人才外流严重。江浙地区城镇化快速发展，许多乡村人才纷纷进城务工，谋求发展，特别是青壮年、有知识的人群大量流失，导致乡村人才长期处于"失血"状态，不能满足现代乡村发展。二是农村综合环境落后于城市，难于吸引人才回流乡村。农村教育、基础设施、成才环境及农村发展环境等总体环境相对落后，很难吸引优秀人才返回乡村创业。江浙地区虽为经济较发达省份，但农业农村基础设施建设仍有待加强，农村总体吸引力不足。此外，由于传统观念认为农民是贫困的代名词，乡村大学生、优秀人才返乡创业被认为"大材小用"，这也影响了乡村外出人才的回流。三是村干部素质不高，难以适应当代乡村治理。由于有志青壮年人才的外流，村庄剩下老人、妇女和儿童，村干部总体文化水平不高，素质偏低，很难适应当代乡村发展和治理。四是乡村人才培养、管理和使用机制不健全。目前江浙地区乡村人才培养没有一个健全的机制，人才使用和提拔缺乏强有力的内在机制。对农业农村人才的培训不仅不能完全匹配农村工作人员的接受程度，也与发展现代农业、实施乡村振兴战略等衔接不够，无法满足农民的多样化需求，很难与农民提高素质和创业兴业的需求同步。国家支持农业发展的人才政策还存在缺陷。❶

表5-1　乡村振兴中人才振兴相关重要政策梳理

时间	文件	内容
2018年1月	《中共中央 国务院关于实施乡村振兴战略的意见》	汇聚全社会力量，强化乡村振兴人才支撑
2018年9月	《国家乡村振兴战略规划（2018—2022年）》	加强农村基层党组织带头人、党员队伍建设；强化乡村振兴人才支撑
2019年6月	《关于加强和改进乡村治理的指导意见》	加强乡村治理人才队伍建设，聚合各类人才资源
2019年9月	《中国共产党农村工作条例》	各级党委应当把懂农业、爱农村、爱农民作为基本要求，加强农村工作队伍建设
2020年10月	《关于制定国民经济和社会发展第十四个五年规划和二〇三五年远景目标的建议》	继续提高农民科技文化素质，推动乡村人才振兴
2021年1月	《中共中央 国务院关于全面推进乡村振兴加快农业农村现代化的意见》	注重人才建设、健全乡村振兴干部业绩考核机制

资料来源：唐丽霞.乡村振兴战略的人才需求及解决之道的实践探索[J].贵州社会科学，2021（1）：161–168.

---

❶ 蒲实，孙文营.实施乡村振兴战略背景下乡村人才建设政策研究[J].中国行政管理，2018(11)：90–93.

乡村人才的缺乏、流失会给乡村振兴造成巨大的困难，尤其是大量青壮年都是乡村人才振兴的主体对象，他们的流失直接导致农村生产功能的弱化，使整个村庄陷入原子化和边缘化。同时会导致村庄治理缺乏"当家人"，很多乡村出现无人愿意担任村干部的尴尬局面。乡村振兴必须转变这种人口单向流动的格局，建立城乡双向人口流动的机制，不仅要吸引外出的农民返乡创业，也要吸引城市居民向乡村流动，❶从而在城乡统筹的基础上建立城乡人才流动的双向机制。

五、乡村产业发展面临困境

产业兴旺是乡村振兴战略实施的关键内容，也在"五个振兴"里面排在首要的位置，乡村能不能振兴关键看乡村产业是否兴旺。2015年中央一号文件提出推进农村产业融合发展，国务院印发了《关于推进农村一二三产业融合发展的指导意见》，并将农村产业融合发展界定为以体制、技术和商业模式创新为动力，积极探索农产品生产、加工、销售与旅游、健康、文化、信息等产业融合发展的新模式，着力构建农业与第二、第三产业交叉融合的现代产业体系。在乡村振兴大背景下，江浙两省纷纷出台了相关政策文件，提出促进农业现代化和农产品加工业前后延伸，促进农村文化艺术产业协同发展，大力推进农村第一、第二、第三产业融合发展。浙江按照中央的要求，坚持以种养业为基础，积极鼓励利用农业的多功能性和挖掘乡村价值，充分发挥农业的生产、生活、生态功能，推进农旅结合，推进第一、第二、第三产业深度融合，创造了许多融合模式，值得各地借鉴。❷文化产业是工业化时代的必然产业，是经济发展的必然结果。江浙地区乡村文化艺术相对我国中西部地区而言较为发达和活跃，其文化艺术产业相对较好，因此，发挥长三角区域和城乡融合发展优势，实现乡村产业兴旺和经济发展，推进乡村文化、艺

❶ 王晓毅. 重建乡村生活　实现乡村振兴[J]. 华中师范大学学报(人文社会科学版)，2019，58(1)：1-4.

❷ 吴敬华. 乡村振兴的浙江实践[M]. 北京：中国农业出版社，2019.

术、手工艺、农产品和旅游资源与现代第一、第二、第三产业有效对接，这是当前江浙地区艺术介入乡村振兴的有效手段和重要目标。从乡村文化产业的发展现状及趋势看，我国乡村文化产业管理体制落后、投资渠道不畅、人才资源不足，这些问题严重制约了乡村文化产业发展；乡村文化产业发展需要注重从数量到质量的转变、从表面展示向内涵挖掘的转变、从要素流向要素集聚的转变，以实现产业关联和产业融合深度发展。❶

　　江浙地区乡村产业振兴发展主要现状为美丽乡村和乡村旅游发展迅速、城乡产业融合发展水平较高、农村电子商务发展如火如荼、乡村艺术文化产业稳步推进等，江浙两省美丽乡村建设和特色田园乡村建设是我国其他省市乡村建设示范省，美丽乡村建设涌现出安吉模式、德清模式、永嘉模式、江宁模式、高淳模式等。"互联网＋乡村产业"发展较为良好，淘宝村数量逐年上升，农村电子商务发展势头如日中天。但江浙地区农村产业发展还是面临较多困境和不足，一是同质化竞争严重，文化艺术产业特色不明显。同质化是指在同一产业中不同品牌的商品在产品质量、产品性能、外观设计与营销方式等方面相互模仿，以至于不同品牌商品出现逐渐趋同的现象，而这类商品之间的相互竞争行为则称为同质化竞争。❷ 江浙地区同属于江南水乡，拥有共同的吴越文化圈，文化和艺术同质化现象较为严重，很难推进文化艺术特色产业发展。二是乡村文化艺术资源丰富，文化艺术产品单一。江浙地区农村文化艺术资源和精神价值没有被最大化地开发和挖掘，农村文创产品、手工艺品单一，创新性不足，产品开发、外观设计和包装设计等均未能体现文化艺术附加值。三是乡村文化艺术产业发展初具规模，但产业主体较分散，整体实力偏弱。虽然以简单手工艺生产等为主要代表的乡村文化产业很早就存在，但多以个体单向性生产为主，长期以来并没有拓宽产业链，走集约化发展之路，产业无法升级，结构单一，个体产业经营者无法加强产品之间的联

❶ 李宇佳, 刘笑冰, 江晶, 等. 乡村振兴背景下乡村文化产业发展展望[J]. 农业展望, 2018, 14(7): 56–60, 65.

❷ 王石林生. 微观视角下的农产品电子商务同质化竞争研究[J]. 商业经济研究, 2017(2): 78–80.

系，产品交易成本无法缩减，最终导致乡村文化产业增值乏力。❶ 四是产业链较短，产业融合较低。我国乡村文化艺术产业融合发展还处于起步阶段，融合程度较低。艺术乡建还是以艺术文创+乡村旅游为主，通过艺术体验、自然风光观赏、农家乐、文创产品等项目为主，形式简单，产业链条不长，文化艺术产业与其他产业融合较低。总体而言，乡村文化艺术产业发展是一个多维度立体交叉的综合体，它需要结合乡村振兴的"五个振兴"一起思考，综合考虑社会、经济、文化和生态价值，相辅相成，相得益彰，不可偏废。

---

❶ 郑芳, 屠志芬. 乡村文化产业发展: 困境、契机与模式探索究[J]. 长江师范学院学报, 2019(4): 17–24.

第六章

江浙地区艺术介入乡村振兴做法与成效

第一节 江浙地区艺术介入乡村振兴现状

江浙地区位于我国东部，长江下游，这里水系十分发达，属于典型的平原河网地区，拥有长江、京杭大运河、太湖和西湖，芦荡密布，河流纵横交错，同时还有乌镇、西塘、安昌、周庄、同里、角直等古镇，也被称为江南水乡。同时江浙地区属于江南吴越文化圈，江浙民风细腻，手工业发达，拥有大量物质与非物质文化遗产，该地区文化性格比较相近，一直以来重视文化传统、重商轻农、重视教育。经过不懈努力，江浙地区成为近代、现代、当代中国最富裕的区域。杭嘉湖、苏锡常自古以来都属于鱼米之乡，经济发达，百姓富裕，尤其是苏杭两地更是被人们称为"人间天堂"，宋元时代的谚语"苏杭熟、天下足"就足以说明苏杭地区自宋元以来就一直是我国经济发达地区。改革开放后，江浙地区经济增长非常快速，成为全国较为富裕的经济大省，尤其是浙江增长的速度更快，省区排名前进更大，经过快速地发展，江浙地区逐渐形成了影响全国的苏南模式、温州模式。

中国共产党第十六届五中全会提出"生产发展、生活宽裕、乡风文明、村容整洁、管理民主"的乡村建设具体要求。2008年，浙江省安吉县正式提出"中国美丽乡村"计划，随后安吉县委县政府在安吉开展美丽乡村建设和实践探索，"十二五"期间，浙江省制定了《浙江省美丽乡村建设行动计划》，随后，广东、海南、安徽、江苏等省市陆续开展美丽乡村建设。江浙地区"十二五"期间美丽乡村建设得到全面推广与快速的发展，这里逐渐形成了安吉模式、永嘉模式、龙溪模式、萧山模式、高淳模式、江宁模式等，尤其是安吉模式是美丽乡村建设的基础和典范。江浙地区通过美丽乡村建设促进该地区城乡一体化发展，实现了城市反哺农村、工业反哺农业，使得江浙农村经济、社会、产业、生态、旅游等迅速发展，在"十二五"时期基本提升了乡村的生产持续快速发展、生活水平宽裕富足、村容村貌整洁美丽、乡村管理民主有序。

党的十九大提出乡村振兴战略、2018年后中央一号文件持续加强"三农"建设，不断推进美丽乡村建设，江浙地区的美丽乡村建设已取得较好成就，尤其杭嘉湖、苏锡常平原地区城乡一体化发展程度较高，乡村旅游和产业发展迅速，乡村农民收入持续增多，村民幸福度和满意度较高。而江浙非平原地区的乡村以"两山"理论为指导，努力践行绿水青山就是金山银山的生态可持续发展理念，逐渐形成景村融合、乡村生态休闲、乡村绿色养生、乡村红色文化等乡村全域旅游，提升江浙地区乡村公共环境和基础设施建设，丰富了村民日常生活和娱乐，提高了村民艺术修养和文化水平，尤其在当代"美丽乡村建设2.0"版本上。江浙地区由于在"美丽乡村建设1.0"基础上基本达到了乡村生产较好发展，乡村产业和经济不断提高，农民生活宽裕，乡风文明不断提高，村容村貌整洁，交通发达，村民管理民主有序。同时江浙地区又拥有较多非物质文化遗产，民间艺术丰富，民俗文化发展繁荣，百姓生活富裕，村民文艺素养普遍较高。最后，政府支持或赞同艺术介入乡村建设，江浙农村经济、产业及民间资本发达，这些都为江浙地区艺术介入乡村建设提供了政策、经济和物质等保证，有效促进了江浙地区艺术乡村建设的力度。

第二节　浙江嘉兴艺术介入乡村振兴做法与成效

嘉兴自古以来就是鱼米之乡，人民生活富裕，非物质文化遗产较多，民间艺术发达，城乡收入差距较小。从美丽乡村建设到乡村振兴战略，嘉兴一直结合自身的优势推进城乡发展，以马家浜文化、江南水乡文化、国际互联网、民间艺术为契机积极开展美丽乡村建设。嘉兴乌镇经过艺术、设计和互联网的介入和充分利用从而实现了自身的蜕变，逐渐形成闻名全国的"乌镇模式"。20世纪90年代乌镇第一次以艺术和设计为契机，介入相关服务业，明确提出乌镇古镇保护规划，乌镇水乡空间与古镇文化被完整地保存下来。第二次艺术与设计服务业的介入在2006年，陈向宏邀请国内外著名艺术家、建筑师、设计师共同打造国际化的乌镇。2013年乌镇举办第一届国际戏剧节，邀请国内外著名艺术家共同打造乌镇，发展和繁荣戏剧文化，促进当地经济、文化和社会发展。随后戏剧节在每年十月中下旬开始，主要由陈向宏、黄磊、赖声川、孟京辉共同发起，希望通过艺术起到普及教育和沟通的作用，从而影响更多的人，提升小镇的艺术审美，实现乌镇的文化复兴。2016年"乌托邦·异托邦——乌镇国际当代艺术邀请展"使当代艺术的全球化观念与乌镇的文化愿景联系在一起，从展览方式、权利话语等方面构建了一种新的创意模式。2021年10月将推出第八届乌镇戏剧节，从20世纪90年代开始至2021年，乌镇的艺术活动与实践从未间断，以公共艺术、建筑、舞台、戏剧、展示等形式进行艺术创作，推动乌镇艺术发展（表6-1）。乌镇当代艺术国际邀请展通过艺术介入乌镇建设，给观众多维的、直接的、艺术的代入感体验，从某种意义上讲，它是逆城市化发展的，突出城乡一体化和谐共融。如今，乌镇已成为名扬海外的艺术介入乡村建设典范，成为中国艺术小镇的先锋（图6-1）。艺术介入乌镇建设成功原因主要是，一方面通过艺术设计服务业的介入，使乌镇的城镇肌理、城市面貌、生态环境得到完美保护，另一方面艺术、设计和互联网的完美融合，以艺术、设计和科技等手段塑造乌镇全面发展。就像乌镇开发的主要负责人陈向宏先生所言："我希望的乌镇是一个能承接现代艺术、文化、科技的平台，可以向周边地区的产业链和经济发展辐射，不是旅游观光和简单的'农家乐'，也不能和其他古镇一样，要使文化节庆、

表6-1 历届乌镇艺术活动大事件

时间（年）	艺术实践、活动
1998	乌镇开启古镇保护工程
2001	乌镇东栅景区对外开放
2002	电视剧《似水年华》在乌镇拍摄并公映
2013	乌镇大剧院落成、乌镇首届戏剧节
2014	乌镇第二届戏剧节
2015	乌镇第三届戏剧节
2016	乌镇第四届戏剧节、乌镇北栅丝厂改建展览馆落成、乌镇木心美术馆落成、乌镇首届国际当代艺术邀请展
2017	乌镇第五届戏剧节
2018	乌镇第六届戏剧节
2019	乌镇第二届国际当代艺术邀请展、乌镇第七届戏剧节
2021	乌镇第八届戏剧节

图6-1 乌镇国际当代艺术邀请展

艺术活动可以与小镇结合，成为一种未来的生活方式。"❶乌镇戏剧节、艺术介入乌镇的成功主要归功于当地政府的主动推进、政策主导和持续发展，积极引进中青旅和文化乌镇有限公司等优秀旅游运营机构以及北京等地的专业艺术人员，与国内外优秀的艺术家和艺术团体合作，对乌镇当地资源、地域文化、水乡特色等进行在地性、公共性、艺术性、数字化的艺术创作，通过戏剧节和艺术三年展不断地提升乌镇戏剧节品牌建设。正是由于政府、艺术家、企业、村民等持续性投入和建设，才促成了乌镇成功。持续性可以保证在长期的磨合中，发掘当地人自我表达的意识，从而使艺术实践成为活的有机体，可以自由生长。❷

嘉兴市委、市政府一直重视嘉兴城乡一体化建设，以"千村示范万村整治"和"美丽乡村建设"为抓手，不断推出"三改一拆""腾笼换鸟""四边三化""空间换地"等政策，积极推进乡村生态环境建设，嘉兴市农村居民人居可支配收入连续17年居浙江省首位，2020年城乡居民收入比为1.61∶1。与此同时嘉兴拥有293项"非遗"项目，其中嘉兴蚕桑丝织技艺与皮影戏列入世界级"非遗"保护名录，嘉兴端午习俗、嘉兴灶头画、网船会、海盐滚灯、硖石灯彩等国家级"非遗"项目13项。总而言之，嘉兴城乡经济差距不大，人民生活富足，乡镇产业多样化，民间艺术发达。这些均为嘉兴地区艺术介入乡村建设提供了较好的经济、产业、文化和社会等支撑，尤其是乌镇国际艺术节的举办，促进了乌镇当地乡村经济发展、旅游提升和水乡文化复兴，使"乌镇模式"深入人心，同时对嘉兴其他乡村发展提供了较好的经验启示和借鉴。2016年，深圳奥雅设计团队进驻嘉兴横岗村，以艺术介入乡村为理念促进乡村振兴和旅游发展，一方面保留横岗村原有的建筑风貌和乡村肌理，另一方面将法国乡居生活体验与江南水乡融合起来，打造一个围绕艺术家、亲子、农业、教育、文创和乡居为一体的度假休闲田园综合体。乌镇横岗村跳脱出美丽乡村建设传统模式，以"艺术介入乡村"的形式将横岗

---

❶ 薛江.特色小镇的文化生命力——以艺术小镇为例[J].建筑与文化，2017(1)：32–37.

❷ 冯莉.基于场域特定性的中国乡村艺术实践研究[D].上海：上海大学，2018：155.

村打造成一个国际艺术村，以艺术点燃乡村内在活力，激活乡村文化复兴，同时通过艺术与设计的结合，营造一个让艺术点亮孩子心灵的友好型乡村社区。

奥雅设计联合创始人李方悦乡村振兴团队得到桐乡市政府的认可和肯定，他们从2016年进驻嘉兴横岗村开始以艺术介入乡村进行了一场乡村建设的非典型实践，从教育＋艺术、农业＋艺术、文创＋艺术、花园＋艺术、院子＋艺术的艺术社区五位一体模式构建国际化的艺术乡村社区。随后逐渐形成产品体系，从"吃、住、学、游、娱、购"六个方面深入探索横岗村艺术介入乡村建设。在横岗村改建了小鸭艺术中心、横岗乡村书院、莫奈花园、横岗别院、民宿等公共空间设计和景观设计，从艺术教育、亲子教育方面积极推动乡村内在活力和外部动力，以横岗村的鸭子（DUCK CHOW）为文创产品和IP，举办艺术节、音乐节、赏花、康养、亲子等活动吸引周边人群，通过近五年的发展，如今横岗村整体环境优美、到处充满着艺术气息，周边文创、旅游衍生产品丰富，游客较多，村民收入比之前翻一番。2019年横岗国际艺术村荣获"2019年中国乡创地图"十大乡村振兴创新示范村称号（图6-2）。嘉兴地区艺术介入乡村建设深入百姓心中，几乎每个村庄都有一些与艺术相关的作品融入美丽乡村

图6-2　横岗村荣获2019年十大乡村振兴创新示范村
　　　　称号

建设，如王江泾镇理想村陶仓艺术中心、油车港镇栖真村的农民画、王店镇南梅村、硖石灯彩、海宁皮影等，每个乡村都根据自身艺术特色和文化资源进行美丽乡村建设，从而进一步促进了乡村振兴和"三农"发展。

第三节 浙江莫干山艺术介入乡村振兴做法与成效

莫干山乡村建设可以追溯到20世纪30年代黄郛与沈亦云夫妇的"莫干乡村改进"实践，他们认真践行"多研究些实践，少谈些主义"的务实风格深深地影响了后来的乡村建设者们。中国共产党十六届五中全会"新农村建设"再一次推动乡村发展，尤其党的十八大提出美丽乡村建设后，一批有志之士、艺术家和民间组织等乡村改造的中坚力量来到莫干山，根据莫干山早期乡村建设实践经验结合美丽乡村建设政策，由政府牵头，艺术家、设计师、画家等各类怀着乡村再造梦想的中坚力量注入资金和活力，联合当地村民和民间组织进行美丽乡村建设。他们以公共艺术为切入点，根据当地政府和百姓诉求，通过公共艺术介入"地方"，解决莫干山经济、旅游、社会等问题，实现产业转型，文化重塑。建筑师朱胜萱2011年考察莫干山后，以"生产·生态·生活"的"三生"一体的建设模式对莫干山开展乡村建设，活化乡村，建了清境原舍、清境农园、庾村文化市集三个项目，对莫干山的旧厂房、蚕种场、自行车主题餐厅（图6-3）、乡村书屋、面包坊等空间进行改造，尤其是民宿的成功运营及相关乡村改造，吸引了众多设计师、文化创意人、艺术匠人和自由职业者，上海、杭州、苏州等周边游客逐渐增多，同时政府积极推进艺术乡建，使莫干山名声大振，闻名周边城镇。

图6-3　莫干山自行车主题餐厅

　　2017年11月，由上海美术学院和莫干山国际旅游度假区管理委员会共同发起了"莫干山'一带一路'公共艺术行动计划"（简称莫干山计划），这是一项全球性的公共艺术介入乡村建设计划，以艺术为媒介从莫干山本地资源出发进行社会实践，希望通过艺术介入乡村、公共空间和公共场地，激活莫干山乡村价值，激活传统文化和民间力量，促进乡村旅游，增加莫干山周边农民的收入，实现绿水青山就是金山银山的"两山理论"。国内外艺术家、建筑师和设计师们通过自己努力创造大量艺术作品，使之与莫干山发生联系，共同打造利益共享、文化包容的乡村共同体。他们创建莫干山庾村1932乡村文创社区、白云美术馆（图6-4）、公共艺术、雕塑、建筑等作品，让莫干山成为一个流动的公共艺术博物馆。当地政府积极探索新渠道，为莫干山艺术乡建发展搭建平台，给予政治扶持和项目优惠，招商引资，加大发展绿色旅游产业，对投资者、村民、艺术家、外来者等多方要素进行有效组合，使莫干山艺术乡建和民宿发展成为乡村创新发展的新范本。目前，莫干山"美丽乡村建设"硕果可喜，受到各方关注，在"绿水青山就是金山银山"的理念下，莫干山正积极探索依靠生态文化资源挖掘，让政府、高校、企业、居民、志愿者积极联动，艺术介入乡村建设的新机制和新模式。❶

图6-4　莫干山白云美术馆国际公共艺术展

　　经过近10年的发展，莫干山国际艺术计划激活了周边乡村的内在活力，促进了旅游业快速发展，实现了乡村振兴。2016年，莫干山入选首批中国特色小镇，而莫干山民宿已成为国内高端民宿代名词，2018年莫干山实现旅游收入近25亿元，民宿接待游客210万次，实现营业收入20.5亿元。莫干山艺术乡建的成功一方面依靠当地政府大力扶持，以政府为主导，积极引进艺术家、企业、民宿投资者、乡村爱好者进入莫干山，同时给予政策支持和业态扶持，以公共

---

❶ 冯正龙. 公共艺术的地方重塑研究——以中国莫干山镇和日本越后妻有地区为例[J]. 美与时代, 2018(5): 14-19.

艺术为契机，点亮莫干山民宿、旅游、产业和生态发展，从而真正实现绿水青山就是金山银山。另一方面就是国内外艺术机构、艺术家、设计师和美术院校师生们通过公共艺术，以"乡村重塑莫干山再行动"为主题每年积极推进莫干山的艺术乡建。上海美术学院通过艺术创新、设计实践、文旅融合、社区参与、合作互动的方式来重新塑造乡村社会的文化格局和产业创新，以这种有机结合莫干山当地故事、在地文化的公共艺术力量的方式来共振村声。❶

第四节　浙江松阳艺术介入乡村振兴做法与成效

　　浙江松阳被誉为"最后的江南秘境""古典中国的县域标本"，至今仍保留着百余座格局完整的传统村落，目前已有71个村落列入中国传统村落名录，是住建部公布的两个传统村落保护发展示范县之一，是国家文物局公布的首批唯一传统村落保护利用试验区。松阳艺术乡建在浙江艺术介入乡村建设中走的是古建筑保护之路，徐甜甜、罗德胤、王维仁、许懋彦、何崴等建筑师和设计师以"建筑针灸"的方式对松阳县各个乡村进行公共建筑设计，通过空间和功能的植入，激活乡村空间，振兴乡村文化和旅游产业。尤其是DNA建筑设计事务所徐甜甜建筑师以"中医调理、针灸激活"的策略唤醒乡村资本，激活乡村内在价值，促进村民回归创业和人才回流，实现乡村经济发展和文化振兴。松阳艺术乡建成功的关键之处就是以"自上而下"与"自下而上"两条路径同时推进，一方面是以王峻、

---

❶ 张承龙. 公共艺术在行动之"乡村重塑，莫干山再行动"[J]. 陶瓷科学与艺术, 2018(11): 53–56.

李汉勤、汪健等为代表的松阳县委和政府，他们作为松阳艺术乡建政策制定者、资源统筹者和艺术乡建把关者，是松阳实践成功的关键。另一方面是以清华大学罗德胤和先锋书店钱小华为领路人的民间资源，在他们的引荐和感召下，徐甜甜、何崴、王翎芳、彭海东、张雷等建筑师来到松阳进行古建筑保护和公共空间改造（图6-5）。还有以李跃亮、毛进军、邱少敏、单增、夏克梁等为代表的艺术家们在松阳进行艺术和摄影等方面的创作，提高松阳知名度和影响力。沈军明、陆以安、叶丽琴等民间企业家纷纷来到松阳发展，农家乐、高端民宿、先锋书店、餐饮、文创设计等产业不断促进松阳经济和旅游发展，沉睡的乡村资源被唤醒了，新型的文化艺术业态建立起来了，传统的文化遗存和绿水青山一样都是金山银山。

图6-5　徐甜甜松阳建筑针灸实践

纵观松阳艺术乡建的发展，从2013年对传统村落的保护与发展起，大致从古村落保护、艺术介入和建筑针灸三个方面展开艺术乡建。

（1）古村落保护。松阳文艺界人士早在20世纪90年代就有一些艺术家、文化学者以古村落、宗祠和廊桥等文化遗产进行创作。2007年松阳县博物馆馆长王永球和同事们针对松阳祠堂等文物保护设立专项资金，鼓励村民自己修缮自家祠堂，恢复乡村公共空间和文化场地。2008年松阳县政府提出"改造空心村、撤并自然村、建设新农村"的旧村改造计划，这个时期的主旋律是"建设"而不是"保护"，这无形中使很多古村落逐渐消失了，到2011年底，松阳境内只剩山下阳村、吴弄村等少数几个保存比较完整的平原村落。幸运的是，松阳县一些干部和文化人士意识到古村落的重要性。2012年，住建部启动了"中国传统建筑名录"的申报工作，松阳县政府积极参与相关申报工作，2014年松阳成为当时全国除西南地区之外的"冠军县"，2015年，松阳县被国家文物局评为唯一的传统村落保护利用试验区，2016年，松阳成为全国第一个整县推进"拯救老屋行动"项目的试点县，至此，松阳很好地抓住了国家开展传统村落保护的政策，获得了较多的支持，使得松阳古村落的保护和乡村经济得到快速发展。

（2）艺术介入。早期的艺术介入为摄影和艺术写生介入乡村建设，松阳摄影家毛进军，艺术写生界代表人物邱少敏，美术教师李跃亮等人士出于对松阳古村落、民居和祠堂等文化遗迹的热爱，不断地呼吁人们对古村落进行保护。毛进军以松阳为主体的摄影作品在国内外获得一系列奖项，很好地宣传了松阳，让更多的人了解和爱上松阳。2009年，邱少敏在松阳开展美术写生业务，创办美术基础课画室、多功能展厅，"乡村798"文化创意园让他走向这条艺术写生与古村落保护融合的道路上。2012年，浙江省丽水市技术学院美术系副教授李跃亮在枫坪乡任党委副书记，他将沿坑岭头村打造成"画家村"，提出"传统村落的活态保护"这一概念。即以村落的整体为单位，致力于对村落的自然环境、生计模式、村落历史、民俗文化等进行全方位的保护和开发，在帮助村民引进新的发展思路和制度设计的同时，使乡村的传统在村民自己的创造和参与中获得传承和更新。❶在李跃亮等艺术家的带领下，沿坑岭头村及周边村落充分发挥山地优势，以引入专家团队、结合"互联网+"模

---

❶ 李跃亮. 浙南山地村落活态保护的实践与思考——以浙江省松阳县为例[J]. 浙江社会科学, 2016(8): 143–151.

式、挖掘传统文化资源、传承传统技艺、完善组织管理等方式很好地对古村落进行了保护并促进了乡村经济发展。2018年，松阳推出"艺术助推乡村振兴——百名艺术家入驻松阳乡村计划"，旨在通过艺术家的入驻，以艺术介入的方式，进一步推动乡村振兴。如今松阳已签约62个艺术家工作室，合作艺术高校10所，知名文创公司5家。松阳各个乡镇积极开展艺术展览（图6-6），如2018年松阳召开第五届"田园松阳"全艺术高校院长论坛，2019年竹源乡后畲村举办"后舍"艺术春季展，斗米岙村举办了"中国·松阳斗米岙当代艺术展""乡村复兴论坛"等艺术展览和艺术活动。院长论坛、艺术策展、先锋书店、百名艺术家进驻松阳等提高了松阳在艺术界的声誉，从艺术的"公共性""在地性""当代性""参与性"及"互动性"等方面推进了松阳艺术介入乡村建设。

图6-6 松阳各个乡镇开展艺术展览活动

（3）建筑针灸。建筑针灸法就是以村庄和村民为主体，依照各个村庄特定条件"把脉问诊"，通过小体量公共功能的植入，遵循最小干预原则，有机更新，提升村庄的传统文化元素或产业，结合特色旅游，在县域范围形成一个文化经济的社会循环系统。❶徐甜甜、罗德胤、张雷等建筑师在松阳县政府邀请下陆续来到松阳开展建筑设计活动（表6-2），为松阳古村落保护和乡村建设出谋划策，大家群策群力，从建筑角度介入松阳各个乡村，以最小干预、有机更新为原则，促进乡村内外发展，实现全域旅游。徐甜甜的松阳乡村建筑实践既充分挖掘了松阳当地文化和地方传统，又结合场地精神、乡村美学进行创造性的建筑表达，这种充满差异性和丰富性的作品共同反映了"松阳在地性"，很快受到国内外同行的关注。2018年，"乡村变迁——松阳故事"为主题的乡村建筑在德国柏林Aedes建筑论坛上进行展览，同年，松阳县政府与德国柏林Aedes国际论坛合作，在松阳发起了以"文化与建筑——乡村发展的驱动力"为主题的国际乡村建设论坛。联合国人居署区域和都市规划主管雷米·西斯平在致辞中阐述了"5P"的概念，即人、居住点、地球、和平、合作伙伴关系，他认为这能够帮助促进未来的乡村振兴工作。❷松阳的乡村设计实践还得到了联合国人居署的关注，2019年，王峻在肯尼亚首都内罗毕举行的首届联合国人居大会上分享了松阳艺术乡建经验。同年11月，由联合国人居署主办的第一届城乡联系国际论坛在松阳举办，17个国家和18个国际组织的官员、专家、学者等200余人参会。❸松阳以建筑、文化、艺术为切入点进行乡村建设，"松阳故事"逐渐走向国际舞台，松阳实践不仅对德国，乃至对世界都有一定的借鉴意义。

表6-2　松阳建筑针灸法的建筑设计

序号	地点	项目名称	建筑师	建筑功能	竣工时间（年）
1	平田村	平田农耕博物馆及手工作坊	徐甜甜	文化	2015

❶ 徐甜甜. 松阳故事：建筑针灸[J]. 建筑学报，2020(10): 9-16.

❷ 时代建筑编辑部. "文化与建筑——乡村发展的驱动力"——浙江松阳乡村振兴论坛综述[J]. 时代建筑，2019(1): 188-191.

❸ 刘方，孙潇娜. 联合国在浙江松阳举办首届城乡联系国际论坛[EB/OL]. [2019-11-12]. https: // zj. zjol. com. cn/news. html?id=1326504.

序号	地点	项目名称	建筑师	建筑功能	竣工时间（年）
2	平田村	大木山茶室	徐甜甜	休闲	2015
3	横溪村大木山茶园	大木山竹亭	徐甜甜	休闲	2015
4	横溪村大木山茶园	黄圩驿站	徐甜甜	休闲	2018
5	下黄圩村	石仓契约博物馆	徐甜甜	文化	2017
6	大东坝镇六村	王景纪念堂	徐甜甜	文化	2018
7	王村	石门廊桥	徐甜甜	休闲	2018
8	石门村	红糖工坊	徐甜甜	工坊	2016
9	兴村	竹林剧场	徐甜甜	休闲	2015
10	横坑村	白老酒工坊	徐甜甜	工坊	2018
11	山头村	油茶工坊	徐甜甜	工坊	2018
12	横樟村	豆腐工坊	徐甜甜	工坊	2018
13	松阳县城	本草园	徐甜甜	文化	2020
14	松阳县白沙河水电站	水文博物馆	徐甜甜	文化	2016
15	平田村	云上平田村落规划	罗德胤	文化	2015
16	平田村	木香草堂民宿	许懋彦	休闲	2015
17	平田村	爷爷家青年旅社	何崴	休闲	2015
18	平田村	山家清供餐厅	王维仁	休闲	2015
19	陈家铺村	云夕 MO+共享度假空间	张雷	休闲	2021
20	陈家铺村	先锋书局	张雷	文化	2018
21	陈家铺村	飞茑集民宿	gad·line + studio、孟凡浩	休闲	2018

序号	地点	项目名称	建筑师	建筑功能	竣工时间（年）
22	松阳县城	文里松阳三庙文化交流中心	刘家琨、彭海东	文化	2020
23	松阳县城	松阳心第酒店	刘家琨、彭海东	休闲	2020
24	西坑村	过云山居	廖敏智、李超骏、潘敬东	休闲	2017

注　根据相关文献和网上资料综合整理。

松阳县委、县政府从2013年推出的"古村落保护"到2016年的"拯救老屋行动"，积极响应国家古村落保护与发展政策，以建筑针灸法积极在松阳各个乡村开展建筑艺术介入乡村建设，进而推动乡村内在价值，盘活民间资本，吸引村民返乡创业，实现文化、经济和产业振兴。经过多年的探索，松阳县围绕村落保护和艺术乡建形成的乡村振兴模式，已经取得了较好的成功，逐渐形成了松阳经验。"松阳模式"取得成功的主要原因有以下几个方面值得其他艺术乡建借鉴。

（1）松阳县政府自上而下持续地支持和肯定建筑艺术介入乡村建设。政府是政策的制定者和资源的统筹者，他们可持续地支持和统筹是松阳艺术乡建成功的最关键部分。松阳县政府艺术乡建思路清晰、目标明确，以"文化引领"为发展路径，在县、乡镇、村等各部门建立专门工作机构，制定考核制度，同时建立行业培训、人才培训、平台建设等机制，对相关项目给予政治支持和资金配套。

（2）引进优秀人才，激活民间资源。松阳政府主要引进国内著名建筑师徐甜甜、罗德胤、张雷、刘家琨等人，他们具有一定的号召力和资源，自带流量，能够吸引建筑设计、艺术设计等圈内人的追寻，他们的建筑作品本身就是网红打卡处。同时松阳县政府通过艺术展览、院长论坛等吸引国内外艺术家进驻乡村创办艺术工作室、美食工坊等，另外松阳县政府热情邀请钱小华、沈军明、陆以安等企业家来松阳发展民宿、投资乡村文化事业、拉动乡村内在发展。

（3）激发村民多元创收，留住乡村人才。乡村振兴和发展最终还需依靠村民自身力量，村民的积极性、互动性和参与性才是推动乡村发展的内在动力，毕竟乡村是村民的乡村。中国人民大学经济学教授刘守英认为松阳的价值在于：从乡村的现代化开始启动，以乡村的工业化来实现活业，以文化实现活人，以乡村价值的提升实现活村。❶经过几年的探索，松阳县围绕村落保护和乡村振兴而形成的三大战略，已经显露出比较清晰的构架，其成效也得到了多方认可。❷但乡村振兴是一项艰巨、复杂的系统工程，要从生态环保、城乡关系、经济社会结构形态等分析，松阳经验只是浙江省艺术乡建的一种模式，在经济社会快速发展的当代，艺术乡建发展道路漫长，任重而道远。

第五节 江苏宜兴艺术介入乡村振兴做法与成效

宜兴被誉为"书画之乡"，近代以来这里名人辈出，著名的书画家有徐悲鸿、吴冠中、钱松喦、尹瘦石、吴大羽、徐永祥、范保文等，他们以丹青妙笔给人们留下一个优美、瑰丽的艺术世界。宜兴紫砂闻名世界、源远流长，其中以丁蜀镇紫砂最为代表。丁蜀镇是中国陶文化发源地，自然环境优美、历史文化底蕴深厚、交通便利、经济实力雄厚。2000年，江苏省将丁蜀镇规划为"我国著名陶都"，经过10多年建设与发展，2016

❶ 时代建筑编辑部."文化与建筑——乡村发展的驱动力"——浙江松阳乡村振兴论坛综述[J].时代建筑，2019(1): 188–191.
❷ 罗德胤，孙娜，付敢诺.村落保护和乡村振兴的松阳路径[J].建筑学报，2021(1): 1–8.

年，丁蜀镇被住房城乡建设部评为第一批中国特色小镇。党的十九大提出乡村振兴战略，江苏省深入开展美丽乡村建设，深化"一村一品"内涵和品牌建设，宜兴市政府积极推进美丽乡村建设，全面优化村庄布局结构，大力改善乡村人居环境，如丁蜀镇西望村、丁蜀镇三洞桥村、张渚镇省庄村、张渚镇东龙村、西渚镇横山村等乡村入选无锡市美丽乡村示范村。尤其是丁蜀镇作为我国"陶都"，以紫砂陶瓷艺术为核心，以陶瓷文化、陶瓷艺术为依托积极展开艺术介入乡村建设模式，激活丁蜀镇紫砂陶瓷和艺术产业，调动了紫砂陶瓷艺术家、手工艺人、陶瓷工人和村民的活力与参与性，成功走出了一条以陶瓷文化和紫砂艺术为主的乡村建设模式。同年，丁蜀镇成功入选国家特色小镇培育试点名单，丁蜀镇政府以"紫砂文化"为特色，发展文化创意产业、文化旅游产业。2019年，丁蜀镇被评为"中国民间文化艺术之乡"。中国工艺美术大师是我国工艺美术创造者的国家级荣誉称号，是工艺美术行业的至高荣耀。自1979年开始，到如今已评选了七届，其中紫砂界共有17位紫砂艺人被评为"中国工艺美术大师"，他们的名字为顾景舟（1988）、蒋蓉（1993）、徐秀棠（1993）、吕尧臣（1993）、汪寅仙（1993）、徐汉棠（1997）、谭泉海（1997）、李昌鸿（2006）、周桂珍（2006）、顾绍培（2006）、鲍志强（2006）、曹亚麟（2012）、葛军（2018）、季益顺（2018）、毛国强（2018）、吴鸣（2018）、蒋国兴（2018）。丁蜀镇紫砂艺术底蕴雄厚，紫砂陶瓷文化氛围浓烈，紫砂产业多样化，乡镇周边环境均以紫砂和陶瓷进行装饰和点缀，美化乡村环境和优化景观设计，普通老百姓耳濡目染，深受紫砂艺术的熏陶和感染，艺术鉴赏与审美能力较强。

丁蜀镇的发展问题可概括为"经济高地，旅游洼地""藏富于民，消费外流""历史悠久，分散支离""巅峰陶业，产游分离""人文浓厚，城镇欠佳"。❶当地政府坚持以"陶瓷产业为支柱"，做大做强陶瓷产业，优化艺术陶瓷，规范陶土资源管理和人才培养。同时做精工业陶瓷，依托"江苏宜兴陶瓷产业园区"，积极推进"政产学研"合作，进一步推进专业市场建设，强化市场机制作用，依

❶ 丁勇，高奎，王凯. 问题导向视角下特色小镇提升规划方法研究——以宜兴市丁蜀镇为例[J]. 中国会议，2018，11.

托陶瓷产业发展文化生态旅游。宜兴市政府对陶瓷传统手工艺积极开展"非遗"保护工作，2006年，宜兴紫砂被列入第一批国家非物质文化遗产名录，2007年无锡市制定了《宜兴紫砂保护条例》，以地方性法规的形式对宜兴紫砂的原料开采、传统手工艺保护以及市场管理等进行了规定。2012年，紫砂一厂被列为国家级生产性保护示范基地，在此基础上，宜兴紫砂得到更好的保护和发展，当地政府、陶瓷艺术工作者、居民越来越懂得守护好紫砂这块瑰宝。宜兴紫砂的"非遗"保护也走出了一条"器物—传承人—生产性保护"的路径，保护模式经历了从静态保护到以整体性、生产性为核心的动态保护的转变。❶丁蜀镇蜀山南街历史文化遗存较多（表6-3）、历史悠久，被宜兴市评为历史文化街区，当地政府提出"修旧如旧"的老街改造策略，使老街重新焕发出传统的生机。

表6-3　蜀山南街历史文化遗存

遗存类型	目录
文物保护单位及控制单位	省级：东坡书院；市级：蜀山旧街道；控制单位：常安桥
自然文化遗存	蜀山、蠡河、西街北河
历史街区	蜀山南街、西街、北街、当房弄
历史建筑和名人故居	潘家祠堂、潘家大院、蜀山紫砂同业公会、紫砂名人故居或旧居（顾景舟、裴石民、吴云根、朱可心、徐秀堂、徐汉堂、顾绍培等）
陶瓷老字号及其他老字号	毛顺兴、福康、立新、祥丰泰、豫丰、汪裕文、曹乾伦、周焕义、仁宝生等陶瓷老字号商店及其他各类老字号商店13处
古窑址	蜀山窑群
非物质文化遗产	紫砂工艺、范蠡传说、东坡故事、娘娘庙传说
其他	蜀山大桥（20世纪70年代）、娘娘庙（现代）

---

❶ 刘大庆. 传统陶瓷手工艺文化景观生产研究——以宜兴丁蜀镇紫砂手工艺为例[D]. 上海：华东政法大学，2017：50.

纵观宜兴丁蜀镇紫砂艺术介入乡村建设（图6-7），虽然丁蜀镇紫砂文化氛围良好，当地政府制定的总体规划也较好，但是在具体的执行和建设中也遇到了一些瓶颈，主要是没有调动社区居民和村民的积极性和参与性，当地政府自上而下的命令式、指挥棒式的操作，在文物保护和艺术乡建过程中肯定会碰到"反向力量"的抵抗和反对。因此，当地政府应该从社区居民、社会力量等多方入手，形成政府引导、社区主导、村民参与的建设模式，不断完善社区和村民参与机制，提高村民积极性和主动性。这样不仅有益于紫砂艺术和产业的生产与发展，同时也有利于激发社区和村民的认同感和归属感，促进艺术介入乡村全面发展。

图6-7 丁蜀镇艺术乡建

第六节 江苏苏州艺术介入乡村振兴做法与成效

　　江苏省以"特色、田园、乡村"作为美丽乡村建设行动指南，不断提升农民群众获得感、幸福感和安全感，持续提高乡村环境优美化、生态化和宜居化，探索乡村振兴的多元实践路径。尤其在艺术介入乡村建设如火如荼的大背景下，苏州特色田园乡村建设注重引导设计师、艺术家等富有创意的人才投身乡村建设与发展，引入创意阶层人员打造文化创意产业和文化创意孵化基地，依托苏州高校新建"智库"，激发村庄活力，开发旅游文创产品品牌建设，提升乡村产业竞争力。同时江苏省以高水平的设计为引领，建设特色乡村，先后印发《特色田园乡村建设规划指南》《江苏地域传统建筑元素资料手册》《乡村营建案例手册》等对特色田园乡村建设进行指导。齐康院士领衔设计的南京江宁区佘村，以"传统村落风貌特质保护与文化激活驱动乡村整体复兴"为发展理念，实现诗意田园。崔愷院士领衔设计的苏州昆山祝家甸村砖窑博物馆项目，激活村庄内在活力，实现乡村历史遗存的当代创新利用，推动祝家甸村文化创意产业、乡村旅游等发展。王建国院士领衔设计的钱家渡，全国勘察设计大师冯正功设计的倪园村以及江苏省设计大师丁沃沃、张雷、韩冬青、张应鹏、张京祥设计的黄庄村、沙头村、垄上村、马庄村、徐家院和观音殿村，已成为既有"美丽颜值"，又有"品质内涵"的特色田园乡村。❶

　　苏州本身就是一座历史文化底蕴深厚、艺术门类璀璨多样、名人雅士聚集、城乡百姓富足的城市，自古就是鱼米之乡，享有"苏湖熟，天下足""小桥流水人家"的美誉。它拥有丰富多

---

❶ 周岚，崔曙平，曲秀丽. 特色田园乡村：乡村建设行动的江苏实践[J]. 城乡建设，2021(6): 16-27.

彩的民间艺术、苏作艺术、当代公共艺术，同时还拥有独树一格的江南园林文化、姑苏文化、运河文化和"非遗"文化。而今，苏州处于长三角地区发展高地，新时代美丽乡村发展示范地，它正以高品质、快速度地推进美丽乡村建设，尤其在艺术介入乡村建设中，它以艺术推动村落复兴为手段，颠覆现有的"新农村建设"偏差和误区，得到不同人士的关注和重视。艺术修复乡村计划即借助集聚的艺术文化要素，提取并优化艺术群体与农村群体融合的优势，重新梳理和更新村落文化生态，建新乡村环境下的再生机制，打造乡村与时代同步的、全新的生活方式与文明习惯，将新农村建设推向一个史无前例、真正可持续的发展高度。❶苏州从2007年举办第七届国际民间艺术节起，到2020年已举办了九届民间艺术节（表6-4），经过十多年的发展、传播和演绎，苏州民间艺术的社会化育功能不断深入人心，不断地推进苏州民间艺术高质量、数字化、现代化、多元化发展。民间艺术是艺术家对村民进行的一种社会化智育、德育、美育等理念的灌输，更重要的是它能调动村民内部之间的互动和参与，就像苏州评弹那样可以起到乡村化育作用，在轻松愉快的休闲生活中对村民进行思想陶冶，实现民间艺术润叶无声、潜移默化的社会功能。苏州艺术介入乡村建设经过近几年的努力发展也取得了较好成绩，如苏州阳澄湖地景装置艺术节、苏州半岛艺术节、东山镇莫厘村艺术乡建、南旺村艺术乡建，以及光福镇香雪村、通安镇、望亭镇等艺术乡建均得到快速发展，目前已形成艺术家、设计师、建筑师介入乡村建设及艺术院校校企合作等多种形式的艺术乡建模式。它们以艺术为手段，强调人与自然和谐共生，积极调动政府、企业、村民和社会力量参与乡村建设，实现村庄与村庄、艺术与自然、城市与乡村共生融合发展。

表6-4 苏州历年民间艺术节

时间 （年）	具体内容	民间艺术节主题
2007	第七届中国国际民间艺术节	友谊交流、共同发展

---

❶ 宋晓真. 创意产业视角下苏州乡村文化景观建设研究[J]. 江南论坛, 2018(3): 26–28.

时间 （年）	具体内容	民间艺术节主题
2010	第八届中国国际民间艺术节	发展民间艺术，促进友谊和平
2012	第九届苏州市民间艺术节暨"家在苏州"工艺美术大师、新人作品联展	家在苏州
2015	第十三届苏州市民间艺术节	珍珠宝石华彩绽放，民间艺术全民共享
2016	第十四届苏州市民间艺术节	弘扬工匠精神，展现阳澄魅力
2017	第十五届苏州市民间艺术节暨第七届苏州角直水乡妇女服饰文化节	民间艺术走进民间，艺术生活提升品位
2018	第十六届苏州市民间艺术节暨四会玉器翡翠文化节	传承·发展·交流
2019	第十七届苏州市民间艺术节暨第九届苏州角直水乡妇女服饰文化节	艺献人民、提升品位、传承经典
2020	第十八届苏州市民间艺术节暨第十届苏州角直水乡妇女服饰文化节	艺随时代、传承创新

注　根据网上相关资料综合整理。

　　江苏工艺美术职业技术学院也不断开展艺术院校介入乡村建设实践，该校长期服务于苏州本土文化创意，从艺术教育、社会实践、校企合作等方面积极开展艺术介入乡村建设，提升乡村文化创意设计，实现艺术振兴乡村。2015年5月，江苏工艺美术职业技术学院在苏州市委组织部统一安排下，与吴中区香山街道长沙社区结成艺术帮扶，围绕社区规划、生态环境保护、产业升级、资源开发等方面开展精准帮扶。学院结合社区、村民实际需求，有针对性地开展艺术文化活动，先后推出"长沙社区旅游导视系统""长沙岛农家乐手绘地区"等系列旅游商品创意项目，打响了苏州太湖乡村文化艺术活动品牌。学院以"助力乡村振兴战略，实现校地合力育人"为教学创新点，以"设计美学"为方向，挖掘和表现乡村在地文化、民间艺术、环境景观，从而有效推动乡村文旅建设，促进乡村振兴。2017苏州太湖长沙岛·南旺乡村公共艺术展的成功举办就是学院落实苏州市驻村"第一书记"工作项目，探索公共艺术与村民的良好互动方式，激活乡村艺术文化活力的一次有益尝试。❶同时举办了以"色彩南旺·艺术长沙"为主题的艺术展览和学术研讨活动（图6-8），中外艺术家开展驻村创作，用艺术手法打造南旺村，激活村庄内部活力，实现乡村产业升级。此外，环境艺术设计乡村实践团队把艺术课题办成了乡村实践课堂，不断提升社区公共环境和文化艺术，促进村庄民宿、农家乐、手工艺术品、乡村旅游的发展。2019年，视觉传达学院师生与苏州吴中区临湖镇灵湖村积极开展艺术乡建校企合作，他们以"苏州临湖镇品牌文化提升助理城乡经济发展探究"为主体，从

图6-8　苏州市南旺村艺术乡建

---

❶ 胡发强.地方艺术院校保护开发传统手工艺的途径探讨——以苏州市为例[J].山西能源学院学报,2017(11): 178-179.

视觉传达、品牌策划、文创设计、乡村手绘、短视频制作等方面提升乡村整体视觉力和品牌影响力。2020年，学院与东山镇莫厘村联合开展"古韵今峰"首届半岛艺术节，通过艺术家参与乡村建设，以点带面，培育农文旅融合发展，提升莫厘村旅游品牌，促进艺术与文化介入乡村振兴。东山镇党委书记徐雪棣希望艺术能进一步发挥文化艺术滋养乡村的功能，推动公共艺术融入人居环境，助力乡村振兴战略实施。

2016年苏州开启阳澄湖地景装置艺术季，邀请中外著名艺术家、建筑师、设计师、艺术跨界人士及艺术设计机构等共同参与，构建了十个充满幻想且有视觉冲击力的地景装置艺术作品，他们通过地景装置艺术探索大地，引发人们对环境的思考与批判，其中张永和建筑师创作的"玻璃砖拱亭"，就像一个取景框，把特定景物定格在同一框景里，实现场地对环境影响的最低化。Gensler设计的"胃"装置艺术，倡导一种新的从"消耗模式"转换成可持续"修复模式"的理念。这些地景装置艺术实践开启了人们对艺术激活社区的憧憬和想象，艺术是以一种柔和、温和的方式修复社区，复兴乡村，而不是像资本那样大规模地介入乡村，导致乡村生态、环境、文化、生活方式等发生重大改变或冲击。这也就是艺术的魅力所在，因为艺术本身就是一种美的享受，它还具有教育、美育、德育、智育、化育等多重作用，能够潜移默化、润叶无声地推动乡村社会、文化和经济发展。2018年，苏州市住建局推出特色田园乡村建设设计师驻村服务制度，一大批优秀建筑师、设计师响应市政府号召，以艺术、设计、建筑等专业特长走入乡村，参与乡村深度建设（图6-9），其中平家华成为临湖镇黄墅村驻村设计师，设计师与村庄手工艺人们一起以"匠人心思"融入创意之美，改善黄墅村整体规划和乡村环境。他们设计了儿童之家、匠心工坊、民宿等公共空间，激活了乡村活力，复兴了乡村文化和艺术。2019年，黄墅村荣获"苏州特色田园精品示范村"的称号，同时由于新兴产业的引入，吸引了不少年轻人回乡创业，为乡村发展注入新活力。西巷村原先乡村环境较差，空心化严重，2014年，生态保育专家林正雄对杨湾村调研发现这里野生动物资源丰富，特别是青蛙较多，足足有

61种。村委会研究决定以"青蛙"为主题进行美丽乡村建设，台湾文创团队从文化创意植入乡村改造，从生态环境保护方面构建多功能旅游业态开发，筑巢引凤，不断深化"青蛙"文化艺术特色，不断推出生态乐园、文化集市、小村书店、两栖艺术节等一系列项目，促进乡村旅游，提高收入。驻村设计师姚永光和他的艺术设计团队对青蛙村、舟山村等乡村进行设计，改善乡村环境设施，提高村民自信，引入新兴产业，让农民有切实的获得感，从农民和农村自身出发，思考如何可持续地实现乡村振兴。苏州科技大学设计研究院有限公司副院长吴有伟驻于北竹坞村，他们根据村庄场地和特色，从风貌塑形入手，设计采用微介入的方法，留住北竹坞村的"形"，打造北竹坞村的"神"，以文化塑魂，传承乡村文脉，留住乡村记忆。乡村建设不存在统一模式，因此，不同村庄在产业、文化、生态、空间等方面，在城乡融合发展背景下综合规划考量、系统推动建设实施，方能彰显乡村多元价值、绘就新时代"各美其美、美美与共"的"富春山居图"。

图6-9　苏州设计师、艺术家驻村参与乡村深度建设

第七节 江苏昆山艺术介入乡村振兴做法与成效

在城市化和工业化快速发展下，昆山乡村发展似乎只有一个主题，那就是乡村城市化。建筑被大量拆迁，导致房屋倒塌，空心化越来越严重，使昆山的乡村逐渐衰落。这其实是在破坏乡村文化、社会和老百姓平常生活，损坏乡村特有乡土风俗、景观和风貌。在美丽乡村建设和乡村振兴战略下，昆山市委、市政府根据江苏省田园特色乡村建设总目标积极推进特色乡村建设。由于昆山历史文化底蕴深厚，曲艺众多，民间艺术发达，昆曲闻名于世，被称为"百戏之祖"，2001 年被联合国教科文组织列为"人类口述和非物质遗产代表作"。当地政府开始借鉴国内外艺术介入乡村建设模式，从昆山优秀的民间艺术、昆曲、"非遗"等文化艺术入手，积极推进艺术设计的微介入，从而推进乡村振兴。其中以我国著名建筑设计专家崔愷院士设计的锦溪镇祝甸村和西浜村昆曲学社最具代表性（图6-10），其中昆曲学社被评为"最佳建筑艺术创作实例"，祝甸砖窑改造被评为"最佳废旧建筑再利用实例"，这两个项目都被住房城乡建设部评为"田园建筑一等奖优秀案例"。锦溪一直流传着"三十六座桥，七十二只窑"的说法，祝甸村历史上曾经是金砖制作加工地，现存明清古砖窑十余座。2015 年，崔愷院士以"微介入"方法，保持原有村镇和田园的肌理、尺度、空间形态，从一个点出发，激活村庄内生动力，以最轻、最细微的方式，潜移默化地影响，实现村庄的更新与改造。他们对祝甸村古砖窑博物馆、民宿酒店进行"针灸"设计，以点成线，乃至成面地对村庄进行整治和微介入，引入民宿、文创、文旅等产业，一点一点地促进乡村文化复兴，恢复乡村社会伦理秩序，建立乡村认

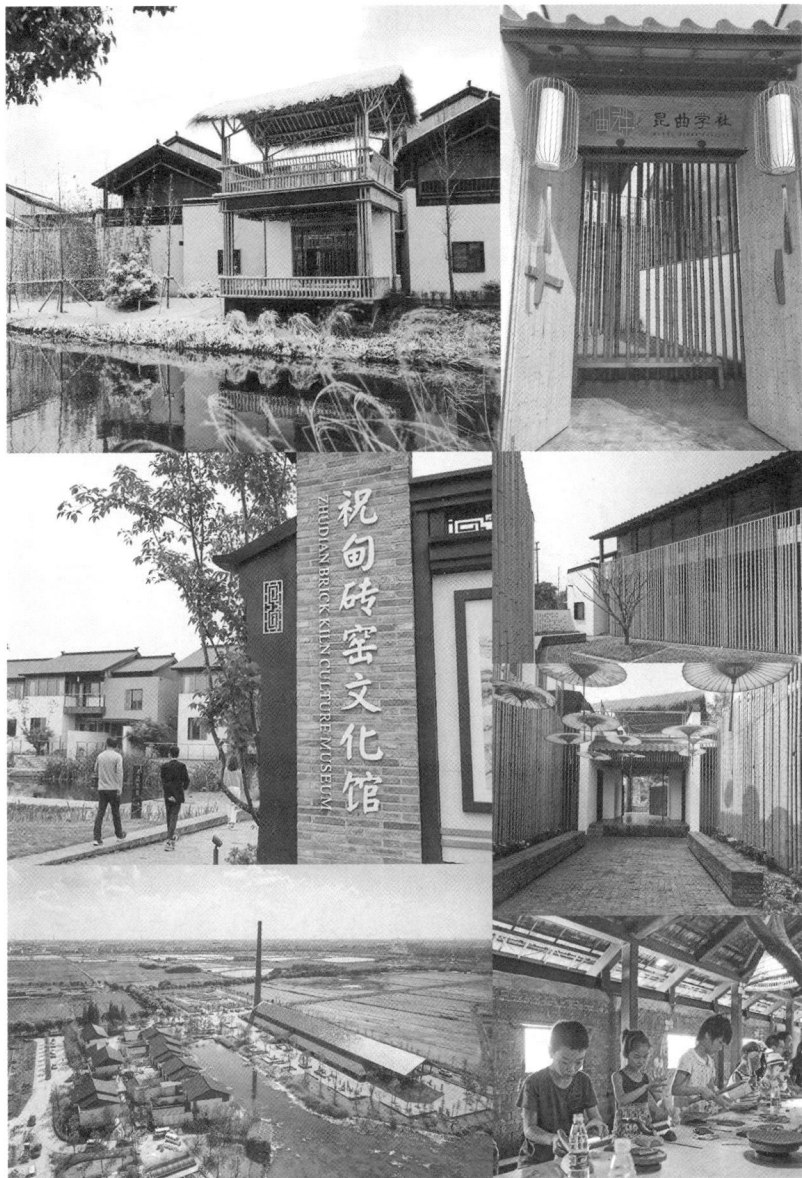

图6-10 昆山昆曲学社、祝甸砖窑文化馆"微介入"乡村建设

同感和幸福感，实现人才回归。而西浜村正是昆曲的诞生地所在，为保持文化记忆、传承非物质文化和当地风貌特色，当地政府邀请崔愷院士设计一间"昆曲学社"，让昆曲再兴，复兴乡村，增强村民凝聚力和团结力。整个规划布局尊重原有村落，保持原来院落格局和水陆关系，实现了对村落肌理的重构与梳理，使其融合在西浜村肌理之中。昆山学社的微介入，让政府、村民和其他人士看到了建筑设计介入乡村建设的希望，激发了人们对传统文化艺术的深度思考。设计师提出轻微介入的有机更新策略，希望通过对昆曲学社这个点的更新与改造，激发并带动周边的房屋、景观进行更新改造。选择位于村口的4套已经坍塌的农院，严格在原址上重建和改建这4套院子，将缺失的乡村肌理重新织补起来，并通过这种修补，将诗情画意、曲调音律一并植入乡村，从而延续曾经的美丽。❶昆曲学社如今已成为江苏省网红打卡之地，尤其是在乡村振兴中，人才振兴是第一位的，昆曲学社一旁建立了乡村建设院士站，通过引进院士、博士、硕士等高精尖人才驻场，为乡村振兴注入人才智库。

昆山千灯镇积极推进"农文旅"融合，依托当地绿色生态资源和丰富的人文艺术特色，大力发展乡村旅游，促进乡村振兴。歇马桥村古迹古建筑遗址较多，人文艺术特色鲜明，生态农业资源丰富，2019年成为江苏省特色田园乡村建设第三批试点乡村。同年，歇马桥村与苏州文旅集团、苏州亚太集团签订歇马桥乡村文旅综合体项目战略合作协议，从特色资源保护和开发的角度，引进精品民宿和乡村艺术馆，推动歇马桥村生态、人文、艺术、休闲一体化美丽乡村建设，从而实现乡村产业、人才、文化、艺术、生态等全面振兴。首先，提升歇马桥村整体环境和公共基础设施建设，推进古街古建筑的修复和开发，从而在人居环境上实现乡村环境美。其次，激活村落人文、艺术、古迹古建筑等历史遗迹，引进优秀艺术家、设计师融合歇马桥村民俗、民艺等努力打造国际化的美丽艺术乡村，提升村落人文艺术美。最后，引进各种业态和产业，积极推进乡村农文旅综合发展，提升村民的参与性和互动性，以民宿、农家乐、田

---

❶ 风景园林网. 乡村改造案例分享: 蒋山渔村＋西浜村昆曲学社[EB/OL]. 2020-06-16[2021-07-01]. https://www.quanyulv.com/country/revitalization/8740. html.

园风光、休闲娱乐等项目调动主动性，促进企业、艺术家、村民共建美好家园。用艺术活化乡村，促进当代艺术与民间艺术的融合发展，让更多人接受艺术熏陶，促进古村落可持续发展，从而形成"歇马桥艺术乡村建设新样板"。

第七章

江浙地区艺术介入乡村振兴的路径

第一节　增强乡村振兴战略意识，深化乡村艺术全面建设

党的十九大提出的关于"三农"全面建设战略方针，即"产业兴旺、生态宜居、乡风文明、治理有效、生活富裕"。"产业兴旺"是农村发展的前提和根基，乡村只有把第一、第二、第三产业进行多元、融合发展，才能促进乡村振兴，否则一切都是空谈，乡村如果没有产业也就无法把经济、村民、生活串联起来，乡村振兴也就无从谈起。"生态宜居"是乡村发展的内在要求，也是乡村价值所在，乡村只有实现生态宜居，才能引凤筑巢、安居乐业。"乡风文明"是当代乡村的精神面貌和内在价值的反映，也是乡村振兴的紧迫任务。"治理有效"是乡村振兴的重要保障，乡村治理最终还是要以村民自治为主，其他治理为辅的方式实现乡村治理现代化。"生活富裕"是乡村振兴战略的根本，即实现全面建成小康社会。2018年中央一号文件部署了乡村振兴战略的具体落实措施，从全局、长远、全面三个方面涉及各个领域、部门进行可持续、科学、循序渐进的乡村建设。中央政府为实现全面建成小康社会，分两个阶段实现第二个百年奋斗目标的战略安排，明确提出三个阶段的奋斗目标：第一阶段到2020年，乡村振兴取得重要进展，制度框架和政策体系基本完成；第二阶段到2035年，乡村振兴取得决定性进展，农业农村现代化基本实现；第三阶段到2050年，把我国建成富强民主文明和谐美丽的社会主义现代化强国。

江浙地区属于长三角发达地区，经济发达、交通便捷，形成了以上海为中心的都市经济圈和当代文艺圈，江浙城乡差距较小，农民生活总体富裕，农村生活环境优美，乡镇企业和第

三产业相对较多，尤其经过美丽乡村建设后，江浙地区乡村建设水平离西方一些发达国家乡村建设水平已不远。浙江省委、省政府自2003年全面实施"前村示范万村整治"工程起，坚持"绿水青山就是金山银山"的实践理念，一张蓝图绘到底，一任接着一任干，统一规划，分步实施，逐步深入。从美丽乡村建设"安吉模式""德清模式"到余村"两山理论"，从艺术介入乡村建设"乌镇模式""松阳模式"到景村融合、智慧乡村，浙江乡村建设一直走在全国乡村建设的前列，作为美丽乡村建设的"浙江模式"已是全国乡村建设最重要的"窗口"。浙江的美丽乡村建设起步早、动作快、资金投入大，思路超前、措施完善、成效显著，是一条新农村建设与生态文明建设相互促进、城市与乡村统筹推进、三大产业相互融合的科学发展之路，是"创新、协调、绿色、开发、共享"发展理念在新农村建设的一个成功范例。❶浙江美丽乡村建设路径主要有以下四个方面：①坚持山水浙江发展理念。浙江乡村既有田园牧歌、山水林园，也有先进设施、现代风貌。省政府坚持规划先行，突出地方特色和地域特征，坚持一个理念，强调生态良好，环境优美，坚持因地制宜，重视一村一品建设。②坚持绿色发展。从村庄环境整治、绿化、生态等方面开展村庄生态改造和提升农民生态环保意识。③提升现代公共设施水平。因地制宜上设施，搭建服务平台，努力提高农民生活品质。④保护传承历史文脉。统筹乡村文化根脉的保护与建设，挖掘民俗遗迹，合理开发和利用文艺资源，塑造乡村文化品牌建设。2018年浙江省委、省政府印发《全面实施乡村振兴战略高水平推进农业农村现代化行动计划（2018—2022年）》，全面开启新时代"三农"发展新征程，以习近平总书记乡村振兴战略思想为指导，既要认真贯彻落实党的十九大和中央一号文件精神的"普通话"，又要凸显自身优势和地域特色的"浙江话"，从系统性、科学性、创新性和可操作性等方面高质量推进乡村振兴。

江苏省积极推进特色田园乡村建设，2017年江苏省委、省政府印发《江苏省特色田园乡村建设行动计划》，围绕特色、田园、乡村三个要素，从物质和精神、有形和无形、服务和治理、发展和生态协调等方面积极推进美丽乡村建设，

---

❶ 王国灿. 浙江省美丽乡村建设的经验与启示[J]. 人文天下，2018(11): 2–9.

开创江苏的"新乡土时代",为全国实施乡村振兴战略交出江苏答卷。其中最为亮点的是邀请建筑师、设计师驻村,根据乡村特色进行量身打造,让"方案"变成"实施",让"设计"变成"实践",实现产业、人才、经济、旅游等全方面振兴。时任江苏省委书记指出:"特色田园乡村不是简单地复制过去的乡村建设模式,也不是简单的乡村美化行动,它既是展现社会主义新农村建设成效的直观窗口,又是传承乡愁记忆和农耕文明的当代表达,也是农村发展'一村一品'和生态保护修复的空间载体,其建设过程还是组织发动农民、强化基层党建、培育新乡贤、提高社会治理水平、重塑乡村凝聚力的有效途径。"从徐州贾汪"治山理水",无锡宜兴"显山露水",南京江宁"需求驱动",最终在江苏全省打造成出一幅"城乡融合、美美与共"的美好乡村图景。经过三年多的努力,江苏特色田园乡村建设行动取得了显著的阶段性成效,彰显了新时代乡村的多元价值,提升了农民群众的幸福感和安全感,探索了乡村振兴的多元实践路径,形成了可借鉴、可复制、可推广的多样化成果,得到了政府、学界、社会和群众的充分肯定。❶江苏省委十三届八次全会强调要深化"强富美高"创新实践,高起点推进美丽乡村建设,努力打造美丽中国的现实样板。2020年,江苏省委、省政府印发《关于深入推进美丽江苏建设的意见》明确提出:"到2025年建成1000个特色田园乡村"的目标要求。当地政府结合乡村实际情况,不断拓展乡村人文环境新体验、树立系统性的有机发展新理念、建设开发共享的美丽新乡村,全面建成山清水秀、天蓝地绿、村美人和,让城市更加向往的美丽田园乡村。

江浙地区省委、省政府根据党的十九大报告提出的"实施乡村振兴战略",不断地提高和增强乡村振兴国家战略地位,从政治站位和思想意识形态上不断强化政治担当,建立健全乡村真诚领导体制和工作机制。艺术介入乡村建设是当代美丽乡村建设的一种方式、一种新尝试,它的本质也是要实现乡村经济、生态、文化、产业等融合发展,实现景村融合、共同富裕。江浙地区具有先天的经济繁荣、产业发达、交通便利、农民富裕等条件,它们为艺术介入乡村建设提供了较好的经济基础和物质境保障。艺术介入乡村建设,以一种积极姿态

❶ 周岚,崔曙平,曲秀丽.特色田园乡村:乡村建设行动的江苏实践[J].城乡建设,2021(6): 16-27.

主动唤醒乡村文化活力，为解决乡村问题和建设美丽乡村提供助力，实现具有新时代意义的乡村文化振兴，不仅具有正当性，而且也是时代发展的必然需要。❶

第二节 完善基础设施，创建宜居宜游宜业的艺术乡村

农村基础设施是产业兴旺的"先行资本"，是生态宜居的"必要条件"，是生活富裕的"主要屏障"，更是助推乡村振兴的必要要求和重要保障。农村基础设施不仅能直接促进经济增长，还能通过规模效应和网络效应间接促进经济增长，更能吸引乡村各类要素和文艺人才回归农村进行乡村建设。尤其在当今艺术乡建的热潮下，艺术乡建大致呈现出"环境营造""文化复兴""产业发展""文艺旅融合""社区营造"等模式，而农村基础设施也是艺术乡建的首要条件，因为基础设施在乡村振兴中具备要素流动效应、规模效应、结构效应、乘数效应等机理作用，同时在艺术乡建中具备直接增收和间接增收两个功效，即通过艺术家的乡村艺术活动和实践，激活乡村内在活力，提高农民收入，促进乡村文艺旅融合发展和电商新业态，实现直接增收。同时艺术乡建过程中完善公共基础设施，提高乡村知名度，间接提高了乡村经济收入。

江浙地区作为我国经济较发达地区，一直坚持和完善国家对"三农"的建设和投入，积极推进城乡基础设施互联互通、共建共享，促进农村基本公共服务均等化，城乡一体化等发展思路。2019年发改委、财政部印发《关于深化农村公

---

❶ 谢仁敏，司培. 艺术介入美丽乡村建设的逻辑机理和实现路径[J]. 四川戏剧，2020(6): 28–32.

共基础设施管护体制改革的指导意见》，明确提出到2025年，初步建立政府主导、多方参与、市场运作的农村公共基础设施管护体制机制，明晰管护主体和责任，健全管护标准和规范，较好落实管护经费，提升管护水平和质量。2020年中央一号文件提出，对标全面建成小康社会加快补上农村基础设施和公共服务短板，从农村公共服务、人居环境、公共基础设施等方面全面对标建成小康社会要求。自2003年起，浙江省先后出台《浙江生态省建设规划纲要》《关于生态省建设的决定》等文件，开展"千村示范、万村整治"工程，不断地加强农村公共基础设施建设，在"八八战略"的引领下，浙江省深入践行"两山"理论和美丽乡村建设，经过18年的发展，浙江美丽乡村建设、人居环境领跑全国，成为浙江的一张金名片。浙江农村公共基础设施发展大致经历了四个阶段（图7-1），①第一阶段为乡村基础环境整治阶段（2003~2007年）。2003年，浙江省提出"千万工程"示范和整治要求，各个村庄根据分类整治，建设"绿色浙江"的战略目标，先后部署"百亿生态环境保护建设工程""一池三改""农村环境五整治一提高"等工作，重点解决农村环境污染和乡村基础环境整治问题，为后续各类乡村建设奠定了重要基础。②第二阶段为乡村人居环境提升阶段（2008~2010年）。从农村环境综合整治、农村土地综合整治、农村整治资金补助等方面深入开展乡村人居环境建设，从"村道硬化、垃圾处理、卫生改厕和污水处理"四大项目到"一村一品"特色村，从"强塘固房"到"四个围绕"，从"资金补助"到"政绩考核"等方面全面提升乡村人居环境建设，加强公共基础设施和公共服务均等化建设，

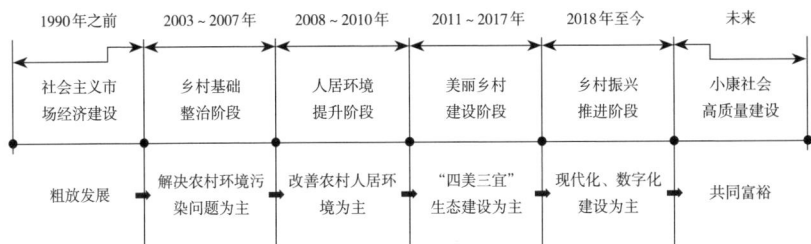

1990年之前	2003~2007年	2008~2010年	2011~2017年	2018年至今	未来
社会主义市场经济建设	乡村基础整治阶段	人居环境提升阶段	美丽乡村建设阶段	乡村振兴推进阶段	小康社会高质量建设
粗放发展	解决农村环境污染问题为主	改善农村人居环境为主	"四美三宜"生态建设为主	现代化、数字化建设为主	共同富裕

图7-1　浙江农村基础设施发展历程演变

为后续美丽乡村建设提供了重要物质支撑。③第三阶段为美丽乡村建设阶段（2011~2017年）。坚持以人为本，以"四美三宜"推进生态文明建设，从乡村环境综合整治、中心村建设及历史文化村落保护与利用等方面深入开展美丽乡村建设。其中"安吉模式"已成为全国美丽乡村建设的样板和典型，随后出现"德清模式""桐庐模式""莫干山模式"等美丽乡村建设模范。④第四阶段为乡村振兴推进阶段（2018年至今）。围绕"以人民为中心""现代化""数字化"等方面积极推进乡村振兴，努力推进全体农民共同富裕走在全国前列，率先实现农业农村现代化。2018年省委、省政府印发《全面实施乡村振兴战略高水平推进农业农村现代化行动计划（2018—2020年）》，全面开启新时代"三农"发展新征程。从"四好农村路"到"最多跑一次"，从5G通信建设到"数字浙江建设"，从公共卫生服务、社会保障功能、农村教育质量、文化体育事业、关爱服务体系等方面积极深化和优化农村公共基础设施建设，建设一批数字乡村典型示范区，努力争创社会主义现代化"数字三农"先行省，为助力数字乡村振兴发展做出贡献。浙江省经过多年的探索，农村公共基础设施水平和公共服务能力得到较快发展，但同时也存在维护成本高、乡村人口空心化、乡村产业难以孕育等问题。因此，如何强化城乡要素资源的流通能力，进一步提升公共基础设施的"建、管、控、养、护"等制度建设，将是浙江省乡村建设急需思考的战略问题。

江苏省委、省政府一直重视"三农"建设，从党的十一届三中全会开始，江苏通过大规模的投资、建设和发展，城乡基础设施建设事业突飞猛进，城乡面貌日新月异，为全省经济社会快速发展奠定了坚实基础。从1992年邓小平南巡讲话的精神激励下，江苏省农村基础设施开始得到快速发展和提升，大致经历了三个阶段。①第一阶段为乡村基础设施整治与发展阶段（1992~2005年），不断加大公路、航道、居住环境、基础设施及公共服务均等化等方面建设，走"三化"带"三农"道路，践行"三大合作""五件实事"，基本完成"四纵四横四联"高速公路网络主骨架，为农村改革发展开创了新局面。②第二阶段为人居环境提升与美丽乡村建设阶段（2006~2016年），以积极打造"强富美高"新江苏为目标，率先全国建立农村土地规模流转补贴制度，提出"江苏标准"，将投资质量和效益放在突出位置。水网、交通、电力、信息等农村人居环境和美丽乡村建设得到较快发展。③第三阶段为特色田园乡村建设阶段（2017年至今），积极打造"生态优、村庄美、产业特、农民富、集体强、乡风好"的特色田园乡村建设目标，继续深化和拓展"强富美高"新江苏和"两聚一高"新实践。从2017年江苏省委、省政府印发《江苏省特色田园乡村建设行动计划》到2020年印发《江苏省特色田园乡村评价命名标准》《江苏省特色田园乡村创建工作方案》等文件，江苏省委、省政府高度重视乡村发展，不断提升农民群众的获得感、幸福感和安全感。

江浙地区城乡一体化发展较好，农村公共基础设施总体水平较高，交通发达，水电煤气齐全，人居环境良好，这些都为艺术乡建提供了较好的物质基础，同时政府官员素质高，办事能力强、效率快，地方资本雄厚，能够较好地吸引相关人才回村创业，推进艺术相关产业发展。江浙地区艺术乡建过程中一些村庄公共基础设施建设随着新农村、美丽乡村、乡村振兴发展过程得到快速的发展和提升，如嘉兴乌镇、横岗村、油车港镇栖真村、王江泾镇理想村、王店镇南梅村等村落在艺术乡建过程中，通过政府、资本、艺术家、村民、企业等多方力量介入乡村，尤其是艺术家通过"作品的在场"促进乡村艺术化、感受视觉化、环境人文化发展，进一步推动嘉兴地区艺术乡建公共基础设施和公共服务均等化建设，让游客、村民更深刻地感受到江浙地区乡村的变化。因此，这种在场感吸引着向往艺术的外地访客光临乡村，产生必要的生活消费以及一定的艺术消费，为原本结构单一、运作迟滞的乡村经济带来新的资本流动，进而实现乡村经济的振兴。❶江浙地区农村基础设施建设已经取得了很多成绩，但离实现乡村振兴战略要求和创建宜居、宜游、宜业的艺术乡村目标还有较大差距，主要存在以下几个问题：一是农田水利、交通、电力、供水、环卫、网络等经济基础设施数量和质量还不够，出现重建设、轻养护，重速度、轻质量的问题。二是农村教育、医疗、娱乐等社会基础设施有待进一步

---

❶ 曾莉，齐君. 环境、文化、产业——论艺术乡建历程上的三个主要范式[J]. 美术与设计，2020(2): 140–146.

提升，农民就医经济负担离"人人享有基本医疗卫生服务"仍有一定差距，农村休闲娱乐相对简单、单一，文化队伍力量相对较弱。因此，江浙地区政府必须重新认识新时代新农村的内在要求，科学制定农村基础设施建设规划，保障农村基础设施建设资金来源、健全农村基础设施管护体制机制、完善农村基础设施配套制度等方面深入展开，努力提升农村基础设施建设，为艺术乡建创造宜居、宜游、宜业的乡村环境。

第三节　培育艺术文化产业，激发艺术乡建内在动力

文化产业目前已成为我国一个新兴产业，中国共产党十七届六中全会凸显文化产业的战略地位，要求构建现代化文化产业体系，建设社会主义文化强国。民间艺术产业是文化产业的重要组成部分，它遵循了文化产业具备的使用价值和价值两个因素，具有文化性和经济性，独特性和一般性，公益性和营利性。我国民间艺术产业发展相对较晚，整体水平一般，但随着国家经济、文化、艺术等不断发展，民间艺术和民间艺术产业也得到一定的发展。2015年，中共中央办公厅、国务院办公厅印发《关于加快构建现代公共文化服务台体系的意见》文件，统筹推进公共文化服务均衡发展，提升公共文化设施建设、管理和服务水平，增强公共文化服务发展动力，加大公共服务保障力度等措施。党的十九大后，我国文化产业和文化事业得到蓬勃发展，公共文化服务体系基本建成，文化自信得到彰显，中华文化的世界话语权与影响力明显提升。其中艺术文化产业得到较快的发展，形成了一些品牌艺术产业，如北京798艺术文化产业园、上海田子坊、深圳大芬油画村，江浙地区的杭州

西溪创意产业园、乌镇互联网创意园、龙泉青瓷艺术文化产业圈、苏州苏绣产业园、宜兴紫砂艺术创意园、昆山昆曲艺术园区等艺术产业得到较好发展。国家不断加大对艺术的支持力度，为公共艺术、民间艺术和表演等艺术提供了良好的政策环境和经济支持。从2015~2019年中国艺术表演场馆举行艺术表演及观众人次来看（图7-2），我国艺术活动得到较大的发展，艺术产业也得到了较好的发展和提升。艺术产业是艺术生产、艺术商业与艺术消费等艺术经济活动的总和，国家统计局的《文化及相关产业分类》，将文化艺术服务归类为文化产业的核心层。艺术产业化一方面能最大限度地满足人们精神生活层面的各种需要，使受众受到艺术的陶冶和感化，提升民族的艺术素养与审美水平；另一方面又可以通过产业导向，使艺术市场得以拓展和深化，做到产业化而且适度，并和现代经济发展规律相适应。❶艺术文化产业占GDP比重逐年提升，它将是今后居民文化消费的新方式之一，也是乡村文化艺术繁荣和经济发展新的增长点。

2015~2019年中国艺术表演场馆举行艺术演出及观众人次情况表

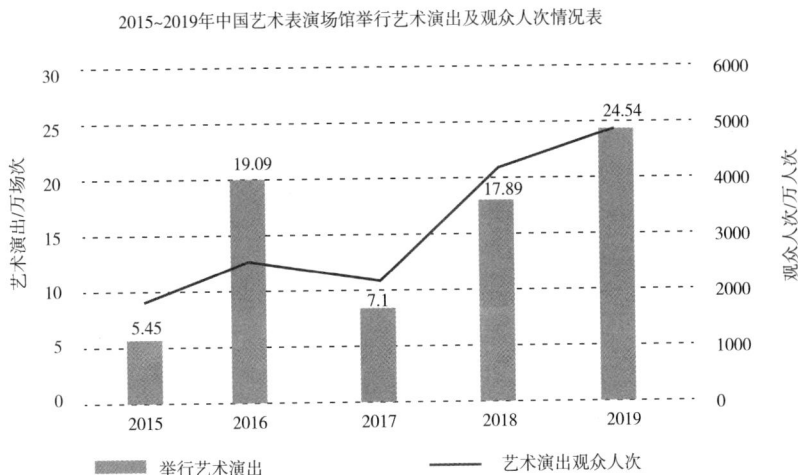

图7-2　2015~2019年中国艺术表演场馆举行艺术演出及观众人次情况表

资料来源：中国文化和旅游部，结合相关资料进行绘制。

---

❶ 徐敦广，刘莉. 当前我国艺术产业发展中的主要问题及对策探析[J]. 东北师大学报(哲学社会科学版), 2005(5): 150-156.

江浙地区文化创意产业和民间艺术相对较发达，尤其是浙北和苏南地区产业结构和规模相对较好，"上海—杭州—宁波—苏州—南京—无锡"等长三角都市圈艺术文化产业发展迅速，能够吸引大量的文化产业人才。同时随着城乡一体化和美丽乡村建设的推进，江浙地区艺术介入乡村建设规模逐年增长，得到政府、艺术家、村民、企业的关注和重视，逐渐已成为一种乡建运动。民间艺术不仅表现出旺盛的生命力，而且其产业化发展还促成了当地经济结构、文化结构的变迁。从新的语境来看，"文化搭台，经济唱戏"应该是传统民俗从神圣空间向公共领域融入后，因适应公共领域的经济属性而表现出的新的文化属性，是其自身"活的民俗"属性的激活与生长。❶江浙地区民间艺术资源具有文化价值和经济价值，同时民间艺术产业开发也是对民间艺术价值的重构。江浙地区气候湿润、山清水秀、环境优美，百姓自古以来生活较为富足，为人谦和、外柔内刚、经世致用，注重文艺理论与实践相结合，居民自身素质和文艺修养普遍较好。江浙地区民间艺术体现了吴越、太湖和江南水乡的文化性和经验性，江南水乡古镇、白墙灰瓦、小桥流水、昆曲越剧、皮影农民画等民间艺术都具有区域文化相同性、相似性。江浙民间艺术反映出"鱼米之乡"的细腻婉转、柔情乐观、拼搏进取的个性特点，其艺术个性灵秀优雅、精巧柔美、和而不同，具有内在的自觉性心态。经济价值是民间艺术重要的现实价值，对民间艺术经济价值的合理利用，是民间艺术传承、发展的应有之意。❷江浙民间艺术的发展在一定程度上体现了江浙地区经济的发展态势，从某种意义上讲，它是江浙地区经济的有益补充。并且，由于民间艺术的介入而引起的人们物质消费文化和经济生产文化的观念变化，形成了一种循环往复的作用力，制约并推动着生产方式的变化。❸民间艺术可以推动农村文化产业发展，带动农村经济腾飞，它作为我国民族特有的文化基因，在当代艺术语境下，可以以不同的方式和形式被

❶ 张士闪，耿波．中国艺术民俗学[M]．济南：山东人民出版社，2008：278．
❷ 刘昂．传统文化的现代重构——山东民间艺术的文化经济价值与产业开发[J]．艺术百家，2019(2)：66-72．
❸ 刘昂．文化产业视域下的民间艺术产业开发研究[J]．民俗研究，2012(3)：112-119．

转译和翻译，从而形成新的产业，促进乡村艺术文化产业振兴。

江浙地区艺术产业发展从自发、无序阶段向自觉、有序阶段迈进，政府增加对民间艺术、古民居、"非遗"等艺术投入资金和政策保护力度，老百姓的精神需求日益提高，特别在党的十九大后，随着江浙人们生活水平不断提高，居民对艺术品、文艺教育、艺术表演、乡村旅游等的艺术消费能力得到较快提升，艺术产业对江浙地区经济和生活的贡献与日俱增。江浙地区艺术乡建深入人心，民间艺术丰富，艺术文化产业发展初具规模，但也存在以下不足之处。如政府部门监管管辖力度低、艺术资源欠缺产业意识、艺术产业化建设路径单一以及缺乏民间艺术的独特性和创新性等。因此，在经济发展新常态下，应强化政府部门核心领导力量，树立民间艺术产业发展意识，从以下四个方面培育艺术产业，激发艺术乡建内动力。

（1）加强政府对民间艺术产业的领导和管理。地方政府应根据乡村艺术文化产业和民间艺术的特点和需求，给予引导规范和服务，做到"顺势引导"，根据艺术家和艺术乡建的内在要求，配置公共资源和服务，走出符合具有江浙地区特色的艺术文化产业发展之路。从政府政策角度看，政府部门应当根据经济新常态发展下艺术产业化建设的客观需要，制定出具有实际效益的产业化运作政策，保证民间艺术产业这一特定产业在发展过程中，能够借助政府优惠性政策的重要推动力实现宏观调控下的有序发展。❶政府同时加强体制改革，加大财政经费支持和投入，增加宣传力度，加大艺术文化产业政策的扶持力度等。

（2）立足当地，保障当地群众的主体地位和权益。艺术乡建要调动当地群众积极性和参与性，听取当地百姓的呼声，尊重他们的意愿，对民间艺术资源进行合理、有序开发，将艺术资源开发、乡村扶贫和经济发展结合起来，切实保障当地农民的利益，让农民得到最大实惠。同时，加大民间艺术宣传力度，提高当地村民对本地文化艺术的认同感和自豪感，鼓励村民积极投身艺术文化产业和产品的开发，调整当地农村产业结构，吸引更多村民参与艺术文化产业，增加农民收入，促进艺术乡建稳定发展。

（3）推进民俗文化、传统艺术与现代旅游有机融合。通过挖掘民俗文化、节

---

❶ 张娅妮，张琳仙.创意经济背景下民间艺术产业化类型及价值分析[J].经济问题，2015(7): 85-87.

日游艺、曲艺表演、民间技艺展示等独具魅力的项目，并对江浙地区乡村旅游较发达地区开设"民俗民艺博物馆""民间美术馆""手艺人工作室""文化馆"等展陈空间，深化民间刺绣、绘画、雕刻、蜡染、服饰、砖石木、金银器等特色工艺品的系列化、规模化生产和开发，将当地特有的民俗文化、民间艺术资源转化为生产力。在后期发展过程中，要实现传统艺术与现代产业的有效融合，应通过全方位解读的方式，了解传统艺术的艺术真谛，把握传统艺术传承和发扬的根本要义，并以此为基础，展开传统艺术与现代产业的交互点分析，得出艺术产业化进程中传统艺术呈现自身价值的新对策。❶

（4）创办乡村艺术节，打造民族艺术文化产业品牌。打造民族文化品牌首先必须发掘、整理、总结、提升民族文化资源，把民族文化资源中那些有意义、有价值、符合时代发展需要的因子发掘、整理出来，并进行总结、提升，重新编码。❷江浙地区可以根据区域优势和产业特点举办乡村艺术节、乡村音乐节、乡村民俗文化节等艺术文化节庆，每隔2~3年举办具有区域影响力的乡村艺术节，促进乡村艺术、文化、经济的发展，进一步推进乡村艺术文化产业品牌建设。如乌镇国际戏剧节、苏州民间艺术节、宜兴紫砂艺术节等乡村艺术节经过多年的努力经营和发展，目前已在全国具备一定的知名度和品牌度。

第四节 优化生态环境，彰显艺术乡建宜居保障

生态宜居是乡村生态与乡村宜居的有机统一。2013年中

---

❶ 蒙莉, 雷金星. 民间艺术产业化探微[J]. 广西社会科学, 2017(1): 192-195.

❷ 章建刚. 全球化进程与民族艺术研究的新课题[J]. 民族艺术研究, 2002(1): 6-16.

央一号文件提出"加强农村生态建设、环境保护和综合整治，努力建设美丽乡村"，党的十八大提出把"生态文明建设放在突出地位融入经济建设、整治建设、文化建设、社会建设各个方面和全过程"，党的十九大提出乡村振兴20字方针，即"产业兴旺、生态宜居、乡风文明、治理有效、生活富裕"，其中生态宜居是提升乡村发展质量的保证，生态环境是宜居的根本，生态振兴是乡村振兴的内在要求，农村发展既要绿水青山又要金山银山，努力构建人与自然和谐共生共融发展。近期，国家围绕乡村振兴、生态环境建设出台了《关于实施乡村振兴战略的意见》《农村人居环境整治三年行动方案》《农业农村污染治理攻坚战行动计划》《全国重要生态系统保护和修复重大工程总体规划（2021—2035年）》等重要文件，在乡村人居环境整治，乡村生态环境保护与修复等方面做出了具体部署。"生态兴则文明兴，生态衰则文明衰"，建设生态文明是中华民族永续发展的千年大计，我国已处于生态文明建设关键期、攻坚期、窗口期"三期叠加"阶段，必须"要自觉把经济社会发展同生态文明建设统筹起来"。❶农村是生态文明建设的主战场，根据《国家人口发展规划（2016—2030年）》可以预计，到2020年、2030年仍将分别有6亿人和4亿人生活在乡村地区。因此，乡村的生态文明建设直接影响我国整体生态文明建设水平，在生态文明发展观指导下，应继续优化乡村生态环境建设，保障艺术乡建宜居建设，实现村民安居乐业，让居住在农村的居民有归属感和幸福感，实现记得住乡愁的宜居、宜业和宜游的生态宜居乡村建设。生态宜居不但要美起来，更好地满足城乡居民对美丽乡村的向往，而且要解决农村生态环境保护的现实需要，进一步满足国民经济结构中城乡协调发展的内在要求。❷

　　江浙地区属于东部发达地区，尤其在改革开放后，江浙地区乡镇企业、第二第三产业发展较快，乡村得到快速发展，但江浙地区的农村同时也面临着空气质量差，土壤、植被、山林等生态环境差，能源利用效率低，厕所厨房污水

❶ 习近平. 推动我国生态文明建设迈上新台阶[J]. 求是, 2019(3): 4-19.

❷ 曹辉, 林施琦, 等. 生态宜居乡村的实现路径思考——基于晋江"最美乡村"活动的建设实践[J]. 云南农业大学学报(社会科学), 2019, 13(4): 1-6.

直接渗入地表等严峻的生态问题。2010年全国掀起美丽乡村建设和艺术乡建后，江浙地区农村生态环境得到较大保护、发展和提升。如今这里农村生活污水治理，垃圾分类处理等都做得非常到位，当地政府坚持把生态效益和经济效应相结合，树立经济生态的价值观，把生态资源转化为经济资源。浙江自2003年开始提出"前村示范、万村整治"行动，认真推动实施"千万工程"，浙江农村村容村貌、居住生活环境发生了巨大变化。浙江省政府出台《浙江生态省建设规划纲要》《关于生态省建设的决定》等文件，以"两山理论"为指导，以"绿色生态"为底色，打造千姿百态、一村一品的美丽乡村。浙江农村从垃圾分类开始推进民生建设，截至2019年底，浙江省农村生活垃圾分类处理建制村覆盖率达76%，农村生活回收利用率达46.6%。同时启动农村改厕扩面提升，五水共治、全面改造村容村貌、景村融合等工作，不断绘制新时代美丽乡村的"富春山居图"。浙江美丽乡村生态建设主要由政府推动力、经济拉动力和生态自觉力等动力源组成，其中政府是农村生态文明建设的首要推动力，特别是在农村生态文明建设的起始阶段，政府起主导和引导作用。经济利益是农村生态建设的直接吸引力，农村生态建设不仅要保障农民有关利益，更要确保包括农民在内的相关利益持续增长。生态自觉是农村生态建设的可持续向心力，要让农民意识到农村生态文明建设不仅可以改善生态环境，而且能增加农民收入、提高乡村旅游经济效益和村民幸福感。浙江艺术介入乡村建设实践中，农村生态环境建设是基础，只有良好的生态环境和基础设施才能吸引更多的企业和资本投资，才能吸引更多的艺术家、设计师、建筑师等艺术设计相关人才，积极推进多元共治。优良的生态环境不仅能提升农村村容村貌等硬件，并且能转换成经济效应，提高村民经济收入，实现农村人与自然环境的可持续发展。总之，唯有将生态环境保护与治理理念融入乡村振兴的各个方面及整个过程，并督促多元主体"合作共治"，才可能从根本上扭转农村生态环境不断恶化的趋势，进而实现由"'环境换取增长'向'环境优化增长'的转变，由经济发展与环境保护的'两难'向两者协调发展的'双赢'转变"。❶

---

❶ 习近平. 之江新语[M]. 杭州：浙江人民出版社，2007: 223.

　　江苏省政府响应国家美丽乡村建设和生态文明建设的号召，以田园综合体为抓手不断推进和深化农村生态环境建设，出台了《江苏省农村人居环境整治三年行动实施方案》《江苏省生态红线区域保护规划》《江苏省生态文明建设规划（2013—2022）》等文件，旨在通过治理农村垃圾、厕所粪污、生活污水、农业废弃物，提升村容村貌、改善村庄规划设计、保护传统村落、进行农村建用管治等，不断地推进农村人居环境建设和美丽乡村建设。江苏省一大特色就是工农之间、城乡之间发展较为协调，经济总量多年稳居全国第二。江苏农村人居环境整治工作相对浙江较晚，从2011年开始集中实施，五年时间累积整治18.9万个自然村，基本实现自然村全覆盖，农村环境面貌普遍改善。[1]2016年开展村庄环境改善提升行动，建成1000多个美丽乡村。2017年开启特色田园乡村建设，目前两批共确定70个省级试点村庄，江苏农村人居环境和生态建设取得较好成绩，这对于改善农村整体生态环境、提高农民经济收入、实现共同富裕都具有十分重要的作用。江苏省政府着力塑造"水韵江苏"人文品牌，注重乡土文化艺术挖掘、保护、传承和利用，保留乡村风貌，彰显地域文化特色，推出更多文艺精品，深入推进特色田园乡村建设，持续提升农村人居环境质量，全面推行农村河道、道路交通、绿化美化、环境保洁、公共设施"五位一体"综合管护。江苏正持续推动富有地域特色、承载田园乡愁、人与自然和谐共生、人文与生态相互交融的美丽乡村建设，积极通过示范引领，努力打造生态宜居的美丽乡村的"江苏样板"。[2]

　　江浙地区农村生态环境建设总体较好，艺术介入乡村建设实践较多，形成了不同的艺术乡建模式，其中最主要的是江浙地区政府高度重视乡村生态环境保护并支持乡村生态发展，努力践行"绿水青山就是金山银山"的发展理念，对待生态环境就像对待自己的双眼一样，当地政府和村民对生态环境保护的意识较强，能够从生态效益转化为经济效益，尤其是当地村民在乡村旅游、民宿、农家乐、绿色农产品等方面提高经济收入，得到实惠。乡村生态包含自然生态和人文生态，更加注重人与自然和谐共生，艺术介入乡村建设不仅要求保护当地乡村自

❶ 缪瑞林. 改善农村人居环境建设生态宜居的美丽乡村[J]. 江苏农村经济, 2018(9): 4–9.

❷ 郭倩倩. 建设生态宜居的美丽乡村[J]. 群众, 2020(23): 64–65.

然生态环境，完善乡村各类基础设施建设，扩大绿色生态空间，加强乡村公共空间治理，提升公共服务水平。更需要提高当地人文生态，注重地域特色和山水资源，需要生产、生活与生态的协同联动和良性循环，探索不同专业合作社的模式，推动乡村产业发展。乡村是一个动态演绎的过程，它是文化、场地、社会和景观等交互作用的结果。传统乡村结构表现为"原型—文化—肌理"的风貌构建和肌理叠加，而当代乡村以文化艺术等非物质要素为代表，通过制度、乡约、习俗、民族志等构建"原型—联结—表征"的层级递进关系。乡村生态是乡村内在发展的基础和前提，是艺术乡建的重要保障。因此，艺术乡建的生态建设一是突出乡村自然生态性，保留当地乡村地形地貌和景观环境，保护生物多样性，注重生态、生产、生活"三生"融合发展；二是增强乡村产业生态化，联动发展当地传统手工业、艺术文创产业和乡村旅游业，实现乡村生态经济良性循环；三是体现乡村乡土性、文化艺术生态性，以文化礼堂为乡村文艺阵地，促进当地乡村生态文化艺术发展，充分依托村庄的山、水、林、田、湖等乡土性。

第五节 拓展数字艺术建设，创建艺术乡建品质

当前我国数字乡村建设已进入全面推进新时期，数字经济正成为国民经济最有活力的部分。从智慧城市、智慧社区到数字乡村，互联网、人工智能、大数据、5G等新技术释放出巨大的创造力和驱动力，数字艺术改变了传统乡村发展和农业生产的模式，数字化技术应用于乡村治理、经济、产业、人才、管理等各个层面，数字乡村战略是促进农村经济高速发展的主

要推动力。我国政府出台了《中共中央 国务院关于实施乡村振兴战略的意见》《乡村振兴战略规划（2018—2022 年）》等政策，一致强调实施数字乡村战略，大力发展数字农业。2019 年中央一号文件明确提出"实施数字乡村战略。同年5 月，中共中央、国务院印发了《数字乡村发展战略纲要》，明确将数字乡村作为乡村振兴的战略方向，促进农业农村现代化发展。2020 年 1 月，农业农村部、中央网信办印发《数字农业农村发展规划（2019—2025 年）》，要求到 2025 年，农村基本建成农业农村数字化、信息化和网络化等应用。数字艺术作为一种新的艺术形态，已经逐渐成为当代前卫艺术的新宠，同样改变着乡村经济社会的面貌，推动着乡村产业、文化、经济的发展。数字艺术从发生之初就不是一种独立且边界清晰的艺术形式，它既要传承延续艺术的公共性、审美性和精神性，更重要的是在当代数字化、信息化时代下它更关注的是乡村社会性、内在性和创新性。尤其在艺术乡建实践中，艺术工作者应该突破传统乡村建设的形式和内涵，从数字艺术的角度深入思考链接村民、艺术工作者、艺术作品和社会的内在关系和文化逻辑。英国学者维多利亚·D. 亚历山大（Victoria D. Alexander）认为"艺术即传播。艺术必须从创作者手中传递到消费者手中。这意味着，艺术需要一些人、组织或网络来进行分配"。❶奥地利美学家莫里斯·韦茨（Morris Weitz）建议我们"可考虑把艺术这个词看成是一个开放性的概念，这个概念拒绝按照现在和以后存在的任何一套必要和充分的条件来定义艺术"。❷美国艺术社会学教授温迪·葛瑞斯伍德（Wendy Griswold）提出了"文化菱形"的概念，即通过外部视角探讨艺术作品、创作者、消费者和社会四者之间的关系。在这个模型基础上，数字艺术介入当代乡村建设中，通过数字艺术的视角，构建艺术工作者、艺术作品、消费者、乡村社会之间的文化逻辑（图7-3）。数字艺术将会深远地影响乡村建设和乡村治理。

---

❶ 维多利亚·D. 亚历山大. 艺术社会学[M]. 章浩, 沈杨, 译. 南京: 江苏凤凰美术出版社, 2013: 70-71.

❷ 特里·巴雷特. 为什么那是艺术？ [M]. 徐文涛, 邓峻, 译. 南京: 江苏凤凰美术出版社, 2018 : 428, 13.

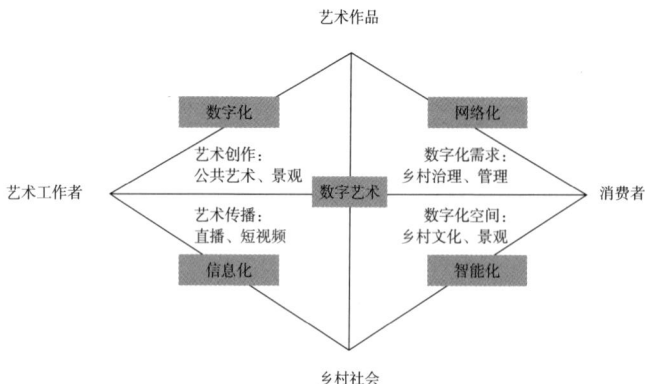

图 7-3　数字艺术视角下艺术乡建的模型构建
资料来源：关雪仑 . 数字艺术视域下的文化传播逻辑 [J]. 视点 , 2021(2): 64-74.

　　新时代以来，江浙地区农村数字化、信息化、网络化的发展较为迅速，尤其浙江省在全国率先打出了"数字乡村"和"乡村治理数字化"的旗帜，积极推动乡村数字化建设。浙江省政府出台了《数字浙江建设的规划纲要》《浙江省促进大数据发展实施计划》《浙江省数字化转型标准化建设方案（2018—2020年）》《深化数字浙江建设实施方案》《浙江省深化"最多跑一次"改革推进政府数字化转型工作总体方案》等文件，为浙江农村数字化建设提供了前瞻性的政策指导。江苏省积极抓住数字化建设历史机遇，深入开展"互联网 + 现代农业"行动，努力创建"数字乡村"的江苏范本。在国家农业农村部的指导下，江苏积极在农村电商、信息进村入户整省推进、农业物联网、农业农村大数据建设等方面先行先试，不断探索创新。❶乡村的发展与振兴通常都从物质层面考量，文化艺术发挥的作用常常被忽略，尤其在数字化、网络化时代，数字艺术文化产业更是艺术乡建未来经济发展的"洼地"，是乡村文化艺术创意产业新的发展契机。数字艺术介入乡村景观、建筑空间中改善村民居住环境，从而推动乡村生态环境和产业振兴。江浙地区未来艺术乡建应基于乡村文化艺术基础上，突出数字化、信息化、网络化和科技化，全面推出"数字艺术 +"模式，即从

---

❶ 吴浜源 . 江苏数字乡村建设的现状 · 困境及路径探析 [J]. 安徽农业科学 , 2019, 47(24): 259-261.

"数字艺术＋文创""数字艺术＋文旅""数字艺术＋传播""数字艺术＋创客"等形式，积极推进江浙数字艺术乡村建设和产业振兴。一方面，依托江浙地区农村数字化建设优势，把"春播计划"、最美乡村、浙江故事、乡村风貌和特色文化等项目通过短视频、直播、影视等数字化平台传播出去，依托游戏、影视、动漫等虚拟现实新兴载体，构建富有江浙特色和地域文化的数字艺术产业。另一方面，建立以农民为中心的数字化农村公共服务体系和农村治理体系。通过建立"互联网＋政府"服务体系，推进江浙农村地区资源数字化管理，公共数据资源面向社会开放等形式，努力促进数字乡村建设。

第六节　传承乡土文化，提升乡村文化内涵

乡村复兴是当今我国乡村振兴的重要内容，党的十九大提出乡村振兴战略后，我国要实现国家和民族复兴就必须要实现乡村复兴，因为一方面我国是一个传统农业大国，另一方面我国是以工农联盟为基础的人民民主专政的社会主义国家，习近平总书记强调："农业强、农村美、农民富，是农民获得感和幸福感的关键所在，也是决定全面建成小康社会成色和社会主义现代化质量的关键所在"。经济学家、社会学家、乡村旅游专家和当地政府等仁人志士均投入乡村建设中，乡村建设逐渐演变成为权力与资本竞相角逐的战场，依然没有摆脱主流社会的现代化发展逻辑，即政府和资本自上而下推动乡村经济发展和环境美化，乡村建设投入大量的人力、物力和财力，经常出现政府在动，村民一动不动的尴尬局面。而艺术家推动的"艺术乡建"在地实践与行动，它是在尊重乡村在地传统及村民诉

求的基础上，用情感融入和多主体互动的温和方式，使乡村社会整体复苏，以修复乡村完整的世界。艺术介入乡村建设的核心内涵就是要激活乡村内在精神，激发村民的主动性和参与性。其中乡村内在精神是指精神信仰、价值观念、生活习俗、村规民约、思维方式等乡村社会的"隐形文化"。在现代化、工业化思潮的冲击下，中西方不同文化之间交融与发展，新旧文化相互冲突与碰撞，如何使乡村传统文化与现代社会得到较好的融合和交融，也就是传统与现代相结合，从而形成一种向现代更新的传统，仍需我们进行思考。因此，今日的乡村建设，首先要肯定乡村的历史文化逻辑和民间社会的主体价值，从乡村传统文脉价值中提升解救当代社会、自然生态和人心危机价值观念，才能减少乡村建设中的文化流失。❶

江浙地区农村文化建设成果显著，文化礼堂、乡村图书馆、文化活动中心（室）等公共文化设施布局完善，其中浙江省文化礼堂建成一万个，覆盖80%农村人口。民间艺术繁荣发展，农民参与性较高，乡村音乐节、艺术节、戏剧节等艺术节日较多。浙江省举办的"乡村振兴""民宿设计"等设计大赛，江苏省举办的"苏垦杯""紫金奖"文化创意设计等大赛，以大赛连接艺术院校师生、当地政府、村民、企业，推动乡村振兴，激活乡村文化建设。其中浙江省"乡村振兴"大赛更是直接让艺术院校师生参与到实际乡村建设项目中，通过暑假近两个月的乡村调研，与农民吃住在一起，从农民内在需求出发进行乡村设计，直到施工完成。"乡村振兴"设计大赛真正地实现了农民、政府、资金、艺术院校师生的联动发展，突出艺术设计的在地性、乡土性和创新性。艺术乡建实践团队经验丰富，莫干山、乌镇、松阳、桐庐、苏州、昆山、宜兴等乡村艺术乡建实践得到政府和社会的高度关注，艺术激活了乡村文化，促进农民增收，村民幸福度、满意度总体较高。虽然江浙地区农村文化建设相对于中国其他地区乡村建设取得了较好的进步，但是乡土文化的凋敝却是不争的事实，城乡二元对立、乡村的空心化、农民"离土"迁徙到城市等问题一直存在，尤其是乡土

❶ 渠岩.艺术乡建：中国乡村建设的第三条路径[J].民族艺术，2020(3)：14–19.

文化的再续更是个难题。艺术家应当从尊重地方知识的立场出发，不再囿于传统的"艺术创作"范畴，直接将乡村建设的社会实践作为创作历程。"文化复兴范式"由此而生。❶艺术如何使乡村文化复兴，这就需要对艺术乡建实践现象、乡村文化做出进一步的批判和反思，主要体现在以下几个方面。

（1）使民间艺术、乡土文化和当代艺术三者融合。民间艺术与乡土文化有着密切联系，反映了乡土意识与乡土伦理。尤其在节日节庆、民俗活动等方面，更要注重和激活民间艺术，从而推进乡村自身乡土文化和艺术审美的内在演绎和发展。当代艺术是在现代主义、实验艺术等基础上发展起来的，它是现代化、工业化、信息化的产物，具有现代性、先锋性、实验性和社会性。当今世界处于现代性和乡土性两者之间，乡土的就是民族的，民族的就是世界的，而世界最终会朝着现代化发展。基于此，艺术乡建应该把民间艺术、当代艺术和乡土文化三者进行有机融合，借用现代审美和现代语言，立足当地文化立场和文化身份，把民间艺术推向世界舞台。同时，创造性地将民间艺术保护与乡村地域特色及美丽乡村建设关联起来，使民间艺术从不断更新的乡村社会中吸取养分，推动其内容与形式的更新，激发民间艺术传承人的创作热情，提升民间艺术的社会认可度。❷

（2）重构乡村文化。当前我国乡村文化存在空心化、边缘化、脱域化、碎片化等现象，同时人们对乡土文化价值认识也不足，传承与保护不够。在时代变迁中，乡村社会原有的文化系统功能失调，通过对乡村社会内部各文化要素进行保护传承、优化重组及开发利用，建构出一种新的符合时代发展要求的新型乡村文化系统，以充分发挥乡村文化的整合与创造、凝聚与价值认知功能。❸文化复兴是乡村振兴的重要内容。

（3）构建"乡村共同体"。艺术乡建的营建理念与方式，明显不同于政府主

❶ 曾莉, 齐君. 环境、文化、产业——论艺术乡建历程上的三个主要范式 [J]. 美术与设计, 2020(2): 140–146.
❷ 谢仁敏, 司培. 民间艺术的现代性困境及其传承路径创新 [J]. 民族艺术研究, 2021(2): 141–149.
❸ 李军明, 向轼. 论乡村振兴中的文化重构 [J]. 广西民族研究, 2018(5): 95–103.

导的自上而下的"社会治理"和资本推动下的"经济开发",它是把政府、村民、艺术家、资本进行有机融合,构建一个"乡村共同体",艺术家们通过身体力行融入乡村建设中,对农村失序社会和破损关系加以积极整合和有效转化,使乡村社会达到整体复苏和重建。渠岩在许村和青田村构建人与人的"情感共同体",依靠村民、当地政府、艺术家及相关人员协商,循序渐进地解决乡村问题和矛盾,把握好"自我"与"他者"的关系。渠岩肯定了乡村价值,用"温暖"的方式使乡村苏醒,用"情动"的方式建立乡村共同体,使乡村真正成为国人安放灵魂的家园。❶

---

❶ 渠岩. 乡村危机, 艺术何为? [J]. 美术观察, 2019(1): 6–8.

第八章

江浙地区艺术介入乡村振兴的对策

第一节　加强村落规划，推进艺术乡建顶层设计

新中国成立后，我国乡村建设与发展经历了农村社会主义改造和人民公社运动、新农村建设、美丽乡村建设和乡村振兴等几个阶段，乡村规划由早期的无规划意识到现在村落规划深入人心的大转变，尤其是党的十九大提出乡村振兴战略后，各地政府均非常重视"三农"发展，注重乡村建设，而乡村建设的顶层设计就是突出村落规划。乡村规划是在全面把握社会发展的基础上，根据目标乡村的社会经济、产业科技、文化教育等现状条件和未来可持续发展所做出的总体安排，它是指导乡村建设与发展的基本依据。❶纵观国外发达国家的乡村建设无不都是经历了乡村规划，从而更系统、科学、可持续性地推动当地乡村发展。如法国的"乡村开发"、德国的"乡村更新"、日本的"一村一品"造村运动和韩国的"新村运动"等乡村建设都以村落规划为前提，其中乡村规划的核心是公众参与和尊重当地农村生态，这也是西方发达国家乡村建设取得成功的关键因素之一。德国的《建设法典》规定，公民有权参与规划制定的整个过程，并提出自己的建议和利益要求。❷日本在造村运动中，公众参与机制得到了很好的体现，政府将村民参与的规划编制模式予以确立，鼓励村民根据自身需求寻找公共设施、产业与文化建设等方面的议题。❸目前我国的规划制定依

---

❶ 文剑钢，文瀚梓. 我国乡村治理与规划落地问题研究[J]. 现代城市研究，2015(4): 16–26.

❷ 常江，朱冬冬，冯姗姗. 德国村庄更新及其对我国新农村建设的借鉴意义[J]. 建筑学报，2007(11): 71–73.

❸ Heyer F. Preserving Rural Character: Planning Advisory Service Report Number 429[R]. American Planning Association, Washington DC, 1990.

然是以政府主导的"自上而下"型为主，当地政府邀请规划设计师、建筑师等相关专业人士进行乡村规划，村民参与大多流于形式，大部分村民不知道自己村落是如何规划出来的，规划的依据和内容又是什么？仅仅最后得到村落规划结果的通知或公告。但是艺术家介入乡村建设可以更好地协调村民、当地政府和相关乡村建设人员，换句话说，艺术乡建是我国当前乡村建设的积极力量，艺术工作者们试图通过艺术介入乡村实践推动乡村建设和乡村规划，从而促进乡村振兴。基于此，我国艺术介入乡村建设的村落规划更应该吸取西方发达国家乡村建设取得的实践经验和相关建设理论进行，强调发挥农民的积极性、主动性和参与性，让村民参与乡村建设和乡村规划，尊重当地乡土性、生态性、文化性和艺术性，同时做到规划有法可依、有法可循。只有这样才能更好地推动我国艺术乡建和谐有序、高效稳固、可持续发展。

当代艺术家约瑟夫·博依斯（Joseph Beuys）认为："艺术是治疗社会创伤的手段、艺术的社会价值在于直接干预社会生活。"❶ 我国目前乡村建设队伍庞大，由企业、艺术家、公益性机构、村委会及村民等多元主体推进乡村规划实践，尤其是艺术乡建模式的参与，带来乡村基层治理的变革和传统乡村规划建设模式的转变，引起各地政府和规划研究者高度关注。"艺术介入，不是简单地对应于社会，或简单地图解、描述社会，而是将艺术家自由与独特的思考加入所针对的社会现象、社会环境、社会问题、社会体制中"。❷ 江浙地区艺术介入乡村建设的乡村规划制定与设计，首先遵循国家《城乡规划法》《村镇规划编制办法（试行）》《国家新型城镇化规划（2014—2020年）》等法律法规，按照国家相关政策和条例进行编制和设计。同时浙江、江苏省政府也出台了乡村规划的相关政策和条例规定，如浙江省从2003年"前村示范、万村整治"工程到美丽乡村建设期间，省政府出台了《浙江省建设厅村庄规划编制导则（试行）》《浙江省建设厅村庄规划编制导则（试行）》《浙江省村庄整治规划编制内容和深度的指导意见》《浙江

❶ 麻显钢, 杨中启."崇高艺术"的历史与现实语境[J]. 集美大学学报(哲学社会科学版), 2005, 8(3): 76.

❷ 王春辰."艺术介入社会"：新敏感与再肯定[J]. 美术研究, 2012: 29.

省美丽乡村建设行动计划（2011—2015年）》《浙江省乡村振兴战略规划（2018—2022年）》等文件，积极推进乡村建设。江苏省从2005年镇村布局规划到田园综合体建设，省政府出台了《江苏省镇村布局规划技术要点》《江苏省村庄规划导则》《江苏省村庄环境整治技术指引》《江苏省特色田园乡村建设行动计划》等政策文件，不同历史阶段根据乡村建设和发展提出相关政策性意见，旨在促进乡村振兴。其次，乡村规划强调公众参与。公众参与是通过一系列的正规及非正规的机制直接使公众介入决策。乡村规划要关注农民、农业和农村的发展，更重要的是关注农民自身意愿并使其参与到乡村建设中，因此，地方政府也要转变传统规划思维，政府作为主导者和引导者，应把村民、企业、艺术家、乡贤、村干部等凝聚起来，构建"多元合作共同体"，将更多的权力下放到农民手中，鼓励村民在乡村规划中充分发挥自主性、积极性，让村民、艺术家、企业和乡贤们等"多元合作共同体"决定乡村规划和乡村发展。我国台湾的"农村再生"，通过"社区赋权"与村民参与机制，让村民从自身意愿和村庄发展提出村庄建设计划，以自下而上的方式激活了村庄活力，从而实现了乡村发展。日本的造村运动之所以取得了成功，主要在于激活了村民活力，几乎每个村民都参与到乡村建设中，政府仅仅从政策和技术等方面进行支持。文剑钢、文瀚梓认为乡村规划应尊重农民意愿、调动农民的积极性和参与性，构建村民、设计师、艺术家、企业、NGO及媒体等"上下交互、横向参与、多元驱动"的乡村规划与建设模式。❶这也是我国今后艺术乡建的重要抓手，毕竟农村是农民自己的乡村，村民才是农村的主体。最后，乡村规划应注重乡土性、地域性、生态性和文艺性。费孝通先生曾用"乡土中国"概括了中国传统乡村社会的主要特征，其中家庭和土地是构成中国传统乡村"乡土性"的核心基础，它们造就和延续了我国五千多年的乡土文化、乡村景观和社会特征。我国乡村是一个熟人社会，是国家和民族最基础的文化根源。孙君认为对村庄的布点和规划需要尊重农民意愿、尊重民俗文化、尊重乡村环境生态，谨慎乡村规划建设的行为。❷乡土文化是中华民族得以发展的精神寄托，艺

❶ 文剑钢, 文瀚梓. 我国乡村治理与规划落地问题研究[J]. 现代城市研究, 2015(4): 16-26.
❷ 孙君. 农道[M]. 北京: 中国轻工业出版社, 2014.

术介入乡村建设的核心是激活乡村内在活力，也就是激活乡土文化在现代乡村社会的传承和发展，艺术乡建有利于打破乡村模块化建设的禁锢、传承传统文化、缔造场所精神、培养村民审美认知、重建乡村自信。艺术介入的乡村规划改造是当下延缓现代性对乡村社会作用的重要策略，只有根植于乡土文化与道德信仰的艺术介入方式，才能真正为乡村找到一条切实可行的复兴之路。❶

江浙地区艺术乡建的乡村规划在遵循国家、省市、乡镇法律法规的基础上，构建村民、艺术家、企业和相关人员等组成的"多元合作共同体"，尤其是从调动村民积极性和参与性，遵从乡村的乡土性、地域性、生态性和文艺性出发，必定能够走出一条乡村振兴成功之路。并且浙江、江苏省均形成了一定规模的艺术乡建和乡村规划的实践，如"松阳建筑针灸""桐庐国际艺术祭""乌镇国际戏剧节""莫干山计划""苏州民间艺术节""昆山昆曲艺术祭""田园乡村建设"等乡村实践在国内外均引起政府和学者的较大关注。乡村振兴是一个系统工程，既要有政府的支持，艺术家的参与，资本的投入，更要有村民主动参与和文艺觉醒。同时它涉及艺术学、建筑学、人类学、设计学、社会学等多学科，需要从经济、社会、政治、文化和生态"五位一体"整体发展。

第二节 强化制度保障，推进艺术乡建制度建设

制度是通过权利和义务来规范主体行为和调整主体间关

---

❶ 王栋，马晓珂. 艺术介入策略下的乡村规划改造研究——以柳泉镇北村为例[J]. 规划·园林，2019(4): 87–90.

系的规则体系。一个国家一个单位能够得到健全、稳定和可持续发展的关键是要有制度保障，我国"三农"发展也要有自身发展的规章制度，否则农村农业建设就不能走得太远，农民幸福指数就不会很高。乡村振兴，法治先行。党的十九大提出乡村振兴战略并将其写入党章，从此乡村振兴就有了制度保障。2021年党的十三届全国人大常委会通过《乡村振兴促进法》，这为我国全面推进乡村振兴提供了长久的制度保障，能够更好地促进和保障乡村振兴顺利推进。大部分学者认为乡村振兴应该出台一系列专门性的农村农业农民保障、土地制度保障、城乡融合、生态环境等法律法规。卢昌彩指出加强乡村振兴法律制度保障是推进党的"三农"政策法治化的根本路径，应通过立法将党内目标转化为社会共识，将重大政策法治化。❶ 艺术乡建更需要一套较为稳定的，具有可操作性和可行性的法律法规和规章制度，从而有效保障艺术乡建的推进和发展。

乡村振兴涉及的制度框架和政策体系中，法律制度、土地制度和其他制度是最为重要的制度建设。首先，构建和完善乡村振兴法律制度。乡村振兴法律制度保障，就是直接服务于乡村振兴的各个领域，在法律制度设计层面，规范乡村主体行为、激活乡村要素，形成保障乡村振兴战略实施的长效制度支撑，这就对乡村振兴法律保障体系提出了较高要求。❷ 乡村振兴最关键的是"人、地、钱"，人才、土地、资本三者是乡村振兴的核心力量，乡村要发展需要优秀人才和大量资本涌入，同时还需要较好的土地资源和政策，如果能够把人才、土地、资本三者较好地激活和组织好，从而形成法律制度，这样就可以较好地推进乡村建设和发展。其中《乡村振兴促进法》提出坚持农业农村优先发展、农民主体地位、人与自然和谐共生、改革创新、因地制宜、循序渐进等原则，贯彻创新、协调、绿色、开发、共享的新发展理念。其次，深化和优化我国农村土地制度。乡村振兴制度保障体系最关键的是土地制度，它直接影响人才和资金的流向。农村土地制度与农村基本经

---

❶ 卢昌彩. 推动乡村振兴法治保障研究 [J]. 决策咨询, 2018(8): 54–57, 63.

❷ 李新平, 胡燕, 卢晓莉. 乡村振兴法律制度保障体系构建研究 [J]. 农村经济, 2021(3): 18–25.

营制度、集体产权制度、农业支持保护制度和乡村振兴资金保障制度等都有密切关联，"三权分置"的土地权利科学配置，将推动乡村振兴战略实施相关保障制度的改革和完善。目前我国现有农村土地法律制度还不够健全，主要存在土地征收制度阻碍乡村建设、建设用地使用权的二元权利设置限制了乡村振兴新产业发展、承包地的法律制度滞后于农地流转实践需求等问题，李新平等认为应该从完善农村集体土体征收、农村集体建设用地扩权赋能、农村承包土地完整权能的法定化等方面深化土地制度和相关政策。土地制度的改革和完善是乡村振兴战略的关键制度供给，只有通过完善土地权利体系，使土地权利设置成为吸引全社会人才、资本等要素的制度源泉，农业现代化的发展才能更有保障，乡村的产业发展才能兴旺，才能最终实现"乡村全面振兴，农业强、农村美、农民富全面实现"。❶最后，推进和提高乡村产业、人才、文化、生态、组织等制度建设。习近平总书记在谈到"乡村全面振兴"时，着重强调要推动乡村产业、人才、文化、生态和组织"五个振兴"。艺术乡建也必定在"五个振兴"大框架中（图8-1），其中产业是重点，

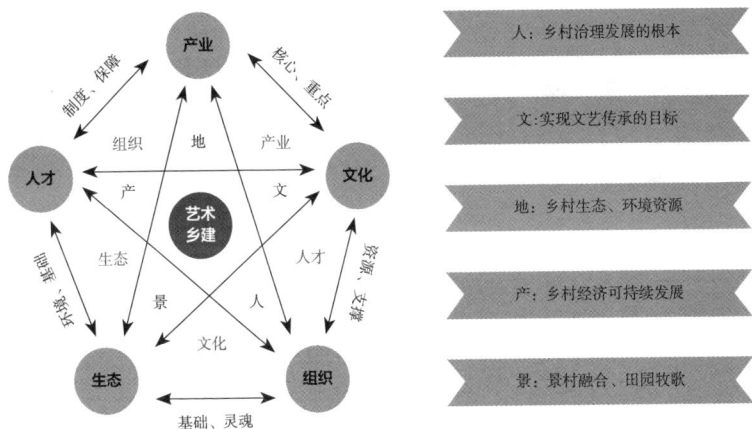

图8-1 艺术乡建与"五个振兴"关系

❶ 中共中央 国务院关于实施乡村振兴战略的意见[N]. 人民日报, 2018-02-05(1).

人才是支撑，文化是灵魂，生态是基础，组织是保障，艺术乡建围绕"五个振兴"结合"人、文、地、产、景"进行构建，从而推动乡村振兴。在产业振兴方面促进乡村经济多元化需要加大改革力度和注重保护投资者合法权益，在人才振兴方面需要营造促进本土人才成长和外来人才入乡的制度环境，在文化振兴方面应建立乡村历史文化保护和乡村公共文化投入机制，在生态振兴方面应建立促进正向外溢的激励制度、抑制负向外溢的约束制度、建立跨区域的生态效益补偿制度，在组织制度方面应提高治理效能和村民自治。

第三节 完善乡村治理，提高艺术乡建治理水平

乡村治理作为一个学术名词，它的概念历史并不长。20世纪90年代，"治理"一词开始在经济学、社会学等学科专业兴起，随后在艺术学、设计学、建筑学、景观学等学科得到较好发展。党的十九大和2018年中央一号文件提出"乡村振兴战略，健全自治、法治、德治相结合的乡村治理体系"，标志着我国乡村治理体系进入新的发展阶段。2019年中央出台《中共中央 国务院关于建立健全城乡融合发展体制机制和政策体系的意见》文件提出"建立健全乡村治理机制，建立健全党组织领导的自治、法治、德治相结合的乡村治理体系"，并把"2022年乡村治理体系不断健全""2035年乡村治理体系更加完善"当作主要目标。因此，学者们将乡村治理体系理解为"三治结合"的产物，强调充分发挥自治、法治和

德治的协同组合效应，促进乡村和谐发展，实现乡村善治。❶ 但学界流行的观念是将自治、法治、德治的建设理所当然地等同于乡村治理体系的构建，这实质上把"系"等同于"体系"，缺少对"体"的解释以及二者关系的理解与探究。❷ 艺术乡建也要提高和完善乡村治理水平，从系统性、整体性等方面深入思考艺术乡建自治、法治、德治的"三治融合"和"乘数效应"，最终实现乡村社会的善治有效，从而提高艺术乡建治理和现代化治理水平。所谓乡村善治，则是在服务农民的目标指导下，多元治理主体实现治理任务的协同合作，最终汇合在乡村振兴的进程中。❸

　　江浙地区农村经济发展水平高，宗族势力强，农民总体素质较高，属于发达团结型村庄。江浙地区农村自治水平一般较高，但是由于自治能力强和宗族势力强大可能会导致乡村治理异化为村霸、富人等群体，因此必须加强法治和德治建设，从法律上对乡村的治理主体和治理行为进行约束和规范，从德治方面重塑乡村文化、乡风文明，崇尚家风村约、邻里和谐等道德风尚建设。"三治融合"的实践肇始于浙江嘉兴桐乡，随后江苏、四川、湖南等省市陆续开展对"三治合一"乡村治理实践的探索，逐步在全国范围内产生了影响。"三治融合"的内容大体可划分为主体、规范两大方面。主体是乡村治理的主要力量，规范是乡村治理的依据。多元主体主要包括自治主体、法治主体、德治主体，其中自治主体为村委会、互助会、乡贤理事会等组织，法治主体以司法主体和法律服务主体，德治主体包括新乡贤、乡村精英和道德评判团等，它们相互协同、共同参与乡村治理。三治融合的关键逻辑是树立自治的核心地位，将农民作为乡村治理的主体，同时以法治和德治为辅，在自治过程中帮助自治主体提高法治意识和个人道德文化素质，从而促使自治有

❶ 李亚东. 新时代"三治结合"乡村治理体系研究回顾与期待 [J]. 学术交流, 2018, 297(12): 81–88. 慕良杰, 曲建波. "三治结合"乡村治理体系的渊源和趋向 [J]. 山西农业科学: 社会科学版, 2019, 18(1): 39–45, 59.

❷ 熊万胜, 方垚. 体系化: 当代乡村治理的新方向 [J]. 浙江社会科学, 2019(11): 41–50, 156.

❸ 王文彬. 自觉、规则与文化: 构建"三治融合"的乡村治理体系 [J]. 社会主义研究, 2019(1): 118–125.

力、德治有效和法治有序。❶ 艺术乡建一是推进乡村社会自治建设。充分尊重农民、村干部、新乡贤、艺术家、建筑师等多元主体力量，尤其要体现农民的治理主体地位，尊重和保障村民民主权利，注重协调艺术家、农民、村干部等多元主体之间的内在沟通和权力表达，激发乡村治理主体自觉，激活农民活力和主人翁地位。二是推进乡村社会法治建设。法治建设是乡村的"硬治理"，是国家实现"治理有效"的重要手段和度量标准。1998年《村民委员会组织法》的正式颁布，为我国乡村法治建设提供了法律依据。党的十八届四中全会明确提出"推进基层治理法治化"，强调依法治国。2018年中央一号文件提出，"建立健全党委领导、政府负责、社会协同、公众参与、法治保障的现代乡村社会治理体制"，在乡村治理中普及和强调法律法治理念，开展各种法治实践活动，使村民了解并懂得用法律法规保护自己的合法权益。三是推进乡村社会德治建设。它是乡村治理中的"软治理"，主要是通过村规民约、家风家训、道德伦理这一套乡村内在行为规范和行事准则来提高和保障乡村内部自我有效治理。我国传统乡村治理主要为儒家的礼治秩序、长老统治、德治主导的"士绅模式"，其中所提倡的尊老爱幼、勤奋节约、团结互助等道德要求对于当代德治建设具有较好的借鉴和传承意义。因此，在现代艺术乡建治理实践中，我们要继承和发扬优秀传统文化艺术和道德美德，融入当代艺术乡建和乡村治理中，重塑新型乡村文化体系。

"三治融合"的根本目标在于推进乡村善治，艺术乡建也必定遵循"三治融合"、治理有效的大框架下实施乡村现代化治理，进而推动乡村振兴。其中艺术工作者作为艺术乡建多元主体之一，他们既是艺术乡建的主体与"自我"，深入农村，与农民一起合作、创作，提高乡村建设品质。同时他们又是艺术乡建的"他者"，作为乡村建设的局外人和社会精英，他们为乡村建设带来了一定的社会资源和设计力量，从村落规划、景观设计、空间艺术改造、文创艺术设计、乡村旅游等方面促进乡村合作治理和善治，推动江浙乡村地

---

❶ 侯宏伟，马培衢."自治、法治、德治"三治融合体系下治理主体嵌入型共治机制的构建[J].
华南师范大学学报(社会科学版), 2018(11): 141–146, 191.

区的可持续发展和乡村振兴。

第四节　加强文艺教育，提升村民文艺修养

　　教育服务乡村振兴战略是新时代我国妥善解决"三农"问题的必然选择，乡村文化艺术教育是乡村教育的重要组成部分，我国政府历来重视乡村文化艺术教育，2009年教育部印发了《关于进一步加强中小学艺术教育的意见》中明确提出艺术教育是学校实施美育的基本途径，是素质教育不可或缺的重要内容。这也为农村艺术教育提供了顶层设计，促进了城乡艺术教育的全面统一开展。2014年教育部又发布了《关于推进学校艺术教育发展的若干意见》，在肯定国家整体艺术教育尤其是乡村艺术教育已经取得了长足进步的同时，非常客观地直面农村学校艺术教育出现的问题：缺乏基本的艺术教育，相比平行科目发展严重滞后。2018年国务院发布了《中共中央　国务院关于实施乡村振兴战略的意见》，提出"加强农村思想道德建设""传承发展提升农村优秀传统文化""优先发展农村教育事业"，明确指出提高农民文化素养，促进乡风文明建设。2020年10月，中共中央办公厅、国务院办公厅印发了《关于全面加强和改进新时代学校美育工作的意见》，其中明确提出要"建立美育基础薄弱学校帮扶机制"。随着美丽乡村建设不断深入发展和国家对艺术教育的重视，江浙地区抓住历史机遇，借助乡村振兴战略的东风和艺术乡建实践的热潮，江浙地区当地政府不断地加强农村文化艺术教育基础设施和设备的投入，加大农村师资队伍建设，借助艺术家、设计师、高校艺术教师等力量对乡镇农

205

民进行文化、音乐、美术等方面的培育，挖掘当地农村文化艺术资源，丰富乡村艺术教育内容与形式，促进乡村文化、艺术振兴。在乡村振兴战略的实施中，教育将人置于"教育"与"文化"乃至"生活"的场域中，逐渐实现"人"与"文化""人"与"教育""文化"与"教育"的双重建构。❶因此，我们应该遵循艺术乡建的内在要求，加强农民艺术文化教育，提升村民文艺修养和素养，使其能够主动参与到艺术乡建中，推动本村美丽乡村建设，促进乡村文艺振兴。

随着城市化、工业化的发展，江浙地区乡村文化、艺术在经济利益的驱动下，正在逐渐消亡，很多民间艺术后继无人，传统手工技艺维持乏力，古建筑古民居被拆毁，乡村艺术教育设施落后，师资短缺，乡村艺术文化技术培训较少，乡村艺术文化生态系统正面临着巨大的挑战。江浙地区艺术介入乡村建设的考量必须建立在透彻理解乡土文化、艺术教育和价值认同等基础上。江浙地区属于长三角发达地区，具有典型的江南水乡文化、吴越文化，太湖文化，具备敢闯敢创、守诚守信、求真务实、开放图强、敢为人先、聪明博学等精神，其中江浙地区农民普遍接受大众教育，农村自然环境和人文环境较好，非物质文化遗产和手工业较发达，农民自古以来生活较富裕。尤其在乡村振兴战略中，江浙地区政府和农民必须抓住历史机遇，从艺术介入乡村建设内在逻辑出发，以"艺术介入——文艺振兴——地域唤醒——价值认同——内生动力——乡村特色——共同富裕"的路径进行尝试，从本质上来讲，艺术介入是手段，乡村文化艺术是本质，乡风相貌是载体，共同富裕是目的。

自近代起，长三角地区的艺术教育一直走在全中国的前列，其中近代中国艺术教育发轫于1902年的南京两江师范学堂，1912年杭州成立浙江省立两级师范学校，今天，江浙地区艺术设计高校如雨后春笋般快速发展，中国美术学院、南京艺术学院、浙江大学、江南大学、东南大学、南京大学及浙江艺

---

❶ 袁利平，姜嘉伟. 关于教育服务乡村振兴战略的思考[J]. 武汉大学学报(哲学社会科学版)，2021(1): 159–169.

术职业学院、江苏工艺美术学院等高职院校的艺术设计专业一直处于领先水平，城乡艺术教育普及率总体较好。在艺术介入乡村建设实践中，江浙地方文化艺术资源是当地人民群众智慧的结晶，是地方历史文化的见证，换句话说，江浙地区地方文化艺术资源所蕴含的审美成分和它自身的本体成分，构建了江浙地区特有的文化精髓和艺术个性。在乡村振兴战略下，如何更好地将传统地方文化艺术资源加以开发和利用，提高新时代农民文艺审美和艺术修养，使农民能够从农村第二、第三产业脱颖而出，把文化艺术转换成新的艺术文创旅游产业，从而推动地方经济发展，促进地方文化艺术事业繁荣发展具有十分重要的意义。因此，农村艺术教育要重视地方文化与艺术传承，一方面我们主张通过艺术教育来引导村民关注世界多元文化艺术和本土文化艺术，不仅重视地方手工艺、艺术技能、技巧训练，更重要的是将人类情感、本地文化、艺术审美、价值信仰等联系起来，从精神上强调村民艺术修养和文艺传承。另一方面我们通过艺术家、建筑师、艺术院校师生、民间手工艺人等相关文化艺术工作者加强对村民的艺术培训与指导，加强艺术院校与地方战略合作和社会服务，充分调动农民主体积极性和参与性，将现代艺术设计产业与乡村文化资源和生态资源相结合，尊重乡村精神、遵循艺术设计产业融入乡村的基本原则，从而促进江浙地区文化艺术生态开发与发展。最后，加强政府政策支持，建立和完善有利于农村文化艺术产业并提高农民文化艺术水平的可持续健康发展机制，营造良好的就业和创业环境。不断推动和宣传民间艺术的保护和传承工作，提高农民对农村文化艺术的保护意识和责任感，促进民间艺术向当代文化艺术发展。因此，我们应当采取相适应的政策和策略去发展，如调动农民主体积极性，以尊重乡村精神的设计理念和遵循艺术设计融入乡村的方法去使江苏省的农村艺术设计产业发展得更快更好，从而推动整体的农村经济向前发展。❶

---

❶ 毕雪微. 江苏农村艺术设计产业发展思路研究[J]. 艺术与设计, 2016(12): 44–46.

第五节 完善协调机制，促进城乡统筹和谐发展

乡村的发展不能局限于乡村本身，而是应该放在城市和乡村整体大环境中综合考虑，艺术乡建、乡村振兴、城乡统筹发展不是非此即彼的关系，而是一种你中有我、我中有你、相互融合、相互促进的关系。乡村振兴和城乡统筹发展本质上都是为了满足人民日益增长的美好生活需要，实现共同富裕。统筹城乡发展的根本目标在于"着力破除城乡二元结构、形成城乡经济社会发展一体化新格局""推动城乡经济社会发展融合"。[1]纵观我国城乡失衡发展主要受到城乡二元结构、政策、制度、产业、资源、文化及观念等各种因素影响。改革开放以来，党和国家推行了一系列改革措施，出台了一系列有益于城乡发展的各项政策和文件，进一步消除城乡资源、人口、资金和土地等要素自由流动，加大乡村建设的财政投入和金融服务体制建设，同时从行政化和政治体制构建城乡开发和流动的机制，从而实现城乡经济、社会、政治和管理体制的一体化建设。一是科学规划，统筹发展。注重从全局、国家战略层面系统性、整体性和协同性地展开乡村振兴与城乡统筹发展的总体布局，牢固树立"全国一盘棋"的大局观，正视地区差异性和独特性，形成和而不同的城乡发展格局。二是坚持农业农村优先发展。2019年中央一号文件《中共中央 国务院关于坚持农业农村优先发展做好"三农"工作的若干意见》指出，"加强党对"三农"工作的领导，落实农业农村优先发展总方针"。同时处理好政府与市场的关系，积极推进城乡统筹发展。三是创新体制机制，实现城乡之间资源要素的协调流通。当前我

---

[1] 王卫星. 我国城乡统筹协调发展的进展与对策[J]. 华中师范大学学报(人文社会科学版), 2011(1): 9–14.

国城乡发展最大的弊端就是城乡二元机制，导致城乡资源要素不能双向、自由流动。进入 21 世纪以来，我国政府出台了一系列统筹城乡发展的政策和措施，提出"多予、少取、放活"等措施支持农村发展。同时创新利益调节机制，激发资源要素活力，激发各类市场主体新活力。

　　江浙两省都是经济强省，城乡统筹发展也走在全国前列。江浙乡村文化艺术事业作为乡村振兴战略的重要内容，与乡村经济发展密不可分，发展乡村文化艺术产业和旅游业可以促进乡村振兴和城乡统筹发展，提高农民收入。江浙地区城乡统筹发展取得较好成绩，逐渐形成了"苏南模式""温州模式"，其中浙江省城乡统筹模式为市场主导下由农村包围城市的发展模式，江苏省则是在政府主导下由城市包围农村的发展模式，它们共同构建成了江浙地区城乡统筹发展的两个方向。江浙地区城乡统筹发展虽然取得了较好的成绩，但在当前乡村振兴、艺术乡建和共同富裕的节点下，还存在城乡失衡、收入差距仍在加大、区域发展非均衡、农村产业化水平发展滞后、城乡财政投入失衡、农村公共资源分配失衡、乡村规划覆盖面小、基层治理体制改革滞后、农民权益缺乏保护、城市结构性矛盾"浮出水面"等问题。程超、童绍玉等学者认为江苏省应从建设城乡基础设施和公共服务良好链接与均衡发展的社会一体化、城乡生产要素合理流动与正确配置的经济一体化、城乡资源利用与环境保护协调的生态一体化以及城乡高集群密度与网络化布局的空间一体化等方面着手提高城乡一体化水平。❶ 今后，江浙地区艺术乡建应注重完善农村文化艺术与农村经济协调发展机制，促进乡村振兴与城乡统筹和谐发展。一是突出市场协调机制。它以开放性的市场经济为基础，建立规模化的农村经济产业，推动农村经济可持续发展，政府负责市场有效运行和监督，最终为农村文化艺术发展创造良好经济环境，使得农村文化艺术结构能与经济结构相适应。二是加强政府协调机制。政府起主导协调作用，通过行政手段对市场运行加以干预，约束市场主体的各种行为，提高城乡资源合理配置。三是加强其他机制建设，如推进社会、企业、艺术家等其他协调发展机

---

❶ 程超, 童绍玉, 彭海英, 王春梅. 江苏省城镇化——农业现代化的耦合与城乡一体化的关系研究[J]. 江苏农业科学, 2018(7): 308–314.

制，从而达到市场和政府机制所不能实现的城乡统筹与治理。在当前的经济和社会发展的背景下，各地区在推行城乡统筹发展战略时，必须把握好政府力量介入市场力量的度和量，既要依靠政府的大力支持保证城乡统筹发展的速度，又要依靠市场力量保证城乡统筹进程的自发性和稳定性从而保持城乡统筹进程的健康发展。❶

---

❶ 蔡之兵，周俭初，祖强. 中国城乡统筹发展模式研究——以江浙两省城乡为例[J]. 江苏社会科学，2014(3): 76-82.

参考文献

一、外文专著类

[1]Alberro A, Stimson B. Institutional Critique: An Anthology of Artists' Writings[M]. Cambridge: Mass: MIT Press, 2009.

[2]C Bishop. Artificial Hells: Participatory Art and the Politics of Spectatorship[M]. London: Verso, 2012.

[3]Buchloh B. Neo-avantgarde and Culture Industry: Essays on European and American Art from 1955-1975, Cambridge, Mass[M]. London : MIT Press , 2000.

[4]Foster H, Krauss RE, Bois YA. Art since 1900: Modernism, Anti-Modernism, Postmodernism[M]. London; New York, NY: Thames & Hudson, 2004.

[5]Lee A W. The One and The Many: Contemporary Collaborative Art in A Global Context[M]. Durham and London: Duke University Press, 2011.

[6]Bois Y A, Krauss R E. The Origina lity of the Avant-Garde and Other Modernist Myths[M]. The MIT Press, 1985.

[7]Bishop, Claire. Participation: Documents of Contemporary Art, ed[M]. Claire Bishop, Whitechapel Gallery and The MIT Press, 2006.

[8]Victoria Grieve. The Fderal Art Project and the Creation of Middlebrow Culture[M]. Chicago: University of Illinois Press, 2009.

[9]Abbott S. Fine Art Publicity: The Complete Guide for Galleries and Artists[M]. New York: Allwrit Press, 2005.

[10]Doss E. Visionaries and Outcasts, the NEA, Congress and the Place of the Visual Artist in Ameriac[M]. New York: The New Press, 2001.

[11]Dabid A. Smith. Money for Art: The Tangled Web of Art and Politics in

American Democracy[M]. Chicago: Ivan R, Dee, 2008.

[12]Meyer, James. Minimalism: Art and Polemics in the Sixties[M]. Yale University Press, 2001.

[13]Rider, Alistair. Carl Andre: Things in Their Elementss[M]. London: Phaidon Press, 2011.

[14]Sheppard, Richard. Modernism–Dada–Postmodernism[M]. Evanston, Ill. : Northwestern University Press, 2000.

[15]Harrison Charles, Wood Paul. Art in Theory, 1900–2000: An Anthology of Changing Ideas[M]. Malden, Mass. ; Oxford : Blackwell, 2002.

[16]Rondinelli Dennis A. Applied Methods of Regional Analysis: The Spatial Dimensions of Development Policy[M]. Boulder, Colorado: West View Press, 1984.

[17]M Munasinghe, J Mcmeely. Key Concepts and Technology of Sustainable Development[M]. New York: The Bio–genphysical Foundations, 1995.

[18]Gell Alfred. Art and Agency: An Anthropological Theory[M]. Oxford: Clarendon Press, 1998.

[19]Suzanne Lacy. Mapping the Terrain: New Genre Public Art[M]. Seattle: Bay Press Inc, 1995.

[20]Heyri Design Committee. Heyri architecture guidelines[M]. Seoul: Heyri Design Committee, 2001.

[21]佐々木雅幸. 創造農村とは何か、なぜ今、注目を集めるのか[M]. 東京：角川学芸出版社, 2014.

[22]竹中久二雄. 農を"生命"の産業として考える[M]. 東京：学陽書房, 1990.

[23]藤森照信. 藤森照信の特選美術館三昧[M]. 東京：TOTO出版社, 2010.

[24]北川フラム. 大地の芸術祭[M]. 東京：角川学芸出版社, 2010.

[25]株式会社美術出版社. 美術手帖, 大地芸術祭 越後妻有アートトリエンナーレ 2012 [M]. 東京：美術出版社, 2012.

[26]沢村明. アートは地域を変えたか — 越後妻有大地の芸術祭の十三年: 2000—2012[M]. 東京: 慶応義塾大学出版会, 2014.

二、外文期刊类

[1]Kim Hyangsook. Art and Politics: the hegemony of Germany's modern art and politics, reflected on its unification [J]. Art History, 2008, 22: 385–415.

[2]Van den Brink A, Molema M. The Origins of Dutch Rural Planning: A Study of the Early History of Land Consolidation in the Netherlands[J]. Planning Perspectives, 2008, 23(4): 427–453.

[3]Han Lorzing. Introduction to the Dutch Landscape and Park Architecture[R]. TU delft, 2004: 32–48.

[4]Danto, Arthur. "The Artworld", Aesthetics Critical Concept in Philosophy[J]. James O. Young ed, 2004, 2: 25.

[5]Jordan, Cara. The Evaluation of Social Sculpture in the United States: Joseph Beuys and the Works of Suzanne Lacy and Rick Lowe, [J]. Public Art Dialogue , 2013, 3(2): 144–167.

[6]Gran, Anne–Britt. The Fall of Theatricality in the Age of Modernity[J]. Substance A Review of Theory & Literary Criticism, 2002, 31(2): 251–264.

[7]Ayobami O K, Bin Ismail H N. Host's supports for voluntourism: A pragmatic approach to rural revitalization[J]. Australian Journal of Basic & Applied Sciences, 2013.

[8]北川富郎 . アートデでレクターから見た都市計画 [J]. 都市計画, 2003(246): 43–46.

[9]Nonaka A, Ono H. Revitalization of rural economies though the restructuring the self–sufficient realm: Groeth in small–scalerapesseed production in japan[J]. Japan agricultural Research Quarterly, 2015, 49(4): 383–390.

[10]Mc Laughlin K. Infectious disease: Scandal clouds China's global vaccine

ambition[J]. Science, 2016, 352(6285): 506.

[11]Kawate T. Rural retitalization and rerorm of rural organizations in contemporary rural Japan[J]. Journal of Rural Problems, 2005, 40(4): 393–402.

[12]Liu Y, Fang F, Li Y. Key issues of land use in China and implications for policy making[J]. Land Use Policy, 2014, 40: 6–12.

[13]Bai X, Shi P, Liu Y. Realizing China's urban dream[J]. Nature, 2014, 509: 158–160.

[14]Castells Mannel. The power of identity[J]. Dimanche, F. community change, Homewood, IL: Dorsey, 2002: 1–77.

[15]David W, McMillan David M, Chavis. Sense of Community: A Definition and Theory[J]. Journal of Community Psychology, 1986, 141: 6–24.

[16]Cochrun S E. Understanding and enhancing neighborhood sense of community[J]. Journal of Planning Literature, 1994, 91: 92–99.

三、中文专著类

[1]尼古拉斯·布里欧. 关系美学[M]. 黄建宏, 译. 北京: 金城出版社, 2013.

[2]克莱尔·毕晓普. 人造地狱: 参与式艺术与观看政治学[M]. 林宏清, 译. 台北: 典藏艺术家庭, 2015.

[3]居依·德波. 景观社会[M]. 王昭凤, 译. 南京: 南京大学出版社, 2006.

[4]阿诺德·贝林特. 艺术与介入[M]. 周宪, 高建平, 编. 北京: 商务印书馆, 2013.

[5]艾伦·麦克法兰. 现代主义[M]. 胡家峦, 译. 上海: 上海外语教育出版社, 1992.

[6]阿多诺. 美学理论[M]. 王柯平, 译. 成都: 四川人民出版社, 1998.

[7]彼得·比格尔. 先锋派理论[M]. 高建平, 译. 北京: 商务印书馆, 2002.

[8]蒂埃利·德·迪弗. 杜尚之后的康德[M]. 沈语冰, 等译. 南京: 江苏美术出版社, 2014.

[9]里奥奈洛·文杜里.西方艺术批评史[M].迟轲,译.南京:江苏教育出版社,2005.

[10]佐亚·科库尔.1985年以来的当代艺术理论[M].王春辰,译.上海:上海人民出版社,2011.

[11]伊夫·米肖.当代艺术的危机:乌托邦的终结[M].王名南,译.北京:北京大学出版社,2013.

[12]沈语冰.20世纪艺术批评[M].杭州:中国美术学院出版社,2003.

[13]王春辰.艺术的民主[M].北京:中央编译局,2013.

[14]晏阳初.乡村建设理论[M].2版.上海:上海人民出版社,2011.

[15]左靖.碧山3:去国还乡:续[M].北京:金城出版社,2013.

[16]布尔迪厄.文化资本与社会炼金术:布尔迪厄访谈录[M].包亚明,译.上海:上海人民出版社,1997.

[17]卡特琳·鲁格.艺术介入生活[M].桂林:广西师范大学出版社,2005.

[18]皮埃尔·布迪厄.艺术的法则[M].刘晖,译.北京:中央编译出版社,2001.

[19]维多利亚·D.亚历山大.艺术社会学[M].章皓,沈杨,译.南京:江苏凤凰美术出版社,2013.

[20]谷泉.大地艺术[M].北京:人民美术出版社,2003.

[21]北川富朗.乡土再造之力:大地艺术节的十种创想[M].欧小林,译.北京:清华大学出版社,2015.

[22]艾勒·森费斯特.地景艺术[M].李美蓉,译.台北:远流出版事业,1996.

[23]伊丽莎白·库蒂里耶.当代艺术的前世今生[M].谢倩雪,译.北京:中信出版社,2012.

[24]简·罗伯森,克雷格·迈克丹尼尔.当代艺术的主题:1980年以后的视觉艺术[M].匡骁,译.南京:江苏美术出版社,2012.

[25]布尔诺·费莱.当艺术遇上经济:个案分析与文化政策[M].蔡宜真,林秀玲,译.台北:洪叶文化事业有限公司,2003.

[26]赫歇尔·奇普.欧美现代艺术理论[M].余珊珊,译.长春:吉林美术出版社,2000.

[27]费孝通.乡土中国[M].北京:生活·读书·新知三联书店,1985.

[28]渠岩.艺术视界:渠岩的文化立场与社会表达[M].南京:东南大学出版社,2014.

[29]高名潞.墙:中国当代艺术的历史与边界[M].北京:中国人民大学出版社,2006.

[30]渠岩.艺术乡建:许村重塑启示录[M].南京:东南大学出版社,2015.

[31]渠岩.精神在别处[M].南京:东南大学出版社,2016.

[32]靳勒.艺术村庄[M].兰州:甘肃人民出版社,2009.

[33]王春辰.艺术的民主[M].北京:中央编译出版社,2013.

[34]梁漱溟.乡村建设理论[M].上海:上海人民出版社,2011.

[35]王南溟.现代艺术与前卫[M].上海:上海大学出版社,2011.

[36]孙振华,鲁虹.艺术与社会:26位著名批评家谈中国当代艺术的问题[M].长沙:湖南美术出版社,2005.

[37]阿诺德·豪泽尔.艺术社会学[M].居延安,译.上海:学林出版社,1987.

[38]娜塔莉·海因里希.艺术为社会学带来什么[M].何青,译.上海:华东师范大学出版社,2016.

[39]王长百.前世家园:在许村追寻文明的神性[M].南京:东南大学出版社,2016.

[40]王南溟.观念之后:艺术与批评[M].长沙:湖南美术出版社,2006.

[41]西村幸夫.再造魅力故乡[M].王惠君,译.北京:清华大学出版社,2007.

[42]苏珊·雷西.量绘形貌:新类型公共艺术[M].吴玛俐,等译.台北:远流出版社,2004.

[43]王本壮,陈其南,喻肇青.落地生根:台湾社区营造的理论与实践[M].台北:唐山出版社,2014.

[44]吕佩怡.艺术"介入",抑或艺术"参与"?[M].台北:财团法人国家文

化艺术基金会, 2011.

[45]吴玛悧. 以水连结破碎的土地: 树梅坑溪环境艺术行动[M]. 新北: 竹围创艺国际, 2012.

[46]吴玛悧. 艺术与公共领域: 艺术进入社区[M]. 台北. 远流出版事业股份有限公司, 2007.

[47]北川富朗. 北川富朗大地艺术祭: 越后妻有三年展的10种创新思维[M]. 张玲玲, 译. 台北: 远流出版事业股份有限公司, 2014.

[48]曾旭正. 台湾的社区营造[M]. 新北: 远足文化事业有限公司, 2007.

[49]翁剑青. 公共艺术的观念与取向: 当代公共艺术文化及价值研究[M]. 北京: 北京大学出版社, 2002.

[50]陆兴华. 艺术: 政治的未来 雅克·朗西埃美学思想研究[M]. 北京: 商务印书馆, 2017.

[51]张琦. 南楼张公共艺术研究[M]. 苏州: 苏州大学出版社, 2016.

[52]郝卫国, 李玉仓. 走向景观的公共艺术[M]. 北京: 中国建筑工业出版社, 2011.

[53]方李莉. 艺术介入美丽乡村建设: 人类学家与艺术家对话录[M]. 北京: 文化艺术出版社, 2017.

[54]温铁军. 告别百年激进[M]. 北京: 人民东方出版传媒有限公司, 2016.

[55]陈炯. 乡建与艺术: 美丽乡村建设3.0[M]. 杭州: 浙江人民美术出版社, 2017.

[56]北川富朗. 越后妻有三年展: 里山艺术巡礼[M]. 台北: 远流出版事业股份有限公司, 2018.

[57]李水山. 韩国新村运动及启示[M]. 南宁: 广西教育出版社, 2006.

[58]朴振焕. 韩国新村运动: 20世纪70年代韩国农村现代化之路[M]. 潘伟光, 郑靖吉, 魏蔚, 等译. 北京: 中国农业出版社, 2005.

[59]平松守彦. 一村一品运动[M]. 上海国际问题研究所日本研究室, 译. 上海: 上海翻译出版公司, 1985.

[60]潘维,贺雪峰.社会主义新农村建设的理论与实践[M].北京:中国经济出版社,2006.

[61]周彦华.艺术的介入[M].北京:中国社会科学出版社,2017.

[62]刘俐.日本公共艺术生态[M].长春:吉林科学出版社,2002.

[63]张健.大地艺术研究[M].北京:人民出版社,2012.

[64]马克·吉梅内斯.当代艺术之争[M].王名,译.北京:北京大学出版社,2015.

[65]皮力.从行动到观念:晚期现代主义艺术理论的转型[M].台北:典藏艺术家庭出版社,2015.

[66]马库斯·米森.参与的噩梦:作为一种批判性的中立实践模式[M].翁子健,译.北京:金城出版社,2012.

[67]焦必方,孙琳琳.日本现代农村建设研究[M].上海:复旦大学出版社,2009.

[68]罗家德,梁肖月.社区营造的理论、流程与案例[M].北京:社会科学文献出版社,2017.

[69]黄婉雯.遇见千塘:社区设计与实践[M].新北:商鼎数位出版有限公司,2018.

[70]赵斌,俞梅芳.浙江农村老年宜居环境研究[M].北京:中国建筑工业出版社,2017.

[71]孔详智,等.乡村振兴的九个维度[M].广州:广东人民出版社,2018.

[72]金太军,张振波.乡村社区治理路径研究[M].北京:北京大学出版社,2016.

[73]陈炯.艺术振兴乡村[M].北京:中国纺织出版社有限公司,2021.

[74]方李莉.艺术介入乡村建设:人类学家与艺术家对话录之二[M].北京:文化艺术出版社,2021.

[75]陈炯.艺术振兴乡村途径研究[M].北京:中国纺织出版社有限公司,2019.

[76]陈秋红.美丽乡村建设：主体、重点与成效：农民视角的分析[M].北京：中国社会科学出版社，2021.

[77]潘家恩.回嵌乡土：现代化进程中的中国乡村建设[M].北京：中国人民大学出版社，2021.

[78]贺雪峰.大国之基：中国乡村振兴诸问题[M].北京：东方出版社，2019.

[79]张利痒.中国乡村振兴理论与实施路径研究[M].北京：经济科学出版社，2020.

[80]洪文滨，王健.乡村振兴看浙江[M].北京：社会科学文献出版社，2020.

[81]林峰.乡村振兴战略规划与实施[M].北京：中国农业出版社，2018.

[82]俞昌斌.体验设计重塑绿水青山：乡村振兴方法论、案例分析与试验田[M].北京：机械工业出版社，2021.

[83]大卫·雷·格里芬.后现代精神[M].王成兵，译.北京：中央编译出版社，2011.

[84]孙君.农道[M].北京：中国轻工业出版社，2014.

[85]刘东峰.设计助力没理想乡村建设路径研究[M].北京：中国纺织出版社有限公司，2020.

[86]山崎亮.社区设计[M].庄雅琇，译.台北：脸谱，城邦文化文化出版社，2015.

[87]迈克尔·威尔逊.如何读懂当代艺术：体验21世纪的艺术[M].李爽，译.北京：中信出版集团股份有限公司，2017.

[88]罗伯特·修斯.绝对批判：关于艺术和艺术家的评论[M].欧阳昱，译.南京：南京大学出版社，2016.

四、中文期刊及学位论文类

[1]赵斌，俞梅芳.艺术介入视野下红色乡村的景观营建——以三门县亭旁镇为例[J].嘉兴学院学报，2020(5): 125–129.

[2]温铁军, 董筱丹. 村社理性: 破解"三农"与"三治"困境的一个新视角[J]. 中共中央党校学报, 2010(8): 20–23.

[3]方李莉. 论艺术介入美丽乡村建设——艺术人类学视角[J]. 民族艺术, 2018(1): 17–28.

[4]陶小军. 艺术社会学发展态势探析[J]. 东南大学学报(哲学社会科学版), 2016(6): 128–132.

[5]陈锡文. 实施乡村振兴战略, 推进农业农村现代化[J]. 中国农业大学学报(社会科学版), 2018(2): 5–12.

[6]潘力. 重塑"希望之海"——记日本"2013濑户内海国际艺术节"[J]. 上海艺术家, 2014(1): 50–55.

[7]钱理群. 梁漱溟乡村建设思想及其当代价值[J]. 中国农业大学学报(社会科学版), 2016(8): 5–16.

[8]徐珍珍, 邵建东. 乡村振兴战略背景下晏阳初平民教育和乡村建设的经验与启示[J]. 中国职业技术教育, 2019(6): 92–96.

[9]王先明. 中国乡村建设思想的百年演进(论纲)[J]. 南开大学学报(哲学社会科学版), 2016(1)1–26.

[10]闫琳. 英国乡村发展历程分析及启发[J]. 北京规划建设, 2019, 26(3): 24–29.

[11]虞志淳. 英国乡村发展特色解析[J]. 小城镇建设, 2019(3): 12–17.

[12]徐和平. 郊区化和逆城市化下的美国乡村发展与振兴[J]. 中国名城, 2019(10): 13–19.

[13]刘震. 城乡统筹视角下的乡村振兴路径分析——基于日本乡村建设的实践及其经验[J]. 学术前沿, 2018(6): 76–79.

[14]黄辉祥, 万君. 乡村建设: 中国问题与韩国经验——基于韩国新村运动的反思性研究[J]. 社会主义研究, 2010(6): 86–90.

[15]李水山. 韩国新村运动及对我国新农村建设的有益启示[J]. 沈阳农业大学学报(社会科学版), 2012(2): 131–135.

[16]史磊. 寻求"另类"发展的范式——韩国新村运动与中国乡村建设[J].

社会学研究, 2004(4): 39–49.

[17]张沛, 张中华, 孙海军. 城乡一体化研究的国际进展及典型国家发展经验
[J]. 国际城市规划, 2014(1): 42–49.

[18]王华, 陈烈. 西方城乡发展理论研究进展[J]. 经济地理, 2006(3): 463–467.

[19]周运清, 王培刚. 全球乡村治理视野下的中国乡村治理的个案分析[J]. 社
会, 2005(6): 89–103.

[20]范丽甍. 从艺术社会史到艺术社会学——阿诺德·豪泽尔学术思想述评
[J]. 南京社会科学, 2016(4): 120–126.

[21]宋建林. 艺术社会学的学科定位及现代形态问题［J］. 云南艺术学院学
报, 2003(4): 11–16.

[22]周彦华. "介入性艺术"的审美意义生成机制研究 [D]. 重庆: 西南大学,
2016.

[23]孙炜炜. "后前卫"时代的前卫艺术——中西方社会介入性艺术的实践
与理论脉络[J]. 湖北社会科学, 2020(2): 53–59.

[24]渠岩. "归去来兮"——艺术推动村落复兴与"许村计划"[J]. 建筑学报,
2013(12): 22–26.

[25]渠岩. 艺术乡建: 中国乡村建设的第三条路径[J]. 民族艺术, 2020(3): 14–19.

[26]邓小南, 渠敬东, 渠岩, 等. 当代乡村建设中的艺术实践[J]. 学术研究,
2016(10): 51–78 .

[27]王习明. 美丽乡村建设之国际经验——以"二战"以来美、法、日、韩
和印度克拉拉邦为例[J]. 长白学刊, 2014(5): 106–113.

[28]任亚鹏, 崔仕锦, 王江萍. 日本浅山区振兴策略调查研究——以越后妻有
艺术节为例[J]. 风景园林, 2018(12): 41–46.

[29]安虎森, 高正伍. 韩国新农村运动对中国新农村建设的启示[J]. 社会科学
辑刊, 2010(3): 83–87.

[30]金光亿. 艺术与政治: 20世纪80年代韩国的民族艺术运动[J]. 广西民族
大学学报(哲学社会科学版), 2009(1): 4–5.

[31]金道沿，翟宇琦.关于创意社区的发展机制研究——以韩国Heyri艺术村为例[J].亚洲城市，2015(6): 44–50.

[32]杨志疆.艺术的世外桃源——韩国 Heyri 艺术村的规划与建筑设计[J].新建筑，2010(1): 96–100.

[33]魏寒宾，唐燕，金世镛."文化艺术"手段下的城乡居住环境改善策略——以韩国釜山甘川洞文化村例[J].规划师，2015(10): 130–134.

[34]夏宏嘉，王宝刚，张淑萍.欧洲乡村社区建设实态考察报告(一)——以德国、法国为例[J].小城镇建设，2015, 82–93.

[35]朱金，陈可石，诸君靖.德国乡村竞赛计划发展及其对我国大陆乡村建设的启示[J].规划师，2015(12): 145–149.

[36]曲卫东，斯宾德勒.德国村庄更新规划对中国的借鉴[J].中国土地科学，2012, 26(3): 91–96.

[37]王长悦，林箐.德国乡村规划方法与我国的对比及启示——以韦亚恩社区为例[J].北京规划建设，2018, (3): 96–99.

[38]郭巍，侯晓蕾.疏浚、排水和开垦——荷兰低地圩田景观分析 [J].风景园林，2015, (8): 1–7.

[39]叶齐茂.那里农村社区发展有四条值得借鉴的经验——欧盟十国农村建设见闻录四 [J].小城镇建设，2007, 1: 43–44.

[40]于立.控制型规划和指导型规划及未来规划体系的发展趋势——以荷兰与英国为例[J].国际城市规划，2011(5): 56–65.

[41]马蕊，严国泰.英国乡村景观价值认知转变下的保护历程分析及启示[J].风景园林，2019, 26(3): 105–109.

[42]梅怡明，马翼飞，窦营.台湾地区农村再生计划发展历程及其经验总结——兼论对大陆乡村振兴的启示[J].世界农业，2019(10): 105–110.

[43]魏登峰.关键是激发乡村发展的内生动力——我国台湾地区乡村建设的探索、困境与启示[J].农村工作通讯，2018(22): 31–34.

[44]吕佩怡."社会参与"艺术在中国台湾地区的发展脉络[J].艺术管理，

2019(3): 86–99.

[45]陈可石, 高佳. 台湾艺术介入社区营造的乡村复兴模式研究——以台南市土沟村为例[J]. 城市发展研究, 2016, 23(2): 57–63.

[46]洪仪真. 村即是美术馆, 美术馆即是村: 台南土沟农村美术馆的叙事分析[J]. 现代美术学报, 2013, 6(26): 5–35.

[47]卓想. 在地活化策略研究——以台北宝藏岩国际艺术村城市更新为例[J]. 国际城市规划, 2019(2): 126–135.

[48]李丹舟. "文化转向": 都市空间治理的斡旋逻辑与民间路径——基于台北市宝藏岩历史聚落的对岸视角[J]. 都市管理, 2015(3): 67–72.

[49]林嘉芬. 艺术村作为文化保存实践之再思考: 以宝藏岩聚落"艺居共生"为例[D]. 台北: 台北艺术大学文化资源学院艺术行政与管理研究所, 2013: 99–102.

[50]伍梓瑜. 中国当代艺术介入乡村的现象研究[D]. 上海: 上海大学, 2018: 3.

[51]王春辰. 艺术介入社会: 新敏感与再肯定[J]. 美术研究, 2012(4): 27–32.

[52]渠岩. "归去来兮"——艺术推动村落复兴与"许村计划"[J]. 建筑学报, 2013(12): 22–26.

[53]渠岩. 乡村危机, 艺术何为? [J]. 美术观察, 2019(1): 6–8.

[54]汪欣. 当乡村遇见艺术——艺术人类学视野下的艺术乡村建设[J]. 民族艺术, 2020(3): 301–311.

[55]隋缘. "碧山计划"与艺术乡村建设[J]. 焦点观察, 2020(3): 37–41.

[56]路艳红. 艺术乡建的主体性研究[J]. 艺术百家, 2020(5): 181–186.

[57]崔付利. 建构与解构的双重叙事——从乡土绘画到"新"乡土[D]. 重庆: 四川美术学院, 2017: 6.

[58]陈於建. 21 世纪以来中国"艺术介入乡村"现象中的公共艺术研究[D]. 北京: 清华大学, 2018: 5.

[59]吴文静. 建设生态博物馆对保护民族文化的作用——以贵州隆里古城为例[J]. 文史杂谈, 2015(5): 105–107.

[60]沈洁. 艺术节在乡村振兴发展中的联动机制[D]. 杭州: 中国美术学院, 2018: 5.

[61]武小川, 张亚谦, 曾宪洲. "艺术乡建"的关中探索[J]. 言之, 2019(1): 53–55.

[62]焦兴涛. 寻找"例外"——羊磴艺术合作社[J]. 美术观察, 2017(12): 22–23.

[63]吕品晶. 雨补鲁村传统村落保护实践[J]. 美术观察, 2017(12): 214–217.

[64]陈炯. 艺术创作的社会性研究——以湖北磨山村为例[J]. 艺术评论, 2018(3): 158–163.

[65]薛江. 特色小镇的文化生命力——以艺术小镇为例[J]. 建筑与文化, 2017(1): 32–37.

[66]冯莉. 基于场域特定性的中国乡村艺术实践研究[D]. 上海: 上海大学, 2018: 155.

[67]冯正龙. 公共艺术的地方重塑研究——以中国莫干山镇和日本越后妻有地区为例[J]. 美与时代, 2018(5): 14–19.

[68]张承龙. 公共艺术在行动之"乡村重塑, 莫干山再行动"[J]. 传递, 2018(11): 53–56.

[69]李跃亮. 浙南山地村落活态保护的实践与思考——以浙江省松阳县为例[J]. 浙江社会科学, 2016(8): 143–151.

[70]徐甜甜. 松阳故事: 建筑针灸[J]. 建筑学报, 2020(10): 9–16.

[71]罗德胤, 孙娜, 付敫诺. 村落保护和乡村振兴的松阳路径[J]. 建筑学报, 2021(1): 1–8.

[72]刘大庆. 传统陶瓷手工艺文化景观生产研究——以宜兴丁蜀镇紫砂手工艺为例[D]. 上海: 华东政法大学, 2017(4): 50.

[73]周岚, 崔曙平, 曲秀丽. 特色田园乡村: 乡村建设行动的江苏实践[J]. 城乡建设, 2021(6): 16–27.

[74]宋晓真. 创意产业视角下苏州乡村文化景观建设研究[J]. 江南论坛, 2018(3): 26–28.

[75]胡发强. 地方艺术院校保护开发传统手工艺的途径探讨——以苏州市为

例[J].山西能源学院学报,2017(11):178–179.

[76]王国灿.浙江省美丽乡村建设的经验与启示[J].人文天下,2018(11):2–9.

[77]谢仁敏,司培.艺术介入美丽乡村建设的逻辑机理和实现路径[J].四川戏剧,2020(6):28–32.

[78]曾莉,齐君.环境、文化、产业——论艺术乡建历程上的三个主要范式[J].美术与设计,2020(2):140–146.

[79]徐敦广,刘莉.当前我国艺术产业发展中的主要问题及对策探析[J].东北师大学报(哲学社会科学版),2005(5):150–156.

[80]刘昂.传统文化的现代重构——山东民间艺术的文化经济价值与产业开发[J].艺术百家,2019(2):66–72.

[81]刘昂.文化产业视域下的民间艺术产业开发研究[J].民俗研究,2012(3):112–119.

[82]张娅妮,张琳仙.创意经济背景下民间艺术产业化类型及价值分析[J].经济问题,2015(7):85–87.

[83]蒙莉,雷金星.民间艺术产业化探微[J].广西社会科学,2017(1):192–195.

[84]章建刚.全球化进程与民族艺术研究的新课题[J].民族艺术研究,2002(1):6–16.

[85]曹辉,林施琦,等.生态宜居乡村的实现路径思考——基于晋江"最美乡村"活动的建设实践[J].云南农业大学学报(社会科学),2019,13(4):1–6.

[86]缪瑞林.改善农村人居环境建设生态宜居的美丽乡村[J].江苏农村经济,2018(9):4–9.

[87]郭倩倩.建设生态宜居的美丽乡村[J].群众,2020(23):64–65.

[88]吴浜源.江苏数字乡村建设的现状·困境及路径探析[J].安徽农业科学,2019,47(24):259–261.

[89]李军明,向轼.论乡村振兴中的文化重构[J].广西民族研究,2018(5):95–103.

[90]文剑钢,文瀚梓.我国乡村治理与规划落地问题研究[J].现代城市研究,

2015(4): 16-26.

[91]常江, 朱冬冬, 冯姗姗. 德国村庄更新及其对我国新农村建设的借鉴意义[J]. 建筑学报, 2007(11): 71-73.

[92]麻显钢, 杨中启. "崇高艺术"的历史与现实语境[J]. 集美大学学报(哲学社会科学版), 2005, 8(3): 76.

[93]王栋, 马晓珂. 艺术介入策略下的乡村规划改造研究——以柳泉镇北村为例[J]. 规划·园林, 2019(4): 87-90.

[94]李新平, 胡燕, 卢晓莉. 乡村振兴法律制度保障体系构建研究[J]. 农村经济, 2021(3): 18-25.

[95]李亚东. 新时代"三治结合"乡村治理体系研究回顾与期待[J]. 学术交流, 2018, 297(12): 81-88.

[96]王文彬. 自觉、规则与文化: 构建"三治融合"的乡村治理体系[J]. 社会主义研究, 2019(1): 118-125.

[97]熊万胜, 方垚. 体系化: 当代乡村治理的新方向[J]. 浙江社会科学, 2019(11): 41-50, 156.

[98]侯宏伟, 马培衢. "自治、法治、德治"三治融合体系下治理主体嵌入型共治机制的构建[J]. 华南师范大学学报(社会科学版), 2018(11): 141-146, 191.

[99]袁利平, 姜嘉伟. 关于教育服务乡村振兴战略的思考[J]. 武汉大学学报(哲学社会科学版), 2021(1): 159-169.

[100]毕雪微. 江苏农村艺术设计产业发展思路研究[J]. 艺术与设计, 2016(12): 44-46.

[101]王卫星. 我国城乡统筹协调发展的进展与对策[J]. 华中师范大学学报(人文社会科学版), 2011(1): 9-14.

[102]程超, 童绍玉, 彭海英, 等. 江苏省城镇化——农业现代化的耦合与城乡一体化的关系研究[J]. 江苏农业科学, 2018(7): 308-314.

[103]蔡之兵, 周俭初, 祖强. 中国城乡统筹发展模式研究——以江浙两省城乡为例[J]. 江苏社会科学, 2014(3): 76-82.

[104]李锋传. 日本建设新农村经验及对我国的启示[J]. 中国国情国力, 2006(4): 10-14.

[105]梅策迎, 刘怿. 青田计划——艺术介入乡村振兴的路径与经验[J]. 美术观察, 2020(7): 67-68.

[106]徐甜甜, 汪俊成. 松阳乡村实践——以平田农耕博物馆和樟溪红糖工坊为例[J]. 建筑学报, 2017(4): 52-54.

[107]尚莹莹. 从"碧山计划"窥探我国艺术介入乡村建设现状[J]. 美与时代(城市版), 2015(8): 10-13.

[108]周榕. 乡建"三"题[J]. 世界建筑, 2015(2): 22-23, 132.

[109]赵容慧, 曾辉, 卓想. 艺术介入策略下的新农村社区营造——台湾台南市土沟社区的营造[J]. 规划师, 2016, 32(2): 109-115.

[110]管怀斌. 公共艺术与地缘文化重构: 以日本越后妻有三年展和濑户内国际艺术节为案例[J]. 新美术, 2015, 36(10): 124-131.

[111]蒋洪生. 雅克·朗西埃的艺术体制和当代政治艺术观[J]. 文艺理论研究, 2012(2): 97-106.

[112]肖伟胜. 巴尔特的文化符号学与"文化主义范式"的确立[J]. 西南大学学报(哲学社会科学版), 2016(1): 114-126.

后　记

　　当代艺术不再是象牙塔的艺术，而是一种艺术批判，乃至是一种社会批判，它唤醒人们对社会各个方面的关注，艺术家应不仅仅关注艺术本身，更应该关注社会，他们将艺术的触角深入社会领域，激发对话、增进社会认同、修复社会纽带，成为链接人际交往、社区价值认同的有效方式。从20世纪初的历史前卫主义到20世纪60年代的新前卫主义艺术运动，我们可以发现艺术介入的两大特点，即艺术与生活边界消解、艺术创作主体呈多元化，不单单只是艺术家。我们对"艺术介入"的认识源于2000年，中国陶瓷美术大师秦锡麟、宁钢、何炳钦，著名雕塑家姚永康，著名陶艺家周国桢、陆军、吕金泉、李林洪等一批杰出的艺术家们以陶瓷、雕塑、公共艺术介入城市和社区，从而激活城市、社区的发展，尤其是陶瓷艺术作品介入到景德镇市广场、社区、街道、公共建筑和校园等各个空间和环境中，不仅仅提升了城市环境美，更激活了艺术创作、人的链接和文化认同。其中最具典型代表的有景德镇三宝国际艺术村、景德镇陶瓷雕塑瓷厂、景德镇陶溪川文创街区等，这是景德镇历年来艺术介入社会、推动城市发展的成果。景德镇点燃了我们心中的艺术介入社会之火，激发了我们对艺术介入社会、社区的兴趣和热情，让我们开始接触和了解当代艺术、公共艺术及艺术介入。2015年、2018年我们在美国纽约州立大学布法罗分校访学期间，对纽约、芝加哥、波士顿、洛杉矶、旧金山、休斯敦、费城、匹兹堡、布法罗等城市艺术介入社会、社区和乡村

进行了大量调研和访谈，让我们更进一步了解国外艺术介入社会、社区等具体情况和社会影响，明确了以艺术介入社区、乡村为研究方向。2016年我们参观了濑户内海国际艺术三年展，对直岛、丰岛、女木岛、小豆岛、犬岛、男木岛、本岛等岛屿进行实地调研和访谈，对日本艺术介入乡村建设有了直观感受和现场经验，随后我们对马来西亚、泰国、柬埔寨等国家以及国内山西许村国际艺术公社、安徽碧山计划、贵州羊磴艺术合作社等地区艺术介入社区、乡村进行实地调研和考察，进一步更深刻地了解国内外艺术介入乡村的实际状况，从而对国内外艺术介入社区、乡村建设的理论认识和艺术实践有了更好的了解和掌握，尤其是党的十九大之后，党中央、国务院非常注重乡村振兴，这也是艺术介入乡村振兴的契机和热点。

本书的写作既是一段特殊的心路历程，也是一种特别的田野经验。既是对艺术人类学研究所谓"他者"文化的认识，也是对"自我"文化的关照。同时也从艺术社会学对艺术、作品、艺术家和观众的"正看"审视，更需要对其"反观"。可以说，本书是对我们自己的一个尝试和挑战，也是智识和艺术实践的超越。然而，这些超越都归功于一路上给予我们支持和帮助的师长及亲朋好友们。艺术介入乡村建设在我国还处于起步阶段，它涉及艺术学、人类学、社会学、建筑学、管理学等多个学科的交叉和跨界，这对于我们来讲真是困难重重，我们既要了解艺术、建筑、景观相关专业的艺术设计实践，同时更要了解艺术人类学、艺术社会学等相关抽象的学术概念，如何平衡艺术介入的"他者"与村民的"自我"之间的矛盾和冲突也一直困扰着我们。艺术乡建到底是为谁而建？本书写作过程的艰辛很好地诠释了这一点。

艺术乡建是一条漫长、崎岖的道路，历经四年的调研和写作，我们深切感知到路漫漫其修远兮、吾将上下而求索。虽然前路漫漫，然而一路皆有诸多前贤学者、前辈师友的悉心指导，实在是满心期待、万分荣幸。正如太史公之言：高山仰止，景行行止，虽不能至，心向往之！

赵斌　俞梅芳

2021年7月

致 谢

　　本书是教育部人文社会科学研究项目"江浙地区艺术介入乡村振兴路径选择与对策研究"的最终研究成果，项目编号：18YJC760140。从2018年课题立项以来，课题组根据研究计划，在充分收集和梳理了艺术介入乡村建设相关理论和国内外学术动态等基础上，采用访谈、调研、观察、个案研究、实证研究等研究方法，课题组成员利用在美国、英国、日本等国家访学期间对相关国家的艺术介入乡村（社区）进行大量调研和访谈，同时对国内山西许村、安徽碧山，贵州羊磴，浙江嘉兴、松阳、莫干山、桐庐和江苏昆山、宜兴、江苏以及南京等乡镇，在预定的时间内完成了国内外艺术介入乡村建设案例的实地调研，并召开专题研讨会4次，发表学术论文2篇，指导学生参加艺术乡建实践案例3项，指导学生完成艺术乡建主题相关毕业设计（论文）十多项。同时本书也是嘉兴学院设计学院"艺术设计介入乡村建设"科研团队项目的成果，项目编号：002CD1902-31-16-1。本团队围绕艺术介入乡村建设展开相关省级以上课题申报，结合环境设计专业特色积极开展专业教学与科研相融合，形成科研反哺教学，教学、艺术设计实践促进科研提高的整体思路。

　　艺术介入乡村振兴研究是一个跨学科、跨专业、综合性的巨大系统工程，涉及艺术学、设计学、建筑学、社会学、人类学、经济学、旅游学等多个学科和专业，尤其在当代艺术（设计）思潮快速发展下，江浙地区农村经济发展较快，农村第二、第三产业繁荣发展，农民素质和收入总体较高等实情下，如何从艺术（设计）视角下推进江浙地区乡村振兴是本课题的核心。因此，需要集合课题组和诸多研究者的智慧。首先，感谢课题组成员对本书的撰写提出宝贵意见和建议，课题负责人赵斌负责课题论证和思路设计，全书的逻辑体系、章目编排，以及实地调研和访谈。俞梅芳老师完成了欧洲艺术乡建调研工作，并撰写了本书的国外艺术介入乡村建设实证比较研究、乡村建设发展历程。张新克老师完成了英国艺术乡建实地调研工作，章婷博士完成了韩国艺术乡建部分乡村实地调研和访谈，孙旻恺博士参与了课题论证和江苏省部分调研工作。其次，本书在撰写过程中得到了学术界的同仁给予课题研究的直接或间接的支持和帮助，田鸿喜博导、中国人民大学陈炯教授、清华大学张月教授、同济大学陈建教授、温日光博士、程功勋博士、薛圣言博士等都给予了指导，并提出相关建议和意见，在此一一表示感谢！最后，感谢学院领导、同事和家人们对本课题的支持和帮助，他们无私的关怀和默默的付出，让我能够克服各种困难，顺利完成本课题研究工作。同时，祈望专家学者和广大读者不吝赐教，给予批评指正。

本课题研究最终成果之所以能顺利地以专著形式出版，是因为得到了教育部人文社会科学研究项目的资助，谨此向教育部领导和同志们表示衷心的感谢。由于时间仓促和水平有限，在撰写过程中难免存在疏漏和不足，敬请读者不吝赐教！另外，本书还引用了其他专家学者的大量文献方法和学术观点，引用了相关图片，在此一并谢忱。如有疏漏，恳请谅解！

赵斌　俞梅芳

2021年7月